国家出版基金项目
NATIONAL PUBLICATION FOUNDATION

欧亚历史文化文库

总策划 张余胜

兰州大学出版社

西天伽蓝记

丛书主编 余太山

篠原典生 著

图书在版编目(CIP)数据

西天伽蓝记:汉文/篠原典生著. —兰州:兰州
大学出版社,2012.12
(欧亚历史文化文库/余太山主编)
ISBN 978-7-311-04026-0

Ⅰ.①西… Ⅱ.①篠… Ⅲ.①佛教史—印度—通俗读
物 Ⅳ.①B949.351-49

中国版本图书馆 CIP 数据核字(2012)第 320533 号

总 策 划　张余胜

书　　　名　西天伽蓝记
丛书主编　余太山
作　　者　篠原典生　著
出版发行　兰州大学出版社　(地址:兰州市天水南路 222 号　730000)
电　　话　0931-8912613(总编办公室)　　0931-8617156(营销中心)
　　　　　　0931-8914298(读者服务部)
网　　址　http://www.onbook.com.cn
电子信箱　press@lzu.edu.cn
印　　刷　兰州人民印刷厂
开　　本　700 mm×1000 mm　1/16
印　　张　15.5
字　　数　212 千
版　　次　2013 年 1 月第 1 版
印　　次　2013 年 1 月第 1 次印刷
书　　号　ISBN 978-7-311-04026-0
定　　价　48.00 元

(图书若有破损、缺页、掉页可随时与本社联系)
淘宝网邮购地址:http://lzup.taobao.com

出版说明

　　随着 20 世纪以来联系地、整体地看待世界和事物的系统科学理念的深入人心，人文社会学科也出现了整合的趋势，熔东北亚、北亚、中亚和中、东欧历史文化研究于一炉的内陆欧亚学于是应运而生。时至今日，内陆欧亚学研究取得的成果已成为人类不可多得的宝贵财富。

　　当下，日益高涨的全球化和区域化呼声，既要求世界范围内的广泛合作，也强调区域内的协调发展。我国作为内陆欧亚的大国之一，加之 20 世纪末欧亚大陆桥再度开通，深入开展内陆欧亚历史文化的研究已是责无旁贷；而为改革开放的深入和中国特色社会主义建设创造有利周边环境的需要，亦使得内陆欧亚历史文化研究的现实意义更为突出和迫切。因此，将针对古代活动于内陆欧亚这一广泛区域的诸民族的历史文化研究成果呈现给广大的读者，不仅是实现当今该地区各国共赢的历史基础，也是这一地区各族人民共同进步与发展的需求。

　　甘肃作为古代西北丝绸之路的必经之地与重要组

成部分,历史上曾经是草原文明与农耕文明交汇的锋面,是多民族历史文化交融的历史舞台,世界几大文明(希腊—罗马文明、阿拉伯—波斯文明、印度文明和中华文明)在此交汇、碰撞,域内多民族文化在此融合。同时,甘肃也是现代欧亚大陆桥的必经之地与重要组成部分,是现代内陆欧亚商贸流通、文化交流的主要通道。

基于上述考虑,甘肃省新闻出版局将这套《欧亚历史文化文库》确定为2009—2012年重点出版项目,依此展开甘版图书的品牌建设,确实是既有眼光,亦有气魄的。

丛书主编余太山先生出于对自己耕耘了大半辈子的学科的热爱与执著,联络、组织这个领域国内外的知名专家和学者,把他们的研究成果呈现给了各位读者,其兢兢业业、如临如履的工作态度,令人感动。谨在此表示我们的谢意。

出版《欧亚历史文化文库》这样一套书,对于我们这样一个立足学术与教育出版的出版社来说,既是机遇,也是挑战。我们本着重点图书重点做的原则,严格于每一个环节和过程,力争不负作者、对得起读者。

我们更希望通过这套丛书的出版,使我们的学术出版在这个领域里与学界的发展相偕相伴,这是我们的理想,是我们的不懈追求。当然,我们最根本的目的,是向读者提交一份出色的答卷。

我们期待着读者的回声。

总序

　　本文库所称"欧亚"(Eurasia)是指内陆欧亚,这是一个地理概念。其范围大致东起黑龙江、松花江流域,西抵多瑙河、伏尔加河流域,具体而言除中欧和东欧外,主要包括我国东三省、内蒙古自治区、新疆维吾尔自治区,以及蒙古高原、西伯利亚、哈萨克斯坦、乌兹别克斯坦、吉尔吉斯斯坦、土库曼斯坦、塔吉克斯坦、阿富汗斯坦、巴基斯坦和西北印度。其核心地带即所谓欧亚草原(Eurasian Steppes)。

　　内陆欧亚历史文化研究的对象主要是历史上活动于欧亚草原及其周邻地区(我国甘肃、宁夏、青海、西藏,以及小亚、伊朗、阿拉伯、印度、日本、朝鲜乃至西欧、北非等地)的诸民族本身,及其与世界其他地区在经济、政治、文化各方面的交流和交涉。由于内陆欧亚自然地理环境的特殊性,其历史文化呈现出鲜明的特色。

　　内陆欧亚历史文化研究是世界历史文化研究中不可或缺的组成部分,东亚、西亚、南亚以及欧洲、美洲历史文化上的许多疑难问题,都必须通过加强内陆欧亚历史文化的研究,特别是将内陆欧亚历史文化视做一个整体加以研究,才能获得确解。

中国作为内陆欧亚的大国,其历史进程从一开始就和内陆欧亚有千丝万缕的联系。我们只要注意到历代王朝的创建者中有一半以上有内陆欧亚渊源就不难理解这一点了。可以说,今后中国史研究要有大的突破,在很大程度上有待于内陆欧亚史研究的进展。

古代内陆欧亚对于古代中外关系史的发展具有不同寻常的意义。古代中国与位于它东北、西北和北方,乃至西北次大陆的国家和地区的关系,无疑是古代中外关系史最主要的篇章,而只有通过研究内陆欧亚史,才能真正把握之。

内陆欧亚历史文化研究既饶有学术趣味,也是加深睦邻关系,为改革开放和建设有中国特色的社会主义创造有利周边环境的需要,因而亦具有重要的现实政治意义。由此可见,我国深入开展内陆欧亚历史文化的研究责无旁贷。

为了联合全国内陆欧亚学的研究力量,更好地建设和发展内陆欧亚学这一新学科,繁荣社会主义文化,适应打造学术精品的战略要求,在深思熟虑和广泛征求意见后,我们决定编辑出版这套《欧亚历史文化文库》。

本文库所收大别为三类:一,研究专著;二,译著;三,知识性丛书。其中,研究专著旨在收辑有关诸课题的各种研究成果;译著旨在介绍国外学术界高质量的研究专著;知识性丛书收辑有关的通俗读物。不言而喻,这三类著作对于一个学科的发展都是不可或缺的。

构建和发展中国的内陆欧亚学,任重道远。衷心希望全国各族学者共同努力,一起推进内陆欧亚研究的发展。愿本文库有蓬勃的生命力,拥有越来越多的作者和读者。

最后,甘肃省新闻出版局支持这一文库编辑出版,确实需要眼光和魄力,特此致敬、致谢。

余太山

2010 年 6 月 30 日

前　言

　　佛教起源于印度，后来传到中国并且非常盛行，目前全国各地的佛教寺院大多数都有较长的历史。佛教文化对中国文化影响很大，例如，中国的世界文化遗产将近有 30 个，其中与佛教有关的文化遗产就有 6 处之多，即敦煌莫高窟、洛阳龙门石窟、大同云冈石窟、重庆大足石刻、山西五台山和拉萨布达拉宫。此外，"天地之中历史建筑群"包括河南少林寺。世界自然和文化遗产有四川乐山大佛。陕西凤翔法门寺塔地宫和南京大报恩寺遗址等发现的所谓"真身舍利"，不仅是佛教信徒顶礼膜拜的圣物，也吸引了大批海内外游客前去参观。文学方面，《西游记》、《红楼梦》、《白蛇传》等著名的中国传统小说都多少反映出佛教哲理。源于佛教的节日也不少，例如传统民俗节日腊八节、傣族的泼水节等。这些都能够说明佛教在中国文化当中的地位。

　　不过这些影响不是单向而是双向的，佛教影响中国文化的同时，本身也受到中国文化的影响。两汉时期，通过西域地区，中国与西方世界的交流越来越活跃。东汉时期佛教已经传入中国，来自西域、中亚地区的僧人带来佛经和佛教造像，由此可说中国最初接触的佛教并非是印度本土的佛教,而是西域和中亚地区的佛教。此时的佛教被当做黄老之术的一种,翻译佛经时,也多借用道教的词语。后来中国的佛教徒对正宗佛法的渴望日益增大,到4世纪末,法显过西域到印度求法,走到锡兰(今斯里兰卡),15年后由海路回国。5世纪初,西域龟兹国高僧鸠摩罗什来到长安,从事佛经的翻译工作,他对中国佛教的发展功不可没。十六国至南北朝时期,中国北方出现许多少数民族政权,其中北魏统一了整个北方地区。虽然北魏太武帝时期有短暂的灭佛运动,但文成帝即位后马上恢复佛教并大力支持佛教的发展,同时南朝梁武帝皈依佛门。这个时期佛教渗透到中国各地,佛教寺院纷纷建立起来。

"永宁寺,熙平元年灵太后胡氏所立也,在官前阊阖门南一里御道西。其寺东有太尉府,西对永康里,南界昭玄曹,北邻御史台。……中有九层浮图一所,架木为之,举高九十丈。上有金刹,复高十丈;合去地一千尺。去京师百里,已遥见之。……浮图北有佛殿一所,形如太极殿。中有丈八金像一躯,中长金像十躯,绣珠像三躯,金织成像五躯,玉像二躯。作工奇巧,冠於当世。僧房楼观,一千余间,雕梁粉壁,青琐绮疏,难得而言。……寺院墙皆施短椽,以瓦覆之,若今官墙也。四面各开一门。南门楼三重,通三阁道,去地二十丈,形制似今端门。图以云气,画彩仙灵,列钱青琐,赫奕丽华。拱门有四力士,四师子,饰以金银,加之珠玉,庄严焕炳,世所未闻。东西两门亦皆如之,所可异者,唯楼两重。北门一道,上不施屋,似乌头门。"

这是北魏杨衒之撰《洛阳伽蓝记》所记载的洛阳永宁寺伽蓝布局。北魏太和十七年(493),孝文帝迁都洛阳。北魏时期举国上下崇佛,当时首都洛阳修建大小佛教伽蓝1000余所。杨衒之对寺院的缘起变迁及伽蓝建制规模等做了详细记录。永宁寺由孝明帝生母灵太后胡氏所立,孝武帝永熙三年因大火而烧毁。近年,对永宁寺遗址进行考古发掘,发现了大塔基址,为了解伽蓝结构提供了宝贵资料。

隋统一天下,结束了三国时期以来的分裂状态;唐朝替代隋朝,继续完善统一大业。隋唐时期是中国佛教发展的重要时期,出现许多高僧,形成天台、三论、华严、法相、净土、律、禅等宗派。印度佛教没有这些宗派之别,这完全是中国佛教所开创的。

中国佛教最著名的高僧无疑是大唐三藏法师玄奘。他从小出家,通读各部经典，感到已有的汉译佛经对佛法的解释和理解有很多不太清楚的地方，要正确研究佛理必须到印度寻求印度的佛经。于是贞观三年(629)，玄奘踏上取经之路，16年后带回657部梵文佛经，之后在长安从事翻译佛经工作。他共翻译了75部、1330卷佛经，对后世影响非常大，但实际上他翻译的佛经只是他从印度带回来的梵文佛经的10%左右。这些玄奘翻译的汉译佛经流传至今，不过他在印度收集的梵文佛经都没有保存下来。玄奘是因为不满汉译佛经才到印度求法，并带回梵文佛经，但是一旦玄奘把梵文佛经翻译成汉文之后，这些梵文佛经似乎不被重视。而且，翻译佛经也并非完全按照原文来翻译，在一定程度上根据译者的理解而增加或者删减了佛经的内容，例如玄奘翻译的《俱舍论》和印度发现的梵文本《俱舍论》内容不一致，然而藏文版《俱舍论》和印度高僧真谛翻译的《俱舍论》，基本上与梵文本的内容相同。这些事实似乎反映了中国佛教的态度，即并非直接引进印度的佛教，而是有选择地采取佛教中有用的、需要的部分。可以说中国佛教因接触了中国文化而使其内容得以丰富，却淡化了印度传统文化的内容。

18世纪以来，欧洲学者开始研究梵文。19世纪是梵文研究的黄金期，英、法、德、俄、荷兰、奥地利等国家的学者将大量梵文文献翻译成他们的语言。不过，这个时候的主要研究对象是与当时印度最流行的宗教——婆罗门教有关的文献，对梵文佛经的研究却寥寥无几。欧洲的佛教文献研究始于19世纪，受当时国际形势的影响，一开始就有几个不同的研究方向。首先是对锡兰、缅甸、泰国等东南亚国家的佛教文献研究，这些国家保存有巴利文佛经。1855年，丹麦学者华斯勒尔出版了拉丁语译《法句经》及巴利文原文，后来又出版了《本生经》的原文及译注。1875年，英国驻锡兰总督秘书蔡特斯独立完成了《巴利文辞典》。他才36岁就逝世了，但他留下的这本巴英辞典至今仍是巴利文研究的经典，对巴利文佛经研究也起到了重要作用。因为这时候印度本土没有保存比较完整的梵文佛经，然而巴利文佛经保存得相对比较完整，所以欧洲学者一般先对巴利文佛经进行系统的研究和翻译工作。

另外，18世纪以来基督教的传教士或探险家进入西藏地区，他们发现西藏地区流行的佛教与其他地区佛教有不太一样的地方，并把藏文佛经带回欧洲。自19世纪前半叶以后，藏文佛经也成为佛教学研究的重要对象。再后来，欧洲学者在尼泊尔发现梵文的佛教文献写本，其内容与藏文佛经相同。欧洲世界很早就认识中国，但对汉文佛经的研究却比其他语种佛经稍晚。较早研究汉文佛经的俄罗斯、法国等国家的研究者只是在梵文佛经和藏文及汉文佛经内容的比较研究上利用汉文佛经，到了19世纪晚期，英国政府通过日本官员入手了黄檗版汉译大藏经，从此之后，在欧洲正式开始了对汉文佛经的研究。

1000多年前法显、玄奘等从中国到印度求经的僧人走过的丝绸之路，随着海上交通的发展逐渐衰退。19世纪，欧洲各国纷纷派出探险队进入亚洲腹地，他们到印度、中亚以及中国西北部进行地理、文化、历史、考古等各方面的考察，这些探险活动让丝绸之路在世界舞台上重新亮相。他们为佛教研究提供了重要材料，除了已知的梵文、巴利文、藏文及汉文佛经以外，还发现了以吐火罗文、犍陀罗语、龟兹语、于阗语等消失已久的语言抄写的佛经写本。这些西域出土的佛经丰富了佛教文献研究的材料。

这些佛经的发现和研究，使我们重新认识了佛教。佛教学者和语言学者为了更好地理解佛经内容，开始进行汉文、藏文和梵文文献的对比研究，进而研究历史上的佛教。我们提出"佛教是什么"的命题时，首先要考虑在印度产生的印度佛教，如果这个问题没有解决，就无法研究中国佛教及其他地区的佛教。

佛教曾经在印度历史上存在过而且影响很深远，印度佛教本身就有不同的发展阶段，而且每个重要阶段都影响到中亚、西域、中国、东南亚等地区的佛教发展。我们试图通过印度佛教伽蓝的发展，了解印度佛教的发展脉络。

目录

1 佛陀的宗教

"佛教",顾名思义,是佛陀的宗教,进一步说是由佛陀讲述的宗教。这里所说的"佛陀",指的是历史上存在过的,公元前6—前5世纪在北印度生活的人物,即释迦牟尼的尊称。但佛陀并非专指释迦牟尼,其原意是"觉悟者",当时的印度把达到宗教最高境界的人物称为佛陀。佛陀应具备完美的人格,这样的人物出世一般非常罕见,在历史上出现过的佛陀应该只有释迦牟尼一个人。他作为释迦族的王子,生在喜马拉雅山脚下的小国。结婚生子后不久,29岁之年决定出家。他加入了修行者之列,游方各地,寻觅良师益友,曾做过种种苦修,但发现毫无意义,遂放弃苦修,静心冥想,得到正觉,成为佛陀,时年35岁。从此之后,释迦牟尼踏上传教之路,组织出家人的集团,教化在家信徒。这样,由释迦牟尼所讲述的内容就是佛教的根本。

不过,不管哪个宗派、哪个系统的佛经,都说佛陀并不是释迦牟尼一个人,应有多个佛陀存在。佛陀到底是指释迦牟尼一个人,还是释迦牟尼只是众多佛陀中之一个? 这里面包含非常重要的问题。

《杂阿含经》保存了比较古老的佛经内容,其中有这样的一条:"我得古仙人道,古仙人径,古仙人道迹,古仙人从此迹去,我今随去。"这是释迦牟尼成道时的感言,虽然得到正觉是释迦牟尼个人的行为,但这并不意味着这些"正法"是释迦牟尼自己发明的,或者发现的。通往得到正觉的这条路,是古仙人已经走过的路,这条路线上清楚地留下了他们的足迹,释迦牟尼踩着古仙人的足迹,一步一步地走向正法。好比有人在荒野里行走时,忽然发现前面有个古道,他沿着这条路往前走,就发现古代的城堡、宫殿、园林等,这一条反映了释迦牟尼成道时的心情,虽然他达到了普通人无法达到的境界,但他并不孤独,前面有人已走过同样的路。一般,有人开始着手大事业或者计划大工程的时候,

·欧·亚·历·史·文·化·文·库·

往往自以为是空前绝后的伟大事业或者完全创新的工程,但如果虚心想问题就会发现,实际上在过去已有人做过类似的事情,我们正在走的这条路,也是古人先开辟的一条古道,这就是传统的力量。大到思想道德层面,小到生活习惯、口头禅等,都与生活环境或社会风气有密切的关系,一个人的行为、想法,都反映这个人的生活经历,换句话说每个人的思维方式、行动模式都体现了这个人的"历史"。修行成道是毕生的大事业,不管有意识还是无意识,肯定都受到过去先人做过的工作的影响,释迦牟尼认清了这一点。传说,释迦牟尼悟道时,同时发现这是"古仙人道",于是合掌礼拜古仙人,即过去的佛陀,表示皈依自己所了解的"法"。这样,释迦牟尼悟到的认识具备了宗教性质,释迦牟尼的思想生活与久远的过去联系在一起,偶然化为必然,后来,释迦牟尼的思想体验被赋予人格,产生"值遇古佛"的思想,形成了"过去佛"的传说。即释迦牟尼之前已出现过佛陀,他们同样传教说法,释迦牟尼悟到了正法,换句话说他发现了过去佛所讲述的法。《大唐西域记》里说,有外道崇拜过去佛,但不信仰也不拜释迦牟尼,这可能说明过去佛的性格。大胆的推测,佛经里出现的过去佛的名字,不是佛教信徒所创造的,而是当时印度较有名的佛陀、觉悟者或传说中的思想家的名称。佛教徒把他们的名字借过来,作为过去佛加以崇拜。其实,佛教的本生故事和因缘故事等,也是吸收当地传说而发展的,所以,我们的推测也不是不能成立的。

释迦牟尼去世 200 多年之后的阿育王时期,留下了修复过去佛佛塔的刻文记录,可见释迦牟尼去世后不久已经形成了过去佛信仰,也就是说,佛教承认了释迦牟尼以外的佛陀的存在。另外,佛教传说还提到将来会出现成为佛陀的人物,即弥勒。

还是回到原来的问题,佛陀到底是指释迦牟尼一个人,还是释迦牟尼只是众多佛陀中之一个? 我们已经发现佛陀是称号,而不是专指某一个具体人物。那么,又有一个问题出现,就是佛陀是什么? 其实,佛教的历史可以说是围绕这个问题而展开的。

从语言学的角度来讲,佛陀可以解释为觉悟者、把握最高真理者;

从宗教的角度来看,佛陀是得到正觉的、了解正法的人。但这些都没有说明任何问题。觉悟也好,正法也好,其内容都超越我们普通人的知识、体验或理解,解决这个问题的唯一办法,那就是自己成为佛陀。从古到今,佛教学者一直讨论关于佛陀的问题。如何理解佛陀,怎样解释佛陀,这就是佛教最大的问题。换句话说,佛教是探讨佛陀的宗教。佛教从原始佛教到部派佛教、大乘佛教、密教等的发展脉络,也反映了佛教信徒对佛陀的理解的变迁。除了文献里的讨论以外,我们可以通过相关的遗迹、遗物来理解佛教的面貌,当时佛教信徒是怎样理解佛教的,尤其在家信徒的活动情况在文献里是很少提及的。其实,在家信徒的信仰方式对佛教发展的方向有一定的引导性,我们想通过这些遗迹、遗物来了解当时的佛教信仰的一端,以此阐明对佛陀的理解。

无论怎样,释迦牟尼只有一个,因为出现了他,才诞生了佛教。那么,我们首先要了解出现释迦牟尼这个人物的历史背景。

1.1 佛教产生以前的印度社会和思想

我们看佛教的历史之前,首先要了解一下佛教产生之前的印度。现在的佛教是世界性宗教,在东亚和东南亚各地与当地文化交融,从而形成独特的佛教文化。不过,佛教毕竟是在印度诞生的,佛教的思想、佛教教团的规定等都受到印度文化的影响。印度和中国不同,没有记录历史的习惯。中国有《春秋》、《史记》、《汉书》、《资治通鉴》等大量的史书,可以用来复原历史,印度则没有这类史书存在。因此,早期佛教经典是记录和反映当时印度社会的重要文献。佛教曾经是印度大陆最重要、最流行的宗教,现在,印度各地保存有不少的佛教遗迹,这也是研究古代印度文化的重要资料。可以说,在古代很长一段时间内,佛教的发展在一定程度上反映了印度文化的发展。这好比要了解儒教史,就需要把握各个时代的文化背景和思想动向。

1.1.1 印度河文明

众所周知,印度是最早的人类文明的地区之一,考古学发现表明,

·欧·亚·历·史·文·化·文·库·

公元前 2500 年左右在印度河流域已经出现了相当发达的文明,即印度河文明。1921 年,英国学者第一次发掘哈拉帕遗址,发现规模很大的城市遗址。后来在印度河下游又发现一座更大的城址,即摩亨佐·达罗。后来,印度政府和巴基斯坦政府及外国研究机构一直继续考古工作,发现的遗迹多达 200 多处,其分布地域十分辽阔,南北 1100 公里,东西 1550 公里。该文明属于青铜器时期,具有完整的城市规划,值得注意的是印度河文明的城市虽然发现有很厚的城墙,但城内没有发现王宫或神殿等标志性建筑,这与埃及、美索不达米亚和中国文明不同,是印度河文明的特点。从出土文物来看,农业和商业非常发达,每个城市基本上都有规模很大的储藏谷物(主要是麦子)的仓库。印章和雕塑代表了印度河文明的艺术水平,大象、牛、老虎、犀牛等动物形象表现得非常巧妙。印章上面除了刻有文字以外,还表现动植物,虽然画面不大,但非常生动。这些造型及题材内容等,都与后世的印度艺术,包括佛教艺术有着一定的联系。这样高度发达的文明,到公元前 1800 年左右突然间消失无踪,目前,其灭亡的原因没有明确的定论,主要有以下几种说法:雅利安人入侵;印度河河道改道,因此靠水上交通进行贸易而发达的城市经济崩溃;地壳变动导致洪水;由于气候变迁,导致沙漠化。无论怎样,印度河文明对后世印度文化的发展有不少的影响。

1.1.2　吠陀时代

公元前 15 世纪左右,雅利安人越过兴都库什山脉到达西北印度,定居于印度河上游旁遮普地区,征服了印度本土的原住民族。早期的雅利安人分成许多部族生活,职业也进行分工:执行祭祀的婆罗门阶级,掌理军政的贵族阶级(刹帝利),从事农牧工商等的庶民阶级(吠舍)。早些时候这些身份并不是固定的,是可以互相交换的职业性区分,部落首领也是由部族成员选出的。后来雅利安人向东占据了阎牟那河和恒河之间的肥沃土地,确立了以祭祀为中心的社会结构。他们将征服的外族作为奴隶阶级(首陀罗),同时,作为部落首领的贵族阶级变成世袭,并且宗教仪式的复杂化、专业化导致婆罗门阶级的特权化,于是形成四姓制。不同的阶级之间,彼此不能通婚或共同进食。这种四姓差别在现代印度还没有完全消失。

用考古手段很难发现雅利安人的蛛丝马迹。印度河文明灭亡之后,恒河流域出现使用铁器的文化,从年代上看,与雅利安人来到恒河流域的时间比较吻合,不过目前没有直接证据能证明该文化的主人的身份。在印度古代史上,根据文化的不同可以把这个时期的印度亚大陆分为三块。首先,在流入阿拉伯海的印度河口和流入孟加拉湾的恒河口之间拉一条东西方向的线分为南北两块,南部是德干高原以南的大片地区,北部主要是印度斯坦平原。然后,北部又从喜马拉雅山拉出南北走向的一条线分为东西两片,西部为五河地区,东部是恒河流域。简单地讲,首先崇信吠陀的雅利安人进入西部五河地区进行开发,后来非吠陀的雅利安人在恒河流域形成自己的文化,南部的德干高原以南地区在印度土著文化的基础上,受雅利安文明的影响发展了具有特色的文化。进入五河地区的雅利安人,因这里气候温和,水源丰足,于是发展了农耕文化,他们的自然崇拜后来发展成为"吠陀崇拜",他们的神话故事对以后的印度文化影响很大。恒河流域的雅利安人,因为靠雪山,也有充足的水源发展农业。靠雪山的地区气候比较好,但恒河流域酷暑炎热,人们常在树荫下避暑,这样的气候条件,可能使这个地区的思想倾向于悲观,人们追求解脱。这个地区是佛陀时期的摩揭陀国和拘萨罗国等大国的所在地。南部保留了典型的印度文明,印度土著文明和新来的雅利安文明在这里融合,北部雅利安文明消失之后,在南部还保存有其文化内涵。

1.1.3 关于吠陀

吠陀的原意为"知识",特别是指宗教的知识,后来转化为公元前1000年前后成立的宗教文献的总称。吠陀文学主要有《吠陀本集》、《梵书》、《森林书》和《奥义书》等。其中《梨俱吠陀》最早,这是崇拜天空、雨、风、雷等自然界力量为神祇的多神教的赞歌合集,创作于公元前1500—前1000年左右。《梨俱吠陀》创作后,《沙摩吠陀》、《夜柔吠陀》、《阿达婆吠陀》依次创作出来,这四部吠陀为吠陀本集。从吠陀的内容来看,当时人们将自然物和自然现象加以人格化,作为崇拜和赞

·欧·亚·历·史·文·化·文·库·

颂的对象,创造出太阳神、雷神、火神、风神、河神等许多神,以及很多神话故事。《梨俱吠陀》中赞颂最多的是雷神因陀罗,他是天空之神,众神之首,后来佛教吸收他为帝释天。此外,还有太阳神苏里耶、火神阿耆尼、水神伐楼那等,都影响到后世的佛教、印度教等的神。人们祭祀和赞颂这些神,企图达到自己的世俗目的,因此主持祭祀的婆罗门得到重视。祭祀仪式十分复杂,祭祀用的道具、祭坛、歌咏的内容、祈祷方式等都有很繁琐的规定,一般人很难掌握这一切,所以主持仪式的婆罗门地位越来越高,为体现祭祀和婆罗门的重要性,祭祀仪式越搞越复杂。随着祭祀仪式的复杂化,出现了说明祭祀方式的指南书:《梵书》。《梵书》成书年代在公元前1000年至前800年,记载了有关祭祀仪式的详细规定:负责进行仪式的祭司设祭坛、祭祀牺牲、进行祈祷,在祈祷中期待得到现世利益。主持仪式需要专业知识,祭司逐渐成为世袭的职位。

在《梨俱吠陀》及《梵书》中,我们看到印度哲学思想的萌芽,通过各种赞歌来提出关于宇宙形成的哲学思辨。《无有歌》、《金胎歌》等认为宇宙是"造一切者"、"祈祷之主"、"金卵"等,这种说法还没有摆脱原始神话的内容。《原人歌》认为"原人"产生万物,这说明他们意识到在一切事物之上有一种最高的实体存在,这些思维包括"大宇宙"和"小宇宙"的关系,后来发展成"梵我一如"的思想。

与《梵书》一样,附属于吠陀的文献还有森林书和奥义书。森林书是在人烟稀少的森林里被传授的秘密教义,它是从《梵书》到奥义书的过渡期文献。奥义书的原意是"近坐",引申而成为师生口传的"秘密教义"。由于奥义书位于广义的吠陀经典的最后,因此也被称为"吠檀多",就是最后的意思。相传下来的奥义书有200种,它是在长期的思想发展中形成的,里面混杂着种种要素。古代的奥义书分为初期(上古,佛陀以前,公元前800—前500年,散文)、中期(中古,佛陀以后,公元前500—前200年,韵文)、后期(中世,公元前200年,散文)三期,此后的作品称为"新奥义书"。初期的奥义书有《广森林奥义》、《歌者奥义》、《他氏奥义》、《由谁奥义》、《伊莎奥义》、《鹧鸪氏奥义》、《侨尸多基氏奥义》等,这些是古代吠陀文化的顶峰。奥义书的内容很复杂,包括不同时期、不同地区及不同派别的哲学思想,其中心思想是"梵我一如"和"轮回解脱"。奥义书对宇宙的根源、人的本质等问题进行思索,认为宇宙的本源是"梵"(brahman),也发现个人内在的统一性原理"我"(ātman),并认为作为外在的、宇宙终极原因的"梵"和作为内在的、人的本质的"我"是等同的,从而建立起"梵我一如"的原理。奥义书系统地提出轮回业报思想,将人的行为按照善和恶的因果报应的道德要求来理解,说人们前生的"业"(karma)决定现在的因果报应,而现在的"业"决定着未来的因果报应。此外,还讲述从轮回中解脱的办法。业、轮回、解脱等思想,对后世的印度思想产生极大影响。

1.2　佛陀时代的印度社会和思想

在西北印度一带活动的雅利安人,后来向东发展到了恒河中游地区。随着国土扩展,贵族的势力增强,与原住民族进行通婚混血,形成新的民族,并产生了和西方婆罗门中心不同的贵族中心的思想文化。

恒河流域酷热多雨,土地肥沃,物产丰富,出现了以农耕为主的耕作者和地主。物资逐渐丰饶,生活质量提高,由此促进了工商业及手工业的发展,许多小城市渐次发展起来。这些小城市中出现几个群体,它们形成小国家。这些小国家的商品经济非常发达,商人和手工业者组成商队和公会,产生了商业领袖的长者阶级,掌握了城市甚至国家的经济实权。小国家之间互相打仗,弱小国家逐渐被大国吞并。当时中印度有所谓十六大国,即鸯伽、摩揭陀、迦尸、拘萨罗、跋耆、末罗、支提、跋磋、拘楼、般阇罗、末地也、戍啰西那、阿设迦、阿槃帝、犍陀罗、甘谋惹,这16个大国互相争斗,吞并他国。

佛教的本生故事里,也经常出现这十六大国之间争斗的故事。从这些文献记载来复原当时的国际形势,迦尸国最为强盛,经常率兵打击拘萨罗以及其他诸国。不过迦尸国最后被拘萨罗国所灭。

拘萨罗国也是十六大国中的强国之一,释迦牟尼的故乡迦毗罗卫也属于拘萨罗国。好像释迦族在拘萨罗国保持相对的独立,这个事实值得思考。吠陀文献也有关于十六大国时期各国王统的记载,其中出现与释迦牟尼同时代的拘萨罗国王的名称,叫 Hiranyanabha 王。不过我们知道,佛教文献里出现的拘萨罗国王是波斯匿王,他们俩应该不是同一个人。也就是说,当时的拘萨罗国同时存在几个国王,这个事实说明,当时所谓的"国家"的概念,可能类似于部落联盟的性质。这样的话,迦毗罗卫的净饭王也应该是统治拘萨罗国的国王之一。

莺伽国曾经并吞摩揭陀国,但后来遭到摩揭陀国国王后裔的反攻,反而被摩揭陀国所灭。

摩揭陀国也是十六大国中的强国,据吠陀文献记载,其王统是雅利安和当地土著民族的混血。首都是王舍城。频毗沙罗王时期非常强盛,后来统一了全印度。

跋耆国是由 8 个部族组成的联合政体,其中有跋耆族、离车族等,首都为毗舍离。据佛教文献,他们主要有雅利安和当地民族的混血,只有刹帝利和吠舍两个等级,没有奴隶阶层。跋耆国经常入侵摩揭陀国,与摩揭陀国之间的矛盾越来越大。据佛教传说,在释迦牟尼晚年,当时的摩揭陀国国王阿阇世王决定彻底解决这个多年的问题,先派大臣雨作到释迦牟尼处,问释迦牟尼的意见。释迦牟尼讲,跋耆国具有国泰安民的七法,如果他们保持和睦,在政治、道德、宗教上不违背正法的话,不管有多大力量都不能破坏跋耆国。雨作回国后向国王报告说,首先要用外交手段摧毁跋耆国的联盟,不然光靠军队是不可能攻破跋耆国的。后来阿阇世王采纳雨作的建议,破坏他们的联盟,跋耆国在释迦牟尼入灭后第三年被灭亡。

末罗族的首都拘尸那揭罗是释迦牟尼涅槃之地,他们的王统也是混血雅利安。他们的政体是与跋耆国一样的共和制。被阿阇世王所灭。

支提国以下诸国都见于《梨俱吠陀》等吠陀文献和各种本生故事里。其实,释迦牟尼基本上没有去过这些国家,但后来随着佛教的发展,这些地名也出现在佛教的传说故事里。

当时的政治及经济关系发生较大的变化，古代的阶级制度也发生了动摇。经济观念的产生，改变了原有的身份等级差别。据文献记载，当时有不少奴隶阶级出身者从事商业活动，他们拥有巨大财富。这些人虽然身份低贱，但受婆罗门、王族和庶民阶级（吠舍）的尊敬。他们后来成为在经济上支持佛教教团的在家信徒主体。

当时的印度物产丰富，足以养活许多游民、出家者，促进了新思潮的产生。当时的社会思潮可以分为两大内容：一是传统的婆罗门教思想；二是非婆罗门教的新思潮。后者挑战传统的婆罗门教权威，新的修行者被称为"沙门"（sramana，samana），原意是"努力的人"。他们依靠他人布施维生，或游历各地、或森林中修习、或进行苦行，其目的就是只求真理。他们因修行方法不同而被称为游行者、遁世者、苦行者、行乞者（比丘）等，有时候他们共同生活，这样的共同体叫"僧伽"。僧伽集团的领袖也被尊称为沙门。婆罗门作为四姓种姓之首位，十分重视血统，而沙门却不管这些阶级和身份，只要你自己愿意，都可以出家，不同阶级身份的出家人共同组成一个集体——僧伽。佛教经典有"九十六外道"、"六十二见"、"六师外道"等说法，可见当时的思想界十分活跃。所谓"六师"是佛陀时代的6位思想家，可以代表当时的主流思想，即富兰那·迦叶（Purana Kassapa），末伽梨·瞿舍梨（Makkhali Gosala），阿耆多·翅舍钦婆罗（Ajita Kesakambalin），婆浮陀·伽旃那（Pakudha Kaccayana），散若夷·毗罗梨沸（Sabjaya Belatthiputta），尼乾子·若提子（Nigantha Nataputta）。他们的思想内容见于南传佛教《长部》经典的《沙门果经》、《梵网经》及北传《长阿含经》的《沙门果经》和《梵动经》等。《沙门果经》里以摩揭陀国的阿阇世王和"六师"的对话形式介绍他们的思想。

富兰那·迦叶主张"无因无缘论"，他认为世界上一切事物的产生和发展都是偶然的。他们之间没有互相联系和必然的因果关系。从这个观点出发，怀疑和否定一切道德，主张杀人、盗物等不是作恶，认为善恶行为并不能产生善恶的结果。

末伽梨·瞿舍梨是邪命外道的代表人物，提倡一种宿命论。他认

·欧·亚·历·史·文·化·文·库·

为世界和一切有生命的实体都是由灵魂、地、水、火、风、虚空、得、失、苦、乐、生、死等 12 个因素构成,这些因素的结合是一种自然的、机械的、无条件的结合,因此,主张人不管向上或堕落都无因也无缘,否定轮回,主张"无因无缘论"。

阿耆多是印度古代唯物主义的代表人物,被认为是顺世派的先驱之一。阿耆多认为世界的基础是物质,即地、水、火、风四元素,除了这四元素以外,再也没有别的存在。人也是由这四大元素构成的,不存在永恒的灵魂,认为灵魂和肉体是分不开的,一旦肉体不存在了,灵魂也随之消失。

婆浮陀主张世界上一切生命和事物由地、水、火、风、苦、乐、生命七元素构成。由于七元素是不变的,即便拿刀捅人,也不会损害人的生命,因为刀刃只是穿过这七要素的间隙而已,所以杀人并不成立。这种观点是一种"无作用论"。他的主张后来发展成"胜论学派"(Vaiwesi-ka)。

散若夷否认认识的客观真实性,提倡一种不可知论,也有人认为这是对逻辑学的反思。后来成为佛陀大弟子的舍利弗(Sariputta)和目犍连(Mahamoggallana,目连)都曾经是他的弟子,他的其他 250 个弟子后来也皈依释迦牟尼,最后他气愤而死。

尼乾陀,即耆那教的创始者大雄(或译成大勇)。"尼乾陀"是"离系缚"的意思,"若提子"意味着他是若提族出身。他年轻时加入以离身心之束缚为目的而修苦行的教团,并对教团进行改革,创立耆那教。耆那教有严格戒律,主要有"五大誓",即不杀生、不妄语、离不与取、不邪淫、无所得,他们非常重视不杀生和无所得,心生杀念都算破戒,部分修行者甚至连衣服都舍掉而裸体修行(裸行派、空衣派)。他们的目标是克服身体的束缚,即肉体的欲望和本能,通过苦行减弱肉体而得到心的自由。他的观点是世界由多种元素构成,宇宙是由灵魂、运动的条件(法)、静止的条件(非法)、虚空的条件(空间)、物质和时间 6 种要素构成的。大雄说只要坚持正知(samyak-darshana)、正见(samyak-jnana)和正行(samyak-charitra)三宝,死后灵魂会上升到更高的精神世界,最后脱离一切束缚,到无限的空间(非世界),得到解脱。

这样,六师的思想包括怀疑论、不可知论、偶然论、命定论等,其内容多样,这反映了当时思想界的盛况。虽然他们主张各一,但都是从否定或者批判吠陀时代的婆罗门思想出发,当时印度思想界的主要任务是重新定位自己的存在和生命的意义。释迦牟尼诞生的时代,就是这样一个思想的转变期。

1.3 释迦牟尼的一生

关于释迦牟尼生平的故事叫佛传。佛教文献里讲述佛传的文献非常多,佛教艺术中也经常表现佛传的内容,但其内容将历史事实和神话混在一起,很难辨认哪个是事实。19世纪欧洲的佛教学者对佛传故事尝试着进行"科学"分析,想要复原关于释迦牟尼的历史事实。以汉译佛经为代表的北传佛教经典在他们的眼里荒唐无稽,他们在锡兰的南传巴利文佛经中发现他们认为更接近历史事实的佛传,不过经过研究发现,巴利文佛经的内容也不能完全相信。不管北传佛经还是南传佛经,它的本意是通过佛传来宣传佛教的内容,佛传的主人公,即释迦牟尼的角色是反映佛教的真理。某些故事内容用"科学"的眼光来看是荒唐无稽的,但从宗教的角度来看是合情合理的。释迦牟尼所得到的正法、觉悟是看不到摸不着的东西,成道这样的宗教体验也是无法用语言来形容的,那么用一些看似荒唐的内容来表现这个事实,也完全可以理解。总之,从佛教经典的记载中复原释迦牟尼的历史事实几乎不可能,换言之,释迦牟尼的生涯本身就是一种宗教的真理。我们看佛传故事时,与释迦牟尼一起感受人生的苦恼、修行的痛苦、成道的愉悦,最后,解脱一切烦恼。

1.3.1 诞生到出家

释迦牟尼原名乔达摩·悉达多(或译成瞿昙·悉达多)。原是位于喜马拉雅山南麓,今尼泊尔和印度交界处附近的小国——迦毗罗卫的释迦族王子。当时的释迦族是南方拘萨罗国的臣属国。"释迦牟

·欧·亚·历·史·文·化·文·库·

尼"就是"释迦族出身的圣者"的意思。

释迦牟尼的父亲净饭王,是迦毗罗卫的国王;母亲是摩耶夫人。摩耶夫人回家乡天臂城待产,途经蓝毗尼园时生下乔达摩,7日后便亡故了,之后由她的妹妹大爱道瞿昙弥养育此子。有异母弟,叫难陀。他出生后,净饭王请阿私陀仙人为王子占相,预言:"有此相者,当趣二处,必然无疑。若在家者,当为转轮圣王……若出家学道,当成正觉,十号具足"(《长阿含经》),意思是这个婴儿如果在家继承王位,将成为统一世界的转轮圣王;如果出家修道,就成佛陀。

有关释迦牟尼诞生的具体日期及年代,北传佛教和南传佛教有不同的记载。关于生日,北传认为是四月八日,南传认为是吠舍佉月(印度历二月,阴历五月)的满月之日。关于释迦牟尼去世的具体年代,这是佛教史的一大难题。目前,主要有两种看法。一是根据锡兰的《岛史》《大史》的说法,认为佛灭(释迦牟尼去世)于公元前480年。另一说法是根据北传佛教的传说,认为阿育王距离佛灭有116年,由此得出佛灭于公元前386年的说法。南北两传相差约100年,其说法各有道理,很难得到令所有人满意的结论。

他的童年,过着无忧无虑的富裕的生活,年7岁(或说8岁)上学念书,也练骑马、射箭等武艺,表现出超人的能力。悉达多太子16岁之年娶耶输陀罗为妃,据说她是摩耶夫人的侄女。关于妃子的名字在诸多佛经中有摩奴陀罗、乔比迦、密里我惹、瞿多米弥等不同的说法。当时印度刹帝利为一夫多妻,可能悉达多太子也娶了几个妃子。本来可以一直过幸福生活的他,由于某一天在田野里坐在树下看农耕,观察到烈日下干农活的农民,气喘吁吁的耕牛,从农夫翻耕的土中翻出来的虫子为飞鸟所啄食,感到无比悲哀,深深困惑于活着的苦恼。他出家前曾经出城游观,第一次出东门遇见老人,想到所有人不能免于衰老,心生忧愁,苦闷不乐。第二次出南门遇见病人,第三次遇见死人,感觉到人生不能免于患病、死亡的痛苦和恐惧,每次都快然不乐。第四次从北门出城,见到沙门,看到出家的沙门摆脱桎梏,行止安然,于是他向往过清净的生活,他想出家得到正觉。后来,耶输陀罗生了一个儿子,名

12

叫罗睺罗,其子的诞生使他决心出家。父亲净饭王及家人都哀求王子不要离开他们,但他出家寻找真理的决心非常坚定,深夜偷偷地骑着爱马犍陟,和他的发小车匿一起出城。

1.3.2 修行和成道

悉达多出家后,剃除须发,脱掉王子时代穿的豪华衣服,换上袈裟衣。此刻他心旷神怡,下定决心追求真理,一定要得到正觉。他有很大的抱负,经过一番游历到达南方的摩揭陀国,当时该国汇集了优秀的思想家,各地的沙门游行者来到这里交流思想。悉达多在摩揭陀国的首都王舍城乞食,频毗沙罗王看到后,希望他留在自己身边,甚至愿意出让半个国土,但悉达多不接受。其后,悉达多在王舍城附近跟着当时有名的修行者阿罗逻·伽罗摩修行。悉达多问他如何达到自知、自觉、自作证的境界,他回答说:"贤者! 我度一切识处,得无所有处成就游。是故我法自知自觉自作证。"(《中阿含经》)达到"无所有处定"后,悉达多并不满足,离开阿罗逻·伽罗摩,又拜访了郁陀·罗摩子,问他如何得到正觉,他回答说:"贤者! 度一切无所有处,得非有想非无想处成就游。"(《中阿含经》)不久他又到达"非想非非想处定"的境界。入禅定时,心完全寂静,但还是不能得到正觉。悉达多想,"非想非非想处定"只是将自己的精神与日常生活中的诸苦恼断开,把心放在另一边,从而得到一种自我满足而已。实际上没有任何改变,这样的做法不能得到正觉。悉达多决心再也不靠其他人,而是通过自己的实践来得到正觉。

这里出现两位学者,其实悉达多拜访过的学者可能不止他们两个,当时的摩揭陀国本来是各种思想家云集、交流的地方,悉达多也肯定接触过很多学者。他们两位分别代表的"无所有处"和"非想非非想处"思想,一般认为并不是他们所创,而是早期佛教思想当中的发展过程,即为"四无色定"内的不同阶段。

离开王舍城之后,悉达多前往伽耶。当时在伽耶附近的尼连禅河畔的苦行林住着很多苦行者,悉达多也在此开始独自修行。苦行者们通过倒立、睡钉床、闭气、断食等苦行,折磨肉体,克服这些痛苦,锻炼坚强的精神,希望获得精神自由。悉达多也加入了他们的队伍中,在此期间他结识了5个苦行者,一起修习严苛苦行。悉达多的苦行长达6年,但还是没有得到正觉。要克服肉体的痛苦、心里的恐惧、疑惑和爱欲等,必须有坚强的意志。苦行能锻炼自己的意志,但这并不是真理。悉达多能够忍受常人不堪忍受的痛苦,但不能解脱。光凭忍受,不能解决根本问题。于是,悉达多认为苦行无意义,就放弃了。此时,释迦牟尼回想起当年在树下观耕的情景,他想,静静地坐下来思考,也许能得到正觉。

想到这里,悉达多发现自己身体太虚弱,决定先恢复体力,于是悉达多吃了附近村里一牧女(或说长者的女儿)所供给的乳糜。在尼连禅河洗净积垢,饮用河水,解除身体和心灵的疲劳。曾经和悉达多一起苦行的5个同伴,看见悉达多吃东西,以为他半途而废、意志不坚,已经堕落,便离开了。悉达多恢复体力后,来到菩提伽耶,于菩提树下敷座修禅观。据佛经记载,此时天魔(摩罗)怕悉达多一旦成道后,自己和眷属都将被毁灭,因此采取各种手段想要阻挠他。但悉达多没有动摇,终于得到正觉而成为"佛陀(Buddha)","佛陀"就是"觉悟者"的意思,后世的佛教徒把他尊称为佛陀、佛、如来、释迦牟尼、释尊、佛祖等。其实,"佛陀"本来是普通名词。

释迦牟尼成道之地菩提伽耶作为佛教四大圣地之一,如今有各国各地的佛教徒到此地朝拜。

北传佛教和南传佛教对释迦牟尼成道的时间有不同的说法,北传佛教认为是十二月八日,南传佛教则认为是在吠舍佉月(印度历二月)的满月之夜。

一般认为,释迦牟尼29岁出家,35岁成道,之后从事传教事业45年,于80岁入灭。个别经典给出不同的时间,例如关于释迦牟尼的出家时间,《根本说一切有部毗奈耶破僧事》《过去现在因果经》《修行本起经》《大智度论》等为19岁,《别译杂阿含经》说是31岁。做苦行的时间也有6年和7年两种说法。

1.3.3 初转法轮

释迦牟尼成道后沉迷于解脱的愉悦中,但他担心自己所悟的真理(法[dharma])太深奥,世俗人理解不了,所以对是否要说法颇为犹豫。这时梵天和帝释天从天界下来,劝请释迦牟尼说法,于是他决定说法。这个故事反映了当时释迦牟尼自己的心理斗争。他的出家及修行,其目的是为了得到正觉,现在他在尼连禅河畔的菩提树下成道,已经达到了其目的。释迦牟尼完全可以满足于个人成就,安稳度过余生,不过他最后决定踏上传教之路。于是,释迦牟尼的思想成为世界性宗教——佛教的主要内容。

虽说如此,释迦牟尼也没有马上拯救天下所有众生的狂妄想法。他首先想到阿罗逻·伽罗摩和郁陀·罗摩子两位先师,如果他们听法,一定顿时觉悟,立即得到正觉,只可惜他们已经去世了。又想起曾经一起修习苦行的 5 名比丘,佛陀认为他们肯定会理解自己所悟到的真理。当时这 5 名比丘在波罗椊(现在的瓦拉纳西)的鹿野苑(现在的萨尔纳特),他们分别是阿若憍陈如、阿说示、跋提、十力迦叶和摩诃男拘利,释迦牟尼向他们讲述了离开苦行主义、享乐主义两极端的"中道",即"八正道"与苦、集、灭、道的"四谛"。后来还讲述"五蕴、无我"的教说,此谓初转法轮。这 5 名比丘成为释迦牟尼最初的弟子,鹿野苑成为佛陀初转法轮之地,也是佛教四大圣地之一。

1.3.4 从事传教

释迦牟尼 35 岁成道之后,80 岁涅槃之前从事传教活动 45 年。佛经,就是释迦牟尼在传教的路上,向弟子或俗家信徒所讲述的佛法内容汇编而成的。南传巴利文经藏五部之一《增支部》的注释书、《佛种姓》的注释书,以及北传的《僧伽罗刹所集经》、《佛说十二游经》等佛经介绍释迦牟尼雨安居的场所。此外,各类《阿含经》和《律藏》等成书较早的原始佛经中,也出现有关雨安居的记载。根据这些记载,我们可以复原释迦牟尼的部分踪迹。释迦牟尼进行传教活动的地区,主要在印度东北部,东至鸯伽国,北到迦毗罗卫,西迄拘罗国,南抵憍赏弥。其中,王舍城和舍卫城两处是重要的活动中心。

·欧·亚·历·史·文·化·文·库·

释迦牟尼在鹿野苑收五弟子,这是最早的佛教教团(僧伽)。后来到各地传教,在波罗棕教化最早的在家弟子。随后到摩揭陀国,接受了优留毗罗迦叶和他的两个弟弟(三迦叶)及他们的弟子。此时,大迦叶、舍利弗、目犍连等也皈依了释迦牟尼,教团规模迅速扩大,名声大振。王舍城的频毗沙罗王也成为在家信徒并布施竹园作为僧伽的住处,这就是竹林精舍,后来成为教团的重要根据地之一。在频毗沙罗王的庇护下,佛教教团势力增大。除了竹林精舍外,还接受了各地的佛教信徒送给教团的耆婆园、芒果园、瞿师罗园等。释迦牟尼在拘萨罗国首都舍卫城时,当地的富人给孤独长者皈依了释迦牟尼,用重金购买祇陀太子的园林并捐给释迦牟尼,即祇园精舍。后来祇园精舍也成为释迦牟尼进行教化活动的重要根据地。

释迦牟尼传教的旅途中,也曾回到故乡迦毗罗城,与多年不见的家人重逢。此时,父亲净饭王成为在家弟子,儿子罗睺罗和堂弟提婆达多、阿难,以及异母弟难陀等人随佛释迦牟尼出家。释迦牟尼的姨母瞿昙弥也想要出家,再三请求后,他才同意她出家,准许比丘尼教团的成立。

在释迦牟尼的晚年,提婆达多煽惑摩揭陀国王子阿阇世弑父频毗沙罗王,篡夺了王位。于是提婆达多得到阿阇世王的支持,起了当佛教教团首领的野心,但被释迦牟尼阻止,便想谋杀释迦牟尼。他从山上扔下石头,放醉象袭击释迦牟尼,还煽动初学比丘,带领他们出走,欲分裂佛教教团,但最终都告失败。阿阇世王后来悔过自己的罪行,也皈依了释迦牟尼。

拘萨罗国的毗琉璃王(波斯匿王之子)曾受辱于释迦族,一直怀有怨恨,于是攻击迦毗罗卫,杀虐释迦族。后来,拘萨罗国被阿阇世王所灭。

1.3.5 涅槃

有关释迦牟尼最后旅程的情况,《南传大般涅槃经》有较详细的记载。据记载,释迦牟尼从摩揭陀国王舍城出发,踏上最后的游行路程。渡恒河入毗舍离,当时这一带遭遇严重饥荒,他让弟子分别到别处游行乞讨,与阿难单独度过雨安居。这个时候释迦牟尼突然染病,传说天魔过来劝他入灭,佛陀承诺3个月后入灭。之后佛陀离开毗舍离,继续传教,某一天来到一个叫巴瓦的村落,在这里接受铁匠纯陀之施食后,病情加重,腹痛痢血。释迦牟尼入涅槃前,给弟子们做了最后一次说法,他离开之后弟子要依靠"自己"和"法",僧伽成员要互相帮助,共同修行。最后在拘尸那揭罗,于婆罗树下入涅槃。

释迦牟尼入灭后,遗体被火化。来自中印度的几个部落争抢其遗骨,即舍利。最后在一个婆罗门的调解下,舍利被分为8份,分别给8个部落,各自建塔供奉。

关于佛灭,即释迦牟尼入涅槃的年代,从古到今有许多不同的说法,传统的说法有斯里兰卡、缅甸、泰国、老挝、柬埔寨等国家流行的公元前544年说;藏传佛教格鲁派流传的公元前961年说;中国唐代高僧法琳引《周书异记》的记载在《破邪论》所说的公元前1027年说等。后来,世界各国的佛教学家对佛灭时间的传说进行考证,有60多种异说。佛灭时间的主要推算方法有两种:一是根据阿育王的即位年代来推算佛灭时间的方法。阿育王是公元前3世纪时印度孔雀王朝的第三代国王,他在印度各地留下摩崖石刻、石柱等的法敕铭文。通过考古学或历史学手段大概可以确定阿育王在位时期的绝对年代。因为阿育王崇信佛教,对后世的佛教发展深有影响,南北两传佛经中均有关于阿育王即位于佛灭后多少年的记载,这样,只要知道阿育王的即位年代,就可以推算出佛灭时间。根据南传的《岛史》和《大史》,德国学者盖格尔(W. Geiger)提出公元前483年说。其他学者利用南传诸经进行考证得出来的结果虽有一定出入,但基本上集中在公元前480年前后。日本学者宇井伯寿根据北传佛经,认为从释迦牟尼涅槃到阿育王即位之间有116年,提出佛灭为公元前386年的说法。宇井先生被认为是日本佛教界的权威,其观点之流行是可想而知的。

另一种推算方法是利用"众圣点记"的方法。据《历代三宝记》卷11记载,南朝齐武帝时期,僧伽跋陀罗译《善见律毗婆沙》,并传述众圣点记之事,即:"武帝世,外国沙门僧伽跋陀罗,齐言僧贤,师资相传云:

佛涅槃后,优婆离结集律藏讫,即于其年七月十五日受自恣竟,以香花供养律藏,便下一点置律藏末,年年如是。"释迦牟尼十大弟子之一,持律第一的优婆离在释迦牟尼入涅槃后整理戒律。当时僧伽成员每年雨季在固定的地方安居 3 个月(雨安居、夏安居),结束时举行诵戒。当年优婆离在律本点上一点,以作为纪年,以后年年如此。优婆离涅槃后托付给其弟子,一代接一代,历时既久,点数渐多,故名"众圣点记"。齐永明七年(489),僧伽跋陀罗翻译《善见律毗婆沙》的时候最后记下一点,共计 975 点。这就是说,释迦牟尼涅槃之后,到公元 489 年已经过了 975 年。将 975 年减去公元以后的 489 年,就可以得出佛灭时间,即公元前 486 年(975 - 489 = 486)。值得注意的是,南传系统所传的阿育王即位时间为在佛灭后 218 年,而阿育王即位的最下限年为公元前 268 年,用这个数据推算出来的佛灭时间(218 + 268 = 486),与众圣点记的结论相符合。根据两种各为独立而互不干涉的史料进行考证,却得出同样的结果,这并不能简单认为是一种"偶然"现象。日本学者高楠顺次郎、渡边海旭和增谷文雄等人对此问题做过两年的专门研究,并写出一份专门的调查报告。1934 年,日本举行佛诞 2500 年纪念,就是采用这项研究的成果。中国在 1923 年举行佛诞 2950 年纪念时,确定采用公元前 486 年为佛灭之年的说法。

1898 年,佩普(W. C. Peppe)在迦毗罗卫遗址附近的毗普拉瓦挖掘时发现了舍利壶,上面有铭文,根据字体判断,这是阿育王法敕或更早时期的文字。铭文大意为,"此物乃是佛陀释迦牟尼之遗骨,为知名的释迦族所奉祀"。一般认为,它可以证明《涅槃经》上的"八王分骨"建塔供养的记载是历史的事实。

1.3.6 释迦牟尼成道的内容

佛教经典对释迦牟尼在成道时所悟得的内容有不同的记载,大概可以分为十二因缘说和与四禅相关的四谛说两大类。实际上这些内容都是释迦牟尼入灭后,由弟子们搜集并整理的"法"。传说释迦牟尼涅槃之年,在王舍城举行第一次结集。有 500 名比丘参加,大迦叶主持会议,阿难背诵"法"(达摩),优婆离背诵"律"(毗奈耶)。经过参会者的讨论,提出了佛教教团共同认可的教义。后来佛教徒将其整理成经典,法汇集而成"经藏",又称《阿含经》;律也被整理成"律藏"。《阿含经》保存了释迦牟尼本人所悟到的内容,即佛教的根本思想。四谛和十二因缘都是释迦牟尼悟出的"法"(真理、正觉)。自古以来许多佛教学者对此做出种种解释,下面主要根据平川彰的观点介绍基本内容。

四谛,也称四圣谛。所谓四谛指苦谛、集谛、灭谛、道谛。人生有生、老、病、死四苦,再加上恩爱别离、怨憎会、欲不得、执著五蕴等,成为人生八苦。这些痛苦在现实生活当中都不可避免,这就是"苦谛"。"集谛"就是造成痛苦的原因。生存怎么那么痛苦呢?是因为每个人的心里都有"渴爱",也叫"无明",这是无法满足的欲望,不断地产生种种烦恼。"苦谛"是灭除这些痛苦,解脱渴爱的束缚的方法,就是涅槃。实现除灭痛苦的方法为"道谛"。实践正见、正思、正语、正业、正命、正精进、正念、正定八正道,从而实现解脱、达到涅槃。

十二缘起根据缘起的道理解释人生痛苦的存在。十二缘起由无明、行、识、名色、六入、触、受、爱、取、有、生、老死等十二分支构成。其中,最后的"老死"是现实生活中的生存的痛苦。究其原因,发现其根源是"生",因为出生了,所以发生老死。"生"存在的条件是"有","有"是轮回上的存在,因为自己在轮回中流转,所以才会被"生"了下来。轮回中的生存是苦的,究其原因,就会发现"取",取是执著的意思,执著于生存便成了使生存持续下去的条件。接下来,问人的执著是以什么为条件?就会发现"爱"。爱即渴爱,是一切烦恼的根源,无法满足的欲望。"爱"是痴迷于生存的根源,没有更基本的条件,因此爱、取、有、生、老死等前五支,称为"渴爱缘起"。但是爱的活动应该还有条件,即是"受";受就是接受,有苦受、乐受、不苦不乐受,被触发后引起爱。引发受的条件是"触",触是认识上的主观与客观之接触。触发生的条件是"六入",也叫"六处",是眼、耳、鼻、舌、身、意等六个。也可分为眼耳鼻舌身意"内六处",与色声香味触法"外六处"。这些认识的领域以身体和心为条件而存在,亦即"名色",名指精神,色是物质。名色存在的根源是"识",就是认识作用。以眼识、耳识、鼻识、舌识、身

·欧·亚·历·史·文·化·文·库·

识、意识来表示。识（认识作用）消失的话，身心就会死灭，可以说因为你认识到这个世界，世界才会存在。同时，由于身心存在，识才有可能活动，没有肉体就不可能有识，因此识与名色处于相互依存的状态。两者虽有依存关系，但识能统一，具有主动的性质，比名色更基本。推求识的存在条件，发现有"行"。"行"是造作事物的"形成力"，即"业"。过去的业规定识的方向，识受其影响而进行判断与活动。再追溯行的存在条件，发现是"无明"，无明就是没有正智（明）、无知，没有如实知见一切的能力。无明本身不具主动性，当认知方面的主动性受无明染着而生起时，一切迷妄于焉产生。正如做梦者若发觉正在做梦时梦就会消失一样，无明被发觉是无明时，便会消失。也就是说，无明会因为被发现而消失无踪。因此，追求缘起便是以发现无明作为终结。

如上，四谛和十二缘起都是解释现象的因果关系，但因和果并不是固定的，例如受是触的结果，同时受又是爱的起因，这些因素都不能单独存在，而是相依相关而成立的。这个世界的所有现象因其他的"缘"成立了自己，"此有故彼有，此生故彼生；此无故彼无，此灭故彼灭"（《杂阿含经》卷10），这个道理就是"缘起法"。缘起法的发现，是释迦牟尼成道的关键，也就是佛教思想的根本。而这个缘起法不是释迦牟尼的发现或者创见，无论佛出世或不出世，缘起法都存在：

> 如是我闻：一时，佛住拘留搜调牛聚落。时，有异比丘来诣佛所，稽首礼足，退坐一面，白佛言："世尊！谓缘起法为世尊作，为余人作耶？"佛告比丘："缘起法者，非我所作，亦非余人作。然彼如来出世及未出世，法界常住，彼如来自觉此法，成等正觉，为诸众生分别演说，开发显示。所谓此有故彼有，此起故彼起，谓缘无明行，乃至纯大苦聚集，无明灭故行灭，乃至纯大苦聚灭。"佛说此经已。时，彼比丘闻佛所说，欢喜奉行。（《杂阿含经》卷12）

这个世界所有的东西都在复杂的关系网中存在，没有一个孤立的存在。所有的现象不是对立的，有和无是互相依赖的，没有我就没有他，没有他就没有我。有了自己的求知之心，才能接受他人的教导。纯粹的自力或者纯粹的他力等想法是空虚的、非现实的概念。

我得古仙人道,古仙人迳,古仙人道迹,古仙人从此迹去,我今随去。(《杂阿含经》卷12)

这是释迦牟尼得正觉时候的心情。虽然释迦牟尼悟到了真理,但这并不是他自己一个人偶然发明或发现的。成道之路,并不是他第一个开拓的,他走的这条路是古仙人已经走过的道路。佛教尊重传统或古典的力量,使得后来产生了许多过去佛的神话,即释迦牟尼不是第一个佛陀,过去也有很多佛陀存在。这意味着,释迦牟尼之后还可以出现得正觉的佛陀。也可以这样理解,如同释迦牟尼踏着古仙人的脚步,一步一步走上成道之路一样,佛教鼓励佛家弟子们跟着释迦牟尼的步伐修行成道。

关于佛陀涅槃前后的故事,《大般涅槃经》有详细的记载。这部经书记述了佛陀最后的旅程和佛陀入灭前留下的种种教义,具有很高的资料价值。释迦牟尼在最后的日子里,讲述了他对他的教团的一些想法。

释迦牟尼晚年,阿难一直在释迦牟尼身边伺候。雨安居时释迦牟尼生病,阿难害怕释迦牟尼就这样去世,心里很不安,担心释迦牟尼死后的佛教教团的未来,希望释迦牟尼给教团成员留下遗嘱。释迦牟尼告诉阿难说:

众僧于我有所须耶?若有自言:"我持众僧,我摄众僧。"斯人于众应有教命。如来不言:"我持于众,我摄于众。"岂当于众有教令乎?(《长阿含经》卷第2)

僧伽于我有何期待?如果有人说"我领导僧伽,我统治僧伽",那么这种人需要临终遗言,但我从来没有说过也没有想过"我领导僧伽,我统治僧伽",那么也没有必要留下什么遗嘱。接着,他告诉阿难,"不要靠其他人,要靠自己,在自己的心中点燃持法明灯,以自己为明灯,以自己为皈依处,以法为明灯,以法为皈依处。时刻反省自己,要勤勉不要懈怠,这样能除世间贪忧,在自己的行为、感觉、思想等方面都要时刻提醒自己。我死后还按照我刚才说的方法做修行的人,才是真正的我的弟子"。

21

这表明释迦牟尼声明他不是僧伽集团的统治者,僧伽是共同体,并不需要特定的统治者。所有修行者的地位是平等的,没有领导和被领导的关系,僧人之间是相互学习、相互尊重的关系。《大般涅槃经》记录了释迦牟尼最后的教导:"汝勿见我入般涅槃,便谓正法于此永绝。何以故?我昔为诸比丘,制戒波罗提木叉,及余所说种种妙法,此即便是汝等大师。如我在世,无有异也……我今虽是金刚之体,亦复不免无常所迁。生死之中极为可畏,汝等宜应勤行精进,速求离此生死火坑。此则是我最后教也。"意思是:我涅槃之后,不要认为正法于此永绝。我死后,之前我为你们制定的戒律,所讲述的种种妙法就是你们的师傅。我虽然是金刚之身,但还是免不了无常之所迁变,大家要勤行精进,早点离开生死火坑。

释迦牟尼最后的说教是关于"无常"和"修行",可见这两者就是佛教的要点。这个世界没有永恒不变的东西,即便是金刚之身的佛陀,也会面临死亡。修行者应该自己勤勉修行,不要盲目听从别人的"教诲"。但随着年代的推移,佛祖释迦牟尼被神化,附加了佛陀的不灭之身,佛陀出现旷世稀有难遭难遇等神话色彩。上面所引的汉译《大般涅槃经》经文中,"我今虽是金刚之体"这句在巴利文的《南传大般涅槃经》里是没有的,可能是在流传的过程中,为了表现佛陀之死与其他人不一样而被附加的。

释迦牟尼所讲的法并不复杂,《阿含经》等佛经所讲的故事内容理解起来也不是很困难,可以说基本上都是自明之理,但是要真正懂得这个"自明之理"往往不是一件容易之事。明明知道喝酒抽烟对健康有害,但还是戒不掉;明明知道现在不做作业,明天会被老师批评,但还是玩游戏……类似的例子不胜枚举。从来没有什么救世主,要修行成道得靠自己,这么简单的道理,实践起来却真是困难。

1.3.7 释迦牟尼的弟子

据佛经记载,释迦牟尼在世时有几个重要的弟子,他们叫十大弟子。分别为大迦叶:头陀第一。也称"摩诃迦叶"。释迦牟尼入灭后主持第一次结集。舍利弗:智慧第一。也叫"鹙鹭子"、"舍利子"。目犍连：神通第一。也称"摩诃目犍连"、"目连"、"大目犍连"。他和舍利弗原来是六师外道的散若夷·毗罗梨沸的弟子。后来两个人都皈依佛教。须菩提：解空第一。富楼那：说法第一。全称"富楼那弥多罗尼子"，富楼那是他的简称。迦旃延：议论第一。也称"摩诃迦旃延"、"大迦旃延"。阿那律：天眼第一。因释迦牟尼说法时打瞌睡而被训斥，誓不眠而失去视力却得到了法眼。也称"阿尼律陀"。优婆离：持戒第一。罗睺罗：密行第一。释迦牟尼的独子，后来随释迦牟尼出家。阿难：多闻第一。也叫"阿难陀"。他伺候释迦牟尼最后的 25 年。

十大弟子各有所长，甚至具有超人的能力，可以说他们分别代表佛教教义的某一部分。说法、议论、持戒等，都是佛弟子要具备的基本素质。释迦牟尼所讲述的佛法的内容，后来由他的弟子们整理而成佛教教义。弟子们的事迹也能够反映早期佛教的内容。大迦叶和阿难的地位比较突出，他们两个人都与释迦牟尼的涅槃和入灭后的第一次结集有直接关系。他们两个人的关系也反映了僧伽内部的新旧势力的微妙关系。还有罗睺罗，作为释迦牟尼的儿子的他，自然与其他出家人有不同的经历，他和释迦牟尼的关系反映了"出家"的意义。

1.3.7.1　大迦叶和阿难

龙门石窟的奉先寺主尊毗卢舍那佛的左右侧，各有菩萨和一老一少的僧人，这两个僧人分别为大迦叶和阿难。中国的佛教雕塑，往往在佛像左右两边造大迦叶和阿难像。在十大弟子当中，他们两个有比较特殊的地位。

大迦叶在释迦牟尼的涅槃和送葬中担任重要角色。据《游行经》、《大般涅槃经》等记载，释迦牟尼入灭后，弟子和当地信徒准备把释迦牟尼的遗体火化，但是怎么也不能点燃，阿那律解释说，诸天神在等大迦叶过来。此时，大迦叶与 500 个僧人一起从波婆国赶往拘尸那揭罗，途中遇到一个外道，从他口中得知释迦牟尼 7 天前已经入灭。听到这个噩耗，比丘们非常悲痛，其中出家较晚的比丘说，诸比丘们不必悲伤，佛陀在世时他限制我们的自由，现在他走了，我们可以随心所欲。大迦叶听了就不高兴。大迦叶到了之后，释迦牟尼的双脚从棺里伸出，大迦

·欧·亚·历·史·文·化·文·库·

叶向佛足礼拜,双脚又缩回棺里而自燃焚烧。

释迦牟尼的葬礼,等大迦叶到来才能够进行,这说明大迦叶在僧伽内有重要的地位。后来大迦叶召开第一次结集的事实,也说明他确实有一定的号召力和影响力。大迦叶召开第一次结集的直接动机是他在赶到拘尸那揭罗的路上听到的对佛法不敬的言语。他召开结集的具体经过记录在《四分律》、《五分律》、《十诵律》等律藏中。据这些记载来看,大迦叶提议召开结集后,经过羯磨(僧伽会议)选出500个比丘代表,决定在王舍城雨安居期间召开结集。值得注意的是,选出500个比丘代表的时候,诸长老推荐阿难,因为阿难常在释迦牟尼身边,比其他任何人多闻释迦牟尼说法。但是大迦叶由于阿难还没有得到阿罗汉果,认为他没有资格参加。于是,阿难刻苦修行,终于得到正觉成为阿罗汉,大迦叶才允许阿难参加结集。《根本说一切有部毗奈耶杂事》还记载此时大迦叶当众责难阿难有8个罪过,(1)汝知世尊不许女人。性怀憍诈而求出家。(2)汝于佛所不为众生请佛世尊住世一劫。(3)世尊在日为说譬喻。汝对佛前别说其事。(4)世尊曾以黄金色洗裙。令汝浣濯。汝以脚踏捩衣。(5)汝以浊水奉佛。(6)汝既不问。未知此中何者名为小随小戒。(7)于俗众中对诸女前现佛阴藏相。(8)辄自开佛黄金色身示诸女人。彼见佛身即便泪落沾污尊仪。

释迦牟尼在世的时候非常信任大迦叶,佛经中有佛分半座予迦叶或佛把自己衣物给迦叶等故事,大迦叶无疑是佛教僧伽最重要的人物之一。如上所述,关于他在释迦牟尼入灭后的行径有很多记录,相对而言,有关他出家的情况和修行的记载不是很多。

释迦牟尼入灭后不久时,大迦叶和阿难住在王舍城耆阇崛山。因为饥荒,食物不足,于是阿难带着不懂规矩的众多年少比丘去游行,到南方时30个年少比丘还俗。回到王舍城的阿难访问大迦叶,大迦叶问阿难他带回来的僧伽怎么那么少,阿难告诉大迦叶说30个年少比丘还俗的事情。大迦叶斥责阿难说:"如阿难汝徒众消灭。汝是童子不知筹量。"(《杂阿含经》)阿难反驳他说,我的头发已经白了,你还说我是童子?有一个比丘尼听到他们正在争论,骂大迦叶说,本外道的大迦叶怎么可以侮辱阿难说他是童子呢？

　　这里说大迦叶是"本外道"，意思是大迦叶不是纯粹的佛教弟子。对这样的诽谤，大迦叶反驳说，他出家后自己修行，没有跟着释迦牟尼以外的老师修行过。不管怎样，他确实在遇见释迦牟尼之前已经过了出家人的生活。大迦叶的"头陀第一"，可能与这样的皈依佛教之前的经历有一定的关系。前面已经讲过，当时的印度出家修行的习俗相当普遍，释迦牟尼本人也是在这样的大环境下出家，到各地求学寻师，后来到苦行林，过了6年的苦行生活。大迦叶的经历也应该大同小异，所以，大迦叶的"头陀第一"，可以认为代表佛教诞生时期印度出家人，包括佛教僧伽的修行方式。

　　那么，大迦叶怎样成为释迦牟尼的弟子呢？成为佛教弟子，加入僧伽集团的方式（具足戒）主要有三种，善来比丘具足戒、三归具足戒和白四羯磨具足戒。然而，大迦叶的方式与以上三种都完全不一样。见到释迦牟尼的大迦叶，告诉释迦牟尼说"是我大师，我是弟子"，而释迦牟尼回答说"如是迦叶，我是汝师，汝是弟子"。这样，弟子主动拜释迦牟尼为师而释迦牟尼认可的做法，只有大迦叶出家时是这种特殊方式。

　　表示大迦叶特殊地位的故事还有交换粪扫衣、请以半坐、释迦牟尼请大迦叶说法等内容。大迦叶将自己的衣服叠起来，作为释迦牟尼的坐垫，释迦牟尼说这个衣服较柔软，于是大迦叶把这身衣服献给释迦牟尼，释迦牟尼赐他身穿的粪扫衣。据佛教信徒的传统，"传衣钵"是传授佛法的象征。释迦牟尼和大迦叶互换衣服，也就是说释迦牟尼将自己的衣服传给大迦叶，这说明释迦牟尼将佛教教义和僧伽集团交给大迦叶。同样内容的故事还有请以半坐。大迦叶来到舍卫城祇园精舍的释迦牟尼处，当时大迦叶"长须发，着弊纳衣"，比丘们看到这样的打扮，轻蔑大迦叶。释迦牟尼看此情形，把大迦叶叫来与他同坐（请以半坐），说："我今竟知，谁先出家，汝耶我耶？"问大迦叶说，我们谁先出家来着，你还是我？与释迦牟尼同坐，这说明大迦叶已经达到与释迦牟尼一样的境界，与释迦牟尼一样的高度。还有，释迦牟尼入灭后不久时，阿难请大迦叶到王舍城的比丘尼精舍为比丘尼说法。有一个比丘

·欧·亚·历·史·文·化·文·库·

尼骂大迦叶说:"在鞞提诃牟尼的阿难面前说法,如针贩子到针师那里卖针一样。"阿难赶忙打圆场说:"老比丘尼愚痴,不懂轻重。"大迦叶跟阿难吼道(狮子吼):"若有正问:谁是世尊法子,从佛口生、从法化生,付以法财,诸禅、解脱、三昧、正受?应答我是。"如果问释迦牟尼的"法子"(正法的继承人)是谁,那就是我!大迦叶的这个回答充分说明他很有自信他就是佛法的传承人。

同时,这些故事反映,即便是在释迦牟尼身边的比丘们也不认识大迦叶,对蓬头垢面、穿破衣的大迦叶起了轻慢之心。这可能因为大迦叶没有带僧伽与其他比丘一起生活,仍然过着原来的"头陀行"生活。头陀行是一个人在林中住或游行的生活,很少与其他僧伽接触,释迦牟尼和他的教团建立僧伽以后,一般的出家人过团体生活,像大迦叶一样一个人过头陀行的比丘应是少数。换句话说,大迦叶是传统方式修行者的代表。

阿难是释迦牟尼规定僧伽戒律以后,按照僧伽的戒律出家的比丘。生活在僧伽里,与其他比丘一起过团体生活,可以说,阿难是新式修行者的代表。阿难与释迦牟尼一样是释迦族出身,一说他是释迦牟尼的堂弟。释迦牟尼的最后 25 年间,阿难作为侍者,伺候在释迦牟尼身边,他担任释迦牟尼和一般比丘或在家信徒的联络工作,组织僧伽,传达释迦牟尼的想法。阿难在女性出家人——比丘尼的诞生上扮演重要角色。释迦牟尼的养母瞿昙弥请求释迦牟尼让她们女性也能够出家,成为佛教僧伽的一部分。释迦牟尼当初没有答应,阿难劝释迦牟尼认可此事。保守的出家人大迦叶对比丘尼的出家有意见,自然阿难和大迦叶之间有矛盾,佛经也记录有他们之间发生的冲突,这可以视为佛教僧伽内的守旧派和新派之间的斗争。不过这些矛盾都没有提升到分裂,始终是内部问题。从某种意义上来讲,他们两个人作为十大弟子的代表人物,表现了释迦牟尼即佛教的宽容。释迦牟尼在扩大他的教团的过程中,逐渐完善出家和修行等僧伽活动的各种内容,但他也不排斥传统的修行方式,只要能够得到正觉,他都尊重修行者个人的方式。这就是"应人说法"的佛教奥妙所在。

1.3.7.2 罗睺罗

罗睺罗是释迦牟尼的亲儿子。但他之所以成为十大弟子之一,并不单是因为他是教主的孩子,他是佛祖释迦牟尼的儿子的同时,也是出色的比丘。

出家是当时印度常见的修行方式,释迦族的王子悉达多也是按照当时的习俗选择出家修行。出家不是简单的脱离自己的家人,要摆脱出身、身份、职位等所有的社会关系,这个出家行为本身是对当时婆罗门、刹帝利、吠舍、首陀罗等固定的身份等级制度上面安逸的社会的叛逆。但出家人并不是逃避现实社会,没有远离红尘、隐于江湖之意。他们用他们的方式积极参与社会,"六师"或"迦叶三兄弟"等当时有名的修行者组织了自己的集团(或可称教团),对社会有一定的影响。他们出家修行的最终目的意在先破坏现在的社会关系,然后重建新的关系网。前面已介绍,六师外道的思想都是先从分析宇宙的结构开始,那是因为他们再也不相信吠陀(婆罗门)所解释的宇宙的概念。宇宙是什么?就是我们生活的整个世界的根本,我们的社会关系也是基于这个宇宙的结构,解读宇宙等于认清自己。

对乔达摩·悉达多而言,他以出家的方式丢弃王子、丈夫、父亲或者刹帝利、释迦族等社会角色和关系,从表面上看他弃老人于不管、丢下妻儿不顾,也辜负族人对他的期望。但悉达多之所以离开他的家人和族人,并不是针对他们个人,而是他要打破他所处的社会关系网。他成道之后,以不同的身份回到家人身边,与他们重新建立新的关系。悉达多的儿子罗睺罗,出家前是个绊脚石,有一说他的名字罗睺罗就是"拖累、束缚、障碍"的意思,但罗睺罗跟随释迦牟尼出家后,成为密行第一的十大弟子之一。血缘关系是不可改变的事实,但在不同的处境下受到不同的待遇。血缘关系本身没有任何意义,只是种种社会关系中的一个表现而已。怎样对待这种社会关系,这才是关键。

出家前的罗睺罗是释迦牟尼肉身的孩子、亲骨肉。乔达摩·悉达多是他的父亲,这自然的关系始终没有改变,但他们之间的关系发生了极大的变化。悉达多如果没有出家,那么儿子罗睺罗是他的继承人,悉达多成为迦毗罗卫的国王之后,罗睺罗就是王子,悉达多王的儿子有着受人尊敬、众人羡慕的地位,父王年老之际,罗睺罗应该伺候在他身边,养老送终,然后继承父亲的地位,当上迦毗罗卫的国王。出家人完全脱离了"因为是父亲所以帮助儿子、将事业传给儿子",或"因为是儿子,所以继承父业、为他养老送终"这样的社会关系,佛教重视的不是这种关系,而是"法子",即佛法的传承。大迦叶曾经说过,"世尊法子"不是别人,就是大迦叶。

罗睺罗跟随释迦牟尼出家以后,释迦牟尼的儿子这样的地位并不受尊敬,反而遭人诽谤。原本应属于他的荣誉和骄傲,现在反过来变成他的包袱、累赘。出家人罗睺罗最主要的修行不是显摆教主的儿子的身份抢风头,而是默默地承受因是教主释迦牟尼的儿子而受到各方面的压力,忍受一些过分的期待、妒忌、猜疑等。最终,他成为"密行第一"的十大弟子之一。

1.4　释迦牟尼以后的佛教发展

1.4.1　早期佛教教团

释迦牟尼在鹿野苑向五比丘传法时,成立了一个以释迦牟尼为代表的集团,后来释迦牟尼到王舍城、舍卫城、毗舍离等地教化群众,各地的修行者慕名而来,投靠释迦牟尼的集团。他们可以分为出家和在家,两者的生活方式和戒律都不同。在家信徒继续从事自己的职业,要履行家庭和社会的各种义务,在生活上实践释迦牟尼的教法。出家人要放弃世俗的身份、财产等,离开家人,辞退职业,脱离所有社会关系,一心修行,必须坚守严格的戒律。出家人的生活都依靠在家信徒的布施,出家人给在家信徒讲法,树立榜样。

释迦牟尼也严格区分出家修行者和在家信徒。有一天,释迦牟尼在舍卫城手拿一个碗乞食,有一个老婆罗门看到释迦牟尼时自言自语说:"修行者乔达摩持杖拿钵,到处乞食。我也和他一样,持杖拿钵,到人家家里乞食。这样的话，我和乔达摩都是一样的比丘。"释迦牟尼听到后，向老婆罗门讲："所谓比丘者，非但以乞食，受持在家法，是何名比丘。于功德过恶，俱离修正行，其心无所畏，是则名比丘。"比丘不是简简单单的乞食者，过着在家的生活，因为生活困难才出来要饭的人绝对不是比丘。成为比丘有三个条件，第一，超越功德过恶。做善事不求回报，不但现世没有得到回报，也不要想为来世积功德。在家信徒可以为了得到功德而做善事，因为他们需要动力。但出家人不能有功利心。同样，不做坏事，要守戒也并不是因为怕遭到报应。不管做任何事情，不应该去想行为的结果得到什么或者失去什么。比丘的衣食住都靠社会，生活有保证，无所顾虑，悠游自在，应该完全投入修行才行。戴名牌手表、玩 3G 手机、开宝马等，都不是比丘的行为。第二，比丘应该修正行，他的所作所为都符合正法，这样他不用刻意地求某种结果（功德），他的行为应该都会利己利他。然后第三，才能"其心无所畏"。对自己的生活态度和行为都要有信心。这样的人，才是比丘。

在家信徒在早期没有自己的组织。出家人在各地共同修行、生活，逐渐形成集团，他们成为佛教教团的中心，释迦牟尼在世时出家集团已经有相当规模，王舍城、舍卫城等都形成几个集团，但他们没有具体的代表或者领袖，出家人都是平等的。不过，释迦牟尼去世后集团内部也产生了一定的身份区别，集团内部的规定逐渐完善。

1.4.2 僧伽的成立

在原始佛经里将出家人的团体称作"僧伽"，"僧伽"与"沙门"一样，不是佛教教团专用语，"沙门"指的是当时的修行者或修行者集团的领导人，"僧伽"是政治团体和工商业团体、宗教团体等因共同目的而组成的集团，也称"伽那"。释迦牟尼成道后，在鹿野苑对五比丘做最初说法，他们成为最初的弟子，佛教教团就这样成立了。弟子们尊崇释迦牟尼为"大师"，而弟子们自称为"声闻"，意为听法者。以佛陀为中心组织起来的佛教出家弟子的团体，就是僧伽。后来，佛经被翻译成汉文之后，"僧伽"这个词专门用来指佛教的出家人，其实，僧伽指的是团体，严格来讲一个人不能称为僧伽。虽然修行是个人行为，但佛教从

·欧·亚·历·史·文·化·文·库·

一开始就重视团队生活。释迦牟尼在鹿野苑说法时，常派2个人去乞讨，其他3个人跟着释迦牟尼听法，有时候3个人去乞讨，2个人留下来随释迦牟尼学习，这样，他们共同生活、共同修行。据佛经记载，早期的佛教修行者住在"阿兰若处"。阿兰若，又译成阿练若、阿兰那、阿兰挐、阿练茹、阿兰攘等，意为寂静、空寂，就是指安静的地方，具体指树下、山中、山洞、山林等地。释迦牟尼最早只允许男性出家，称为"比丘"，后来也接受女性出家者，称为"比丘尼"，比丘亦译成"乞士"、"破烦恼"等，这是意译，意为乞食的人。成为比丘时，要受具足戒，这是出家人要严格遵守的戒律，据《四分律》，比丘有250戒，比丘尼有348戒。

据《律藏》大品，释迦牟尼教化弟子，等到其中60名得到正觉成为阿罗汉（脱离一切烦恼的圣者）以后，让他们到各地游行，宣扬佛法，教化大众。释迦牟尼回到自己曾做过6年苦行的苦行林，教化三迦叶兄弟。在各地宣扬佛法的弟子们将希望加入佛教教团的人们从外地带回释迦牟尼住处。僧伽刚成立的时候，要加入僧伽的成员都需要得到释迦牟尼的认可，即释迦牟尼授"具足戒"才有资格成为僧伽的成员，释迦牟尼授的具足戒叫做"善来比丘具足戒"。也就是说，唯独释迦牟尼有资格授具足戒。随着僧伽的发展，在各地教化游说的比丘们觉得这样做太累了，释迦牟尼自己也觉得不自在，因为他要一直等待各地的佛教信徒前来受戒。因此，释迦牟尼准许比丘自己给别人授戒。规定出家人要剃发、着袈裟、礼比丘足，合掌三唱"皈依佛、皈依法、皈依僧"，这叫做"三皈依具足戒"。从此之后，走到各地的弟子们可以在自己所到之处形成独立的僧伽集团，佛教教团的发展也加快了速度。释迦牟尼自己也可以出去游行教化。释迦牟尼直接统领的集团和各地比丘组织的集团都是僧伽，原则上没有任何区别。

释迦牟尼在王舍城成功教化了当时的摩揭陀国王频毗沙罗王为在家信徒优婆塞，同时也收留了舍利弗、目犍连和他们的伙伴等很多出家或在家的弟子。他们到王舍城以后，佛教教团的规模日益增大，扩大势力的过程中与社会发生摩擦，需要处理的问题也越来越多。有时候，他们遭到王舍城居民的诽谤，有的人说"沙门乔达摩过来抢孩子、抢丈夫、拆散家庭",有的人说"佛教弟子衣冠不整、不具足威仪"。

为了解决社会对僧伽的不满,释迦牟尼制定了严格的出家人资格审批制度,有双亲的人、有债务的人、官吏、军人、奴隶等人,必须先经过他们的负责人同意后才能出家,这一方面是为了避免引起纠纷,另一方面可以确认出家人的决心。此外还定了年龄限制,年满20岁才准许受具足戒,正式成为比丘。年少者入僧伽则为沙弥、沙弥尼。一般在14岁时可以受"十戒"成为沙弥、沙弥尼。十戒又称十重禁戒,因为受此戒可以成为沙弥,也称沙弥戒,即不杀、不偷、不淫、不妄语、不饮酒、离高广大床、离花鬘等、离歌舞、不蓄金银财宝、离非时食。同时还规定了一种责任制度,新出家的弟子作为"供住比丘",跟着一位有能力的师傅(和尚)接受他的指导,和尚也要对弟子负责,和尚视弟子如子,弟子事和尚如父,如和尚同意,也可以向专门的老师(阿阇梨)学习。他们从早到晚共同起居,僧伽依出家的年资(法腊)论长幼秩序,尊敬先出家者,遵守礼仪,确立秩序,由此在佛教中也产生了师徒关系。

和尚须是受具足戒10年以上的有能力的比丘,并且新出家的人必须通过由10位或10位以上的比丘组成的集团的资格审查,叫做"十众白四羯磨具足戒",羯磨是僧伽会议的意思。

教团规模不大的时候,遇到问题时都由释迦牟尼裁定解决,但当外地的比丘们开始组织僧伽,教团的规模迅速增大时,需要有一个统一的方针,因此戒律的内容增加了不少。戒的本意是帮助修行者成道,提醒修行者在修行生活和思想上要走正道,所以每个修行者必须自觉遵守戒,万一修行者犯戒,也是他个人的问题,不能得到正觉,换言之犯戒本身就是对犯戒者的惩罚。后来戒也用于维持僧伽秩序,持戒除了个人修行的必要外,还具备了僧伽内部的相互认同作用。戒成为僧伽成员必须遵守的规定,这些规则称为"律"(毗奈耶),同时也规定了对犯戒者的惩罚内容,其中最重的罪包括杀、盗、淫、大妄语四种内容,称为"波罗夷罪",如果犯了波罗夷罪,就失去比丘、比丘尼的资格,将被赶出僧伽。

就这样,本来跟随释迦牟尼修行的僧伽,随着规模扩大,不断完善

·欧·亚·历·史·文·化·文·库·

自己的一套管理体制(戒律),成为一个新的社会集团。这时候所定下来的戒律,如"十众白四羯磨具足戒法"等传至现代的佛教中。

1.4.3　僧伽的生活

1.4.3.1　日常生活

加入僧伽之后,弟子们的日常生活要按照"四依法"进行,它规定,依乞食维生(尽形寿乞食)、着粪扫衣、树下住、服陈弃药。出家人的衣食住问题都依靠在家信徒的布施,吃的原则是给什么吃什么,也不一定专门找富裕的人家乞讨,没有严格禁止鱼肉之类,只要布施者不是专门为了比丘们准备的(就是说,不要为供养比丘们而夺取生命),就可以吃。僧伽原则上一日一餐,中午过后不再进食,果汁或糖水等不计在食物之内,下午也可以喝。乞讨所得来的食物属于个人,没有必要交给僧伽再分配,如果有多余的,可以分给其他伙伴。所有成员分享后还有剩余的话就倒掉,禁止留到第二天。

衣服按规定要穿粪扫衣,但这个粪扫衣好像是朴素衣服的象征,并非一定要穿它。衣服的颜色不能太艳丽,在家信徒用白布,比丘染成袈裟色(暗黄色),故比丘穿的衣服称为袈裟。袈裟衣有三种:下衣(安陀会)、上衣(郁多罗僧伽)、大衣(僧伽黎)。布料以质朴为主,采用棉布、麻、绢、羊毛等材料。平时穿下衣和上衣,冷的时候穿大衣,就是说天冷了添加衣服,热了就脱掉,但不可以全裸。此外,需要的时候还可以穿鞋,也可以用坐垫。

建立竹林精舍之前,僧伽住在山窟中、水边、树下、竹林等地,即便是这样,他们还是过着团体生活。前面已说过,接受新的出家人需要施行十众白四羯磨具足戒法,这需要10个以上的比丘,而且受具足戒的新成员要做和尚的弟子,在和尚指导下共同生活、学习、修行。还有,食物都依靠在家信徒的布施,僧伽不会选择人烟稀少的地方作为他们的住所。出家虽然脱离了既往的社会关系,但这并不意味着与社会断交,他们用另一种方式与社会建立了新的关系。独自居住于深山幽谷,过着与世隔绝的生活,这比较适合中国的仙人,但绝不是释迦牟尼他们的理想生活状态。

竹林精舍亦称迦兰陀精舍,王舍城的长者迦兰陀将自己的竹林献给释迦牟尼,频毗沙罗王在这里为僧伽建立了讲堂和僧房等,作为僧院(精舍),这样的僧伽居住地叫做僧伽蓝,简称伽蓝。僧院的建设解决了出家弟子们的住房问题。释迦牟尼在鹿野苑初转法轮后,由5个弟子组建最早的僧伽,后来接纳了三迦叶兄弟教团的成员、舍利弗及目犍连的伙伴们等,到了王舍城的时候,僧伽已经发展成有上千个弟子的庞大集团,如何解决他们的住宿,是很现实的问题,住在自然的山洞里或树荫下显然不够,必须要建立专门的居住地,才方便僧伽过集团生活。新出家的弟子与和尚一起起居,比丘们分享食物与衣服,生病时照顾对方,过着互相照顾的修行生活,而且,僧伽经常开会决定一些事务,如十众白四羯磨等,需要有一定规模的会所。竹林精舍等僧院解决了这些问题,后来在各地也建立了祇园精舍、庵没罗树园精舍等,这些僧院被视为僧伽成员的共同财产,原则上任何人都可以利用。早期建筑应该比较简朴,被褥、坐垫等都是比丘自己携带。

陈弃药又称腐烂药,据说是由牛的排泄物所制成的药物,但具体为何物不清楚。药,一般指的是营养值高的食物,奶酪、果汁、蜂蜜、糖等都是药。根据戒律下午不能进食,但药物除外,所以这些食品随时可以吃。

僧伽的日常生活是日出前起床,洗脸漱口、打扫卫生后吃早餐。上午修禅或听法,有时上街乞讨,中午吃午饭后午休,下午修禅和自学,傍晚听法,晚上与其他比丘们交流修行心得或感想,进行“法谈”,夜晚复习后休息。在家信徒有时候上午访问僧院帮比丘们做饭,下午可以听法。早期学习都靠口授,所以新比丘一定要跟着和尚学习,然后大家一起交流,确认教义内容。

比丘在每月的望晦日,即满月和新月之日两次齐集一处,进行“布萨”,全体僧伽成员诵波罗提木叉(戒本),互相确认这半个月内有没有违犯戒律之事,如有违犯,便应按照情节轻重,依法忏悔。布萨一般在下午或夜晚进行,同一“界”的全体僧伽成员都必须参加。界是以僧院为中心的地盘,原则上界内的比丘应全体参加布萨。布萨除了僧伽集

·欧·亚·历·史·文·化·文·库·

体进行反思以外,在家信徒也要过清净的生活,然后到僧伽那里去听法,一起吃饭,可以说是佛教信徒的聚会。

1.4.3.2 雨季的生活(雨安居、夏安居)

释迦牟尼活动的恒河流域在七、八、九月是雨季,这期间到处发大水,不方便出行。雨季的时候,印度的各种宗教团体一般都找一定的根据地,聚在一起。佛教也规定这3个月不出行,住在固定的地方度过雨季,这叫做雨安居,也称为夏安居。释迦牟尼和大迦叶、舍利弗、目犍连等有名的弟子,因为受到在家信徒主动邀请,基本上会提前约好今年的雨安居去什么地方接受谁的招待,一旦答应了雨安居就不能改变,如无端毁约将视为犯戒(突吉罗罪)。

雨安居期间的生活与平时一样,但没有特殊原因就禁止跨越"界"的范围。比丘们分散进行雨安居,一是减轻雨安居处在家信徒接待出家人的负担,如果人太多了,住房、吃饭等都成问题。还有,雨安居期间长时间在固定的地方跟着自己的老师(和尚)生活,这是修行和学习的最佳时期。一般一个和尚带几个弟子,刚出家的比丘要跟随和尚10年(特别优秀者是5年)。

雨安居的最后一天举行自恣仪式,检点雨安居期间的生活。雨安居结束后做一套新衣服,准备出发游行。很多比丘先到释迦牟尼的雨安居处,向他报告雨安居期间的修行成果。雨安居是僧伽的重要活动。

1.4.3.3 游行生活

游行是当时印度修行者的习俗,佛教也重视游行生活。但大多数佛教信徒的游行不是没有目的地的旅行。随处游荡并不是释迦牟尼和他的僧伽的风格。对释迦牟尼而言,他游行的主要目的是从一个雨安居处到另一个雨安居处,沿途教化各地的众生。前面已述,雨安居是出家人修行和学习的最好时间,对在家信徒来讲也是听释迦牟尼说法的很好的机会。所以释迦牟尼的雨安居处一般提前两三年就已约定好。释迦牟尼为了兑现自己的承诺,必须要去下一个雨安居处。雨安居后,因为释迦牟尼要等各地的弟子们过来报告修行成果,所以不能马上离开雨安居处。此外,进入雨安居的时候,也要开僧伽大会安排一下当年的雨安居的有关事宜,这样,释迦牟尼要提前到达自己的雨安居处。可见,释迦牟尼游行的时间是有限的。弟子们的情况也和释迦牟尼差不多,至少一年两次做长途游行,目的就是见释迦牟尼。

游行期间,比丘们可以住在各地的僧院。僧院是僧伽的共同财产,所有的比丘有权利住宿在所有的僧院。"律藏"规定了有关访问和接待的细则。游行的时候,和尚和他的弟子们结伴出行,一般没有一个人或少人数的游行。当时的印度也有盗贼、猛兽等伤害比丘生命财产的危险,从安全角度来考虑,还是要有一定的人数一起游行。佛教不提倡苦行,游行的目的也不是为了受苦受罪,如果比丘生病了可以坐车,有时候还与商队同行,游行主要是移动和传教的手段。

1.4.4 在家信徒

在家信徒也要分别男女,男性叫优婆塞,女性叫优婆夷,但他们没有形成固定的集团,一般以个人身份供养佛陀或者出家弟子。有时候几个在家信徒一起供养,但这都是临时的,不是固定的团体。他们宣誓皈依佛、皈依法、皈依僧就可以成为优婆塞。虽然要求受五戒、参加六斋等活动,但是如果他们破戒也不会受到惩罚。在家信徒对僧伽不必负担任何的义务,供养僧伽都是自愿的。出家修行者的最终目标是自己的解脱,在家信徒实践的是对他人的奉献,这两个都是佛教的主要内容。

释迦牟尼劝在家信徒做布施,然后让他们守戒,并保证死后上天界。再讲追求欲望的害处和远离痛苦的方法。如果在家信徒虔诚地倾听,有接受佛教教义的准备的话,进一步讲四谛、十二因缘等内容。释迦牟尼不会一上来就讲大道理教育别人,他因病施药,按照对方的理解程度和需求,讲述不同的内容。佛传中也保存了很多关于在家信徒的故事。

例如:有一位母亲因为不能接受爱子夭折的事实,抱着孩子的尸体到处求医。释迦牟尼跟她讲,去找一个从来没有死过人的家庭要几粒芥子,孩子吃了它就能复活。母亲高兴地到城里挨家挨户地要芥子,结果发现每个家庭都有芥子给她,但找遍了整个城市都没有找到没死过人的家庭。她懂得了失去亲人的不仅她一个,每个人都得接受离别的痛苦,心里恢复了平静。

还有,一对夫妻,丈夫病重,担心自己死后家里没有人照顾,感到非常痛苦。妻子对丈夫说:"你临终还担心家里,太痛苦了,世尊也讲过要保持清净心才能上到天界。你不用担心,家里有我,我会织布,可以养家糊口。你走了以后,我也不会改嫁。我会听世尊的教诲,会守戒,保持清净心。所以你什么事情都不用担心。"丈夫听完后心情愉悦,后来病也好了。

除了这种普通人以外,还是有很多国王、富商等皈依佛陀,成为在家信徒。他们拥有很大的权力或财力,提供衣食,布施精舍,雨安居的时候接待僧伽。对释迦牟尼来讲,布施的多少不是问题,只要你诚信供养,能得到同样大的功德。布施的对象,也不限于佛教信徒。有一个信仰耆那教的将军,听了释迦牟尼说法后改信佛教。释迦牟尼要求他说,如果以后有耆那教徒过来的话,与从前一样供养他们。布施的价值在于其行为,至于布施的对象并不重要。

除了布施活动以外,有的在家信徒在教学方面也颇有成就。一个名叫手长者的商人,释迦牟尼说他具有"七未曾有法",即七种高尚的品德,有信、惭、愧、精进、念、定、慧。有一天,他与500个长者一起访问释迦牟尼。释迦牟尼问手长者,用什办法领导大众。手长者回答说,用"四摄事",即布施、爱语、利行、同事。手长者回家后,坐禅修"四无量",即慈、悲、喜、舍。四摄事、四无量都是佛教中重要的内容,简单地讲,四摄事是人际交往秘籍。提供别人喜爱的或者需要的东西(布施),和别人搭讪,说一些别人爱听的话(爱语),为他人做有用的事情(利行),替别人考虑问题,合适的时候做合适的事情(同事)。四无量是禅坐冥想的修行方法之一,把慈(慈爱)、悲(拔苦)、喜(随喜)、舍(净舍)四种心,推广到无量大,得到舍无量心,等于得到正觉。阿毗昙文献对四无量有很多讨论。

1.4.5 第一次结集

对佛教弟子来讲,佛灭,即教主释迦牟尼的死亡无疑是极大的打击。释迦牟尼在世时,他是佛教徒敬仰的对象、教法的体现者、僧伽的中心,他的离开动摇了教团存在的意义。释迦牟尼的离开,对当时的佛教带来巨大危机,同时急需填补这个空白。释迦牟尼临死时教导,在他涅槃后僧伽应该以法为师,以教法和戒律替代教主释迦牟尼,不过因为释迦牟尼是随机说法,没有统一的教法形式,每个人的理解程度也不一样,因此缺乏较统一的理论基础,于是,需要对教法进行整理。

据《四分律》或《五分律》等记载,释迦牟尼入灭后的第一个雨安居,在佛教十大弟子之首大迦叶的提议下,500个弟子在王舍城集合举行结集,史称第一次结集或王舍城结集、五百人集法等。据传说,大迦叶为见释迦牟尼最后一面从波婆城到拘尸那揭罗途中,从一外道口中听闻释迦牟尼已入灭7日,比丘中断惑者感到无常默然肃立,未断惑者悲泣恸哭,大迦叶讲诸行无常会者定离的道理,劝慰他们。此时,有一比丘说:"佛在世时,他定戒律,限制我们的行为,从今以后我们可以任意而为,想干什么就干什么。"见此情况,大迦叶认为,佛灭才7天就出现这样的言论,如果就这样放任下去的话,恐怕会有更多人违背正法,破坏戒律,佛陀的教法可能很快衰败。不如趁佛灭不久,亲闻释迦牟尼教法的弟子们还在的今天,确定教法和戒律的内容。由多闻第一的阿难诵出教法(达摩),由持律第一的优婆离诵出律(毗奈耶),这应该是经藏、律藏的原型。

大会结束后,叫富罗那的比丘听说在王舍城召开结集,与其他500个比丘一起来到王舍城,问大迦叶他们整理的佛法和戒律。富罗那表示基本同意,但他主张释迦牟尼允许"内宿内煮自煮自取食。早起受食,从彼持食来,若杂果,若池水所出可食者",说自己可以做饭吃,早上用餐后,从别处拿来的食物可以食用。这违背了大迦叶他们所整理的戒律内容。大迦叶解释说,那是因为当时遇到饥荒,属于特殊情况,后来被禁止了。富罗那反驳说,释迦牟尼是"一切知见",不可能出尔反尔,他一旦制定的事情不会收回,我可以承认其他戒律,但这7条不能服从。

从这故事来看,这次结集所整理的佛法和戒律的内容并不是佛教

欧·亚·历·史·文·化·文·库·

僧伽全体的意见,而只是统一了参会的僧伽的意见。虽然如此,由大迦叶主持召开的第一次结集,应该代表大多数释迦牟尼弟子的意见,一旦被整理之后成为主流的指导方针,对以后的佛教发展具有决定性作用。

1.4.6 第二次结集

佛灭后佛教界第二件大事,发生在王舍城结集后 100 年时,700 个比丘在吠舍离(亦称毗舍离)进行结集,史称第二次结集、吠舍离结集或七百集法等。据佛教传说,耶舍迦乾陀子长老游行到吠舍离,停留在大林精舍。有一次布萨日,他看见跋耆族的比丘求信徒们施舍金钱。耶舍长老批判他们说:要求金钱是非法的,应非法要求同样是罪恶的。结果受到跋耆族比丘的排斥,被赶出吠舍离城。耶舍向西方僧伽求援,请西方的大德、长老前往东方吠舍离城,与当地的跋耆族比丘讨论戒律的问题,这就是第二次结集。在这次结集上,跋耆族的比丘在戒律上提出十条见解,即"十事"。(1)盐净:可用角器贮存盐;(2)二指净:午后日影偏西二指仍可摄食;(3)聚落间净:在一个聚落进食后仍可到他聚落摄食;(4)住处净:同界内之比丘,可分开举行布萨;(5)随意净:于众议处决时,若出席比丘人数不足,事后通知并得到认可便可先举行羯磨;(6)久住净:僧伽活动或戒律,可以随顺先例;(7)生和合净:饭后得饮用不攒摇之乳制品;(8)水净:可饮用未发酵之椰子汁(阇楼伽酒);(9)不益缕尼师坛净:可以缝制不用贴边且大小随意之坐具;(10)金银净:得以接受货币或金银并允许储蓄之。以上几条都是戒律中禁止的,而且戒律是释迦牟尼规定的,其内容不允许随意更改。当时,随着社会的发展,比丘的生活环境也发生变化,有许多戒律难以实行,于是,在原来的戒律基础上附加例外条件,叫做净法。"净"就是准许的意思,净法的作用是在一定条件下把一些本来犯戒、非法的行为视为合法行为。尤其是第十条"金银净"为此次会议中争议最大的一条。本来戒律中禁止比丘接触金钱,储财更是绝对不允许的,然而跋耆族比丘却要求放宽此戒,在这个问题上分歧相当之大。第二次结集反映了严格遵守戒律的保守派和对戒律的解释上比较宽容的现实派之间的斗争。最后,会议认定以上十事皆为非法,可以说全面支持了保守派的主张。不过,被认定为非法的现实派比丘们对此结果非常不满,后来他们在别处另开一次结集,成立了新的派别,他们人数众多,故称之为"大众部"。保守派的上座部和大众部之间的矛盾不可协调,这是佛教教团分裂的开始,叫做"根本分裂"。

1.5 阿育王时期的佛教

1.5.1 孔雀王朝

释迦牟尼时期的印度处于小国林立的分裂状态,后来大国吞并周围的小国,逐渐形成几个大的政权,其中摩揭陀国最强大。释迦牟尼在世时的摩揭陀国王频毗沙罗王及阿阇世王属于尸修那伽王朝,后来经哈尔扬卡、龙种、难陀等王朝,在公元前 3 世纪初建立了孔雀王朝。

此时,马其顿的亚历山大大帝统一了整个希腊世界,率领他的军队开始远征,攻破当时的波斯王朝,占领了西亚和中亚的广大地区。公元前 326 年,亚历山大大帝渡过印度河进入旁遮普地区,欲征印度腹地。但因为长期艰苦而没有尽头的战争生活,士兵们早已疲惫不堪,军队内部的厌战情绪越来越大,终于拒绝进军。于是,亚历山大不得不放弃他的东征计划,返回到巴比伦,并在回到巴比伦后不久病死。

开创孔雀王朝的旃陀罗笈多(又称月护王),公元前 3 世纪初起兵攻占首都华氏城,推翻了难陀王朝,占领了恒河流域地区。同时,他驱逐了盘踞在印度河流域的亚历山大大帝的军队。亚历山大大帝死后,开创塞琉古王朝的塞琉古一世渡印度河进入西北印度,旃陀罗笈多以雄厚的兵力优势压倒塞琉古,迫使塞琉古将印度河西边的四个州分给旃陀罗笈多,并纳塞琉古一世的女儿为儿子频头沙罗的妻子。这样,旃陀罗笈多统一了北印度,为孔雀王朝统一印度打下了基础。频头沙罗王继承父业,与西方希腊世界保持友好往来,互相派遣使者,当时塞琉古派遣了麦加斯梯尼、德玛可斯,埃及派了狄奥尼西奥斯等人,这些外国使者留下了有关孔雀王朝的记录,成为非常珍贵的史料。

·欧·亚·历·史·文·化·文·库·

1.5.2　阿育王

继频头沙罗王之后的孔雀王朝第三代国王阿育王（又译成无忧王），对佛教的发展有着不可忽视的影响。锡兰传的《岛史》、《大史》、《善见律毗婆沙》，以及北传的《阿育王经》、《天业譬喻经》等佛教文献里保存有许多有关阿育王的传说，可见阿育王和佛教有非常密切的关系。

阿育王即位 8 年后，为进一步扩大版图攻打南方的羯陵伽国。羯陵伽国为南印度的强国，两国之间的战争非常惨烈，整个战场血流成河，双方阵亡将士多达数十万。阿育王虽然打赢了这次战争，成为统一全印度的国王，但亲眼目睹了许多无辜者被杀或沦为战俘、失去双亲、离弃儿女、夫妇离异等惨状，深感战争的残酷与悲惨，从而悟到了"法胜"才是真正最高尚的胜利。于是，阿育王誓不再战，实行法（dharma）的统治。这次与羯陵伽国的战役是阿育王皈依佛教的直接动机，他崇奉佛教和正法，也积极传播佛法。阿育王相信，佛教所倡导的正法是所有人应遵守的、不变的真理，为了让他的人民信奉佛教，他发布法敕并命人刻于摩崖或石柱上，这是史上有名的阿育王法敕。

这些阿育王法敕从 19 世纪初至今已确认有 30 多件，用普拉克里特文、婆罗米文、佉卢文、希腊文、阿拉姆文等不同文字书写。可分为在崖壁上所刻的"摩崖法敕"，砂岩柱所刻的"石柱法敕"和刻在洞窟内的"洞窟法敕"等。摩崖法敕可分为大小两种。大摩崖法敕，亦称十四章摩崖法敕。在吉尔那尔、曼西拉、沙巴兹加希、卡尔西、索帕、道利、乔加达、伊罗古迭、坎大哈等地方有发现。小摩崖法敕发现于鲁帕纳斯、古贾拉、萨哈斯兰、贝拉特、巴哈普、马斯基等地方，在贝拉特发现的法敕上有向当地僧伽明示正法，以及记述关于阿育王修学佛教等内容。石柱法敕也可分为大小两种。大石柱法敕刻有六章或七章法敕，主要在德里·托普拉、德里·米拉特、劳里耶·阿拉蕾索、劳里耶·南丹加以、兰普瓦、阿拉哈巴德·科萨等地方发现。小石柱法敕发现于鹿野苑、蓝毗尼、桑奇、塔克西拉、尼加里·萨加尔等地，主要是劝诫僧伽不要分裂等与僧伽有关的内容。法敕除了有关僧伽的内容以外，主要内容有对一般老百姓道德上的训诫,如尊重生命,禁止无意义的屠杀,要顺从父母,尊敬老师、年长者,与朋友、知己、家人和睦,鼓励布施给婆罗门、沙门和穷人,以及节欲和储蓄等(十四章摩崖法敕第三章)。

此外,征服羯陵伽国的内容也见于十四章摩崖法敕的第十三章。因此,阿育王法敕为研究古代印度史提供了非常珍贵的资料。他从即位12年以后,下令将敕令刻在崖壁、洞窟或者石柱上,永存后世。古代印度所留下来的文字记录相当有限,法敕记录了当时的政治、宗教、外交等内容,阿育王法敕的发现,对研究阿育王时期的佛教和历史有无可比拟的重要意义。而且阿育王法敕中,十四章摩崖法敕、洞窟法敕、大石柱法敕中的七章法敕、小石柱法敕中的蓝毗尼法敕和尼加里·萨加尔法敕有年代的记载,十四章摩崖法敕为灌顶十二年和十三年,洞窟法敕为灌顶十二年和十九年,七章法敕为灌顶二十六年和二十七年,蓝毗尼法敕为灌顶二十年,尼加里·萨加尔法敕也是灌顶二十年。由此我们可以复原阿育王时期发生的大事件或阿育王发布的命令、法律等的相对早晚关系。更重要的是,当时阿育王为了弘扬佛法,派遣使者到印度各地以及希腊和埃及等国家。法敕也记录了这些国家的国王名称,其中,希腊系统的5个国王甚为重要。希腊文献也记有同样国王的名称,并且都有在位时间的记载。据此,我们可以推算阿育王的绝对年代,他们分别是:

Amtiyoka:叙利亚王安提奥库斯(Antiochos)二世,西奥斯(Theos);

Turamaya:埃及的托勒密(Ptolemy)二世,费拉德尔甫斯(Philadlphos);

Amtikini:马其顿的安提戈诺斯二世(Antigonus),格纳塔斯(Gonatas);

Maka:塞内(Cyrene)的马伽(Magas)王;

Alikasudara:伊庇鲁斯(Epirus)的亚历山大二世。

虽研究者们对这5位国王的在位年代的认识有若干出入,但阿育王即位年代大致可以推算为公元前270年左右(在位时间为公元前268年至公元前232年)。由于古代印度没有留下系统的史书,确定一

·欧·亚·历·史·文·化·文·库·

个国王或王朝的绝对年代相当困难,阿育王的即位年代成为印度古代史的年代推算标准。

在所有的法敕中,阿育王强调行善。禁止杀生、要求善待奴仆、尊敬师长、布施沙门和婆罗门等。建立人畜两种医院、栽植药草及行道树、掘井、建休息处及供水站等,增进人畜的安乐。任命教法大官,下令每5年巡回国内一次。并多次释放犯人。

阿育王对待宗教比较宽容。摩崖法敕第七章、第十二章都有布施给所有宗派的内容。第八章提到,王即位10年时,行"三菩提"。据尼加里·萨加尔的石柱记载,阿育王修筑拘那含佛塔,并亲自供养。而蓝毗尼石柱记载,阿育王曾参访佛教遗迹,建立纪念石柱。蓝毗尼石柱还记载减轻当地税金。在桑奇、鹿野苑等地的法敕中,则告诫僧伽不要分裂。

1.5.3　第三次结集

据南传的《岛史》、《大史》、《善见律》等记载,由于阿育王崇信佛法、建寺塔、供养众多僧伽,佛教教团经济充裕,僧尼数量激增,如当时华氏城的鸡园寺的僧人有6万余。"贼住比丘"(贪图安逸生活而出家的外道)也逐渐多起来,他们内心没有放弃外道的教法,对僧伽的戒律和修行产生负面影响。于是僧伽内部发生纷争,7年间不举行布萨。阿育王为了清理僧伽混乱的现象,从阿呼山请来目犍连子帝须,让他整顿僧伽。他主持了1000人参加的僧伽大会,为了阐明自己的宗旨而编制了《论事》,经9个月完成。这就是第三次结集。这次结集只在南传的分别说部有传,其他部派都对此次结集置之不理,因此有部分学者认为,即使有第三次结集,也只是上座部这个部派内部的结集。从现存的《论事》内容来判断,其成立时期不可能是阿育王时代,应该再晚100年以上,约在公元前2世纪末。虽说如此,从鹿野苑和桑奇等地出土的阿育王石柱上却有告诫僧伽不要分裂的内容,由此可以推定,当时佛教僧伽内确实存在分派的情况。

1.6 部派佛教的形成

1.6.1 孔雀王朝以后的佛教

孔雀王朝在阿育王去世后,逐渐衰落。最后一个国王被武臣弗沙秘多罗所杀,孔雀王朝灭亡。弗沙秘多罗建立巽伽王朝(约公元前185至前75),统治了以摩揭陀国为中心的地区,印度又陷入分裂时期。巽伽王朝的最后一个国王被婆罗门大臣须提婆所杀,巽伽王朝灭亡。须提婆建立甘婆王朝(约公元前70年至前30年)。这时候在南印度的安达罗地区出现了强大的国家,安达罗王国。甘婆王朝最后被安达罗王国所灭。

弗沙秘多罗建立王朝以后进行"马祀",即婆罗门教的祭祀活动。据佛教文献记载,他破坏了华氏城的鸡园寺,他所到之处对佛教伽蓝进行破坏,伤害僧伽。巽伽王朝之后的甘婆王朝时期,因为其王统出身于婆罗门,继续推行婆罗门教而迫害佛教。

安达罗王朝是孔雀王朝的旃陀罗笈多王时期在东海岸出现的国家,后来被摩揭陀国合并,阿育王去世后恢复独立。公元前30年左右灭甘婆王朝,此时其领土已经扩张到西海岸。安达罗王朝亦称萨塔瓦哈纳王朝,据传说,孔雀王朝时期佛教传入南印度,这个地方原是婆罗门教势力较大的地区。据传说,大众部的大天到安达罗地区建立了南方大众部的基础,南方巴利文经典里把大众部称为安达罗派。现在的南印度和西印度保存有很多萨塔瓦哈纳王朝时期的佛教遗存,可以肯定在萨塔瓦哈纳王朝的庇护下佛教得到了很大的发展。

印度西北部被希腊人占领之后,他们内部发生分裂。公元前2世纪时出现了帕提亚王朝和巴克特里亚王朝,它们分别是中国文献中的安息和大夏。巴克特里亚在巽伽王朝弗沙秘多罗王的时候进入印度,势力最强的时候他们的领土扩张到印度河流域的中印度。在此过程中,不少希腊人接触到佛教。《那先比丘经》记载了希腊王族弥兰陀王和佛教比丘那先之间进行的对话。弥兰陀王问那先佛教教义,那先的

·欧·亚·历·史·文·化·文·库·

回答主要包括智慧、烦恼、轮回、业、佛陀的现实性、僧伽、比丘的资格、出家生活和在家生活的区别、涅槃、各种本生因缘等佛教故事。很多学者把这个文献作为东西方思想交流的典型案例,对其内容做过详细的研究。在旁遮普地区曾经发现过刻有弥兰陀王名字的舍利瓶。目前,在石窟或佛塔遗物中留下的题铭中发现有不少希腊人奉献的事实。

公元前 1 世纪左右开始,帕提亚和北方草原上的游牧民族塞种入侵巴克特里亚。消灭巴克特里亚以后,帕提亚占领了印度河中游地区,控制了喀布尔至迦湿弥罗之间的重要交通。塞种占领犍陀罗一带,公元前后进入印度河流域,比较重要的根据地有呾叉始罗、摩头罗等。当时,塞种王朝的统治地区流行的宗教是拜火教,他们在自己的根据地建立拜火教的庙进行祭祀。同时,基督教的传教士也来到此地,传说当时统领旁遮普一带的印度 – 帕提亚王皈依了圣·托马斯。这个时期,佛教也传入北印度。呾叉始罗、摩头罗等地都有塞种人奉献的佛塔或精舍。

这样,大约在公元前 1 世纪之前,佛教从中印度已传到南印度和北印度。在这个过程中,佛教为了融入当地民众,吸收了各个地区的神话传说、民间信仰、生活习俗等,于是形成了具有地方特点的佛教文化。这导致了各地僧伽之间的分歧,甚至关系到对佛陀的理解。这是产生根本分裂以及形成部派的原因之一。佛教教团的发展导致了教团的分裂,各地区的僧伽都主张自己的正统性,排斥其他说法,最后,形成了几个部派。

1.6.2　部派的形成和发展

原始佛教教团由于第二次结集分裂为保守派的上座部和改革派的大众部,这叫做"根本分裂"。由上座部和大众部再分裂出 18 个或 20 个部派,这叫"枝末分裂"。关于根本分裂的年代、分裂的原因、各部派之间的关系、部派名称等,都有各种不同的说法。这些部派形成原因各有不同,或是因为所主张的学说不同,或是发展师生关系结成帮派,或是虽然思想学说上没有太大差异,但因为地区不同而成为不同派别等。

关于各部分裂的年代，南传为佛灭后 100 年至 200 年之间，北传有佛灭后 100 年至 200 年之间发生大众部末派分裂、200 年至 300 年之间发生上座部末派分裂的说法。

其实，部派分裂的根本原因应该在于释迦牟尼之死。释迦牟尼在世时，佛教教团已经有了相当规模。这么庞大的组织一旦失去了中心，其解体和分裂是自然的。各个部派所传的分裂原因，只是给分派提供机会和借口而已。佛十大弟子中的大迦叶和阿难之间的矛盾早已存在，第一次结集后，富罗那比丘提出意见等，一开始就矛盾重重。只是释迦牟尼在世时，在教主的强烈的人格魅力和指导能力下，这些对立没有浮现，即便发生纠纷，都可以交给释迦牟尼处理，比丘们都服从他的判定。

据佛教传说，根本分裂的主要原因有十事非法和大天新论，这两者都代表佛教僧伽内的革新派主张，与比较保守的势力产生对立，教团内产生两个不同的潮流，两者的差别越来越大，形成两个部派之间的对立，最终导致各部派的分裂。

据北传的《异部宗轮论》记载，佛灭后 200 年中，先从大众部分出 3 部：一说部、说出世部、鸡胤部。之后，大众部又分出多闻部。其次又分出说假部。最后 200 年末期，大天在南印度制多山提出"五事"分出 3 部：制多山部、西山住部、北山住部。由此可知，大众部分裂 4 次，分出 8 部，本末共成 9 部。

大众部分裂的时候，相对保守的上座部保持和睦，但由于受大众部分裂的影响，或者社会的进步和时代变化不允许永远墨守保守主义传统，据《异部宗轮论》记载，大众部分裂结束时，即佛灭后的第 300 年上座部开始发生分裂。首先分为说一切有部（说因部）和本上座部（雪山部）。后来从说一切有部分出犊子部，接着从犊子部分出 4 部：法上部、贤胄部、正量部、密林山部。再后来又从说一切有部分出化地部，再从化地部分出法藏部。接着从说一切有部分出饮光部（又称善岁部）。最后从说一切有部分出经量部（又称说转部）。上座部分裂 7 次，分出 11 部。大众部和上座部加起来总共 20 部，因此称为"二十部分裂"，或除去根本二部,又称之为"十八部分裂"。

南传《岛史》、《大史》所传的分裂顺序,和北传《异部宗轮论》大为不同。据《岛史》、《大史》记载,首先从大众部分出牛家部(《异部宗轮论》中的鸡胤部)和一说部。接着从牛家部分出说假部和多闻部。然后出现制多山部。据《岛史》记载,从大众部分出制多山部,然而《大史》说从说假部和多闻部分出制多山部。这样,从大众部分出5部,本末一起总共6部。

上座部的分裂,首先从上座部分出化地部和犊子部。再从犊子部分出4部:法上部、贤胄部、密林山部、正量部。接着从化地部又分出说一切有部和法藏部。再后来从说一切有部分出饮光部,自饮光部分出说转部,再从说转部分出经量部。这样,自上座部分出11部,本末相加共12部。大众部和上座部加起来共有18部。在部派分裂的传说中,都重视"18"这个数字,也许曾经出现过18部派。这些部派分裂时间是在佛灭后200年之间。实际上以后还有部派分出,据《岛史》还有6个部派:雪山部、王山部、义成部、东山住部、西山住部、西王山部,它们分自哪些部派《岛史》没有记载。5世纪在锡兰编写巴利语三藏注释的佛音,在他的《论事注》中,将东山住、西山住、王山、义成四部称为安达卡派,因此一般认为这些都属于大众部系统。

《大史》所传的内容与其有一点不同,它在《岛史》所列的六派中除掉西王山部,代以金刚部。还提到传来锡兰岛后的分派,即法喜部和海部。

如上,在南北两传中,部派分裂的顺序和年代有若干差异。例如,北传把雪山部视为上座部最早分裂的一支,在南传中却成为晚期成立的部派。北传的雪山部又称本上座部,从这一点看来,雪山部就是根本上座部。不过雪山部在地域上过于偏北,部派势力也有限。更值得注意的是,其他部派都出于说一切有部。也许这与《异部宗轮论》的成书情况有关,这部文献的作者世友出身于有部,可能他为了提高有部的地位,对部派传承的记述做了一些改动。即便不是世友故意这么做,但完全有可能有部所传的内容就是对说一切有部有利的故事。虽然如此,大体上一致的部分较多。除了《异部宗轮论》和《岛史》等文献所记录的部派名称以外,目前在印度各地发现许多记载部派名称的刻文、碑文。根据这些碑文和文献,能够复原的部派有 34 个,真正存在过的部派或者更多。

记录部派佛教发展情况的文献资料不多,从赴西天求法的中国僧人的记录中略知一二。4 世纪末至 5 世纪初到印度的法显记录,当时印度有小乘、大乘及大小兼学的三种佛教寺院。根据《法显传》记载,行小乘佛教的国家有 9 个,行大乘的国家有 3 个,大小兼行的国家有 3 个。此外他还记录了 20 多个信仰佛教的国家,但没有说大小乘,也没有说明具体的部派名称。玄奘在 7 世纪前半叶到印度求学,回来后把旅途中的见闻整理成一部著作,即《大唐西域记》。该书详细记载了当时印度佛教的情况,也记录了各地流行的部派名称。根据《大唐西域记》记载,学小乘的有 60 处,学大乘的有 24 处,大小兼学的有 15 处。部派有说一切有部 14 处、正量部 19 处、上座部、大众部、说出世部、大乘上座部,其中说一切有部和正量部占多数。7 世纪后半叶在印度那烂陀寺学习的义净,回国后编了《南海寄归内法传》。该书中,义净强调当时印度大乘和小乘的区别不是很明显,两者所持的戒律、所修的内容都没有太大的分歧,只是大乘佛教读大乘佛经,礼拜菩萨。大乘佛教主要是中观和瑜伽两派,一般都是"大小杂行"。此外,他对当时印度小乘佛教的分布情况进行了总结。当时的小乘佛教部派主要为大众、上座部、根本有部、正量部 4 个部派。上述 4 部在摩揭陀国都有流行,其中以有部为最流行;西印度的罗荼、信度地区,正量部最多;南印度以上座部占绝大多数;东印度流行四部;锡兰只有上座部,大众部受到排斥。南海诸洲十余国基本上都是根本有部,偶有正量部;末罗游有一些大乘。

由上述中国僧人所留下的记录来看,当时印度主要流行的部派有:有部、正量部、上座部。

根据印度发现的刻文和碑文来看各部派的分布情况,西北印度主要流行大众部、有部、化地部、法藏部、经量部和饮光部。正量部、犊子部、法上部、贤胄部和密林山部主要流行在西南印度以及西印度沿海地区，正量部因其主要根据地，也称为阿盘提派。大众部、一说部、说出世部、牛家部（鸡胤部）主要流行于中印度至西北印度。制多山部及其分派（东山住部、西山住部等）主要在南印度的阿默拉沃蒂一带流行，被称为安达罗派。这些情况和文献记载比较吻合。关于有部，有"大天五事"的传说。大众部的始祖大天比丘在佛教教义上提出五种主张，上座部的比丘反对大天，但在人数上不敌于大天的支持者，因而离开华氏城的鸡园，迁住到迦湿弥罗（罽宾）。现在，在迦湿弥罗发现的有关有部的遗迹遗物有很多。

大天开始的大众部流行于印度中印度，这是因为提倡"十事"的跋耆族比丘住在中印度的毗舍离，以他们为中心而形成大众部。实际上，并不是所有的有部都迁到了迦湿弥罗，不少有部信徒留在中印度。

各部派按照自己部派的教理重新筛选经典，重新规定戒律，对经典内容进行自己的解释编出论书，"经、律、论"称为三藏。其中，经和律两藏在第一次结集的时候已经出现，论藏则到了部派时期才成立，因此论藏的内容反映了各部派自身的特点。比较完整地流传到现在的，只有上座部和有部的论藏。上座部的论藏由七种论（七论）组成，即《法集论》、《分别论》、《论事》、《人施设论》、《界说论》、《双对论》、《发趣论》。这些论在公元前 250 年至前 50 年之间陆续编出。有部的论书种类很多，其中比较重要的七种论书称为"六足发智"，即《发智论》、《品类足论》、《识身足论》、《法蕴足论》、《施设论》、《界身足论》、《集异门足论》。这些论书基本上都有汉译和藏译的版本。此外，现在能看到的论藏还有法藏部的《舍利弗阿毗昙论》、正量部的《三弥底部论》、轻量部的《成实论》等。

可以说，部派佛教时期佛教在理论方面有了很大的突破。这个时期，出现了很多著名的佛教学者和重要的讨论。每个部派都在自己的立场上去理解和解释佛陀，这使佛教的内容丰富起来，这些人物和关于佛陀的讨论对后世佛教发展影响甚大。

关于部派佛教时期的在家信徒的情况，文献基本没有提供材料。

不过,在印度发现的佛塔或石窟寺等遗迹里有大量的在家信徒留下的题记。根据这些题记,我们发现巽伽王朝时期建立了很多重要的佛塔和石窟。其中,较有名的遗迹是巴尔胡特和桑奇的佛塔。文献强调巽伽王朝迫害佛教,但从佛教艺术的角度来讲,巽伽王朝时期佛教得到了很大的发展。到萨塔瓦哈纳王朝时期,西北印度建起了许多精美的石窟寺院,东南部也有有名的阿默拉沃蒂大塔和龙树山等遗迹。根据这些遗迹,能够复原当时在家信徒的部分情况。

1.7 贵霜王朝时期的佛教

1.7.1 贵霜王朝

公元前130年左右,大月氏从祁连山一带越过葱岭迁徙到中亚,攻灭了巴克特里亚。当时大月氏有五翕侯,他们分别是休密、贵霜、双靡、胼顿、高附,其中贵霜最盛,统一其他四翕侯,建立了自己的王朝,这就是贵霜王朝。王朝的开创者丘就却征服帕提亚,攻打喀布尔,占领罽宾和咀叉始罗地区。他积极与罗马通商,贵霜的希腊化从此开始。其子阎膏珍巩固了犍陀罗和旁遮普地区的统治。公元2世纪前半期,出现了著名的迦腻色伽王。迦腻色伽王统治了中亚、西北印度至伊朗东部的广大地区,这是继阿育王之后开创的第二个大帝国。迦腻色伽王之后有胡维色迦、波调等国王,但贵霜王朝势力逐渐衰退,最后在3世纪中叶被萨珊波斯所灭。

迦腻色伽王即位后成为佛教的在家信徒,大力支持佛教,对佛教的发展有极大的影响。根据《马鸣菩萨传》,迦腻色伽王出征中印度时,带回佛钵和马鸣菩萨。马鸣菩萨随迦腻色伽王来到西北印度,当他的宗教顾问,教化当地众生。贵霜王朝时期,北印度地区有有部、正量部、饮光部、法藏部、化地部、大众部等部派,其中有部为最大。在迦腻色伽王的庇护下,他们深化了理论研究。传说迦腻色伽王于迦湿弥罗集500罗汉举行第四次结集,集成《阿毗达摩大毗婆沙论》200卷,这是有部的重要文献。

·欧·亚·历·史·文·化·文·库·

迦腻色伽王在白沙瓦附近建立佛塔和精舍,被称为迦腻色伽精舍。这个迦腻色伽大塔和精舍已被发现并进行挖掘,塔内发现有迦腻色伽王供奉的舍利瓶。

此外,值得注意的是,贵霜王国出现佛陀像。早期佛教艺术里不能表现佛陀现象,到了公元 1 世纪后期,出现了佛陀的造像。这些造像从面貌、服装、姿态等方面都受到希腊风格雕刻的影响,这种具有希腊化特点的造像统称为犍陀罗造像或犍陀罗艺术。佛陀像的出现在佛教艺术史上具有划时代的意义,从此之后,佛教艺术进入了新的阶段。出现了以佛陀像为中心的各种图像结构,它也影响到佛教教义、三十二相八十种好等说法、宣传造像功德的各种故事、造像量度经等经典等,这些都与佛陀像有密切的关系。这个犍陀罗艺术和相关的佛教经典,对中国等东亚地区的佛教产生了巨大的影响。

1.7.2 大乘佛教

中国流行的佛教是大乘佛教。关于大乘佛教的起源问题,目前还没有定论。从汉译大乘佛经的情况来看,公元 1 世纪左右的贵霜时期,已经有了相当多的大乘佛经。众所周知,"大乘"是"有很大搭载量的车"的意思,能够载很多人,即能够帮助很多人得到解脱。然而,部派佛教是以个人得到解脱为目的,只能坐少数人,所以叫小乘。所以"小乘"是有贬义的。大乘和小乘的最大差别在于修行的目的,即最后目标。小乘佛教以个人断离烦恼得解脱为修行目的,大乘的目的则是救济他人,普度众生。小乘佛教的修行者完成修行后入涅槃,离开人世,没有积极地去关心他人的解脱。大乘佛教是即便自己完成了修行,也不离开人世,继续鼓励其他人修行得到正觉。得到正觉而不入涅槃的,就是没有成佛的人叫"菩萨",所以大乘佛教亦称菩萨乘。大乘佛教的这种态度,影响到对佛陀的理解,强调了佛陀和菩萨救苦救难的性格,出现"求佛"现象。关于大乘佛教的起源,目前主要有三个说法。第一是部派佛教发展说。一般认为,部派佛教中的大众部发展成为大乘佛教。不过这个说法有一个问题,就是大乘佛教出现后,大众部还是存在,大乘和大众部同时出现。虽然,大众部的教理与大乘佛教有共通之

50

处,但同时,其他部派,如有部、化地部、法藏部等的教理也反映在大乘佛经里。因此,可以说部派佛教和大乘佛教有一定的联系,但也不能说大乘佛教是从某一个部派发展而成的。第二是佛传文学发展说。佛传在早期佛教中已经出现,随着对佛陀理解的发展,佛传的内容也发生变化,部派佛教时期增加了不少内容,在佛传文学的发展过程中,产生了新的思想,导致大乘佛教的兴起。第三是佛塔教团说。佛塔是最早纪念释迦牟尼的标志性建筑,对佛教徒来讲是重要的礼拜对象,逐渐形成了佛塔信仰。阿育王等人也在各地建塔,可见佛塔信仰非常盛行。支持最后一个说法的人比较多。他们认为,大乘佛教中重要的"救济佛"信仰,就是源自佛塔信仰。部派佛教最重视的是释迦牟尼所说的"法",他们认为佛陀是法的化身。他们的目的是通过修行得到这个法,获得解脱。佛陀是完成了普通人做不到的事情,所以他具有超乎常人的力量,但他并不是救济众生的佛陀。因为部派佛教是以出家人为中心的佛教,是重戒律的佛教,所以他们重视"法"。然而,大乘佛教本来应是以在家信徒为中心的佛教。早期大乘经典里已经出现以在家信徒为中心的内容,在家信徒不需要严格守戒律,没有按照释迦牟尼的要求去做修行。如果他们希望得到救济的话,只能仰赖佛陀的大慈悲。如果,出家人的佛教是"以法为中心"的佛教的话,在家佛教可以说是"以佛为中心"的佛教。换句话说,出家人拜佛时,通过佛陀来看法,在家信徒则是看佛陀本人。早期的在家信徒没有组织,但佛塔给他们提供了交流的场所,在家信徒们以佛塔为中心形成自己的团体,逐渐发展成与出家人的僧伽不同的信仰集团。佛塔本来是属于在家信徒的。就《大般涅槃经》等记载,释迦牟尼临终时交代阿难,出家弟子不要参加处理遗体的仪式。释迦牟尼去世后,处理遗骸的是拘尸那揭罗的末罗人,而分舍利后建舍利塔的也都是在家信徒。传说阿育王也在印度各地的佛教遗迹上建立许多佛塔,也有为供养佛塔布施金钱的记载。这暗示着当时佛塔有专门的管理者。这个管理者不是出家人。根据《四分律》、《五分律》、《摩诃僧祇律》等律经记载,佛塔和精舍属于不同的系统,精舍是"僧物"即归僧伽所有,但佛塔是"佛物",僧伽不能随便处理。这些事实似乎说明了佛塔在僧伽内的特殊地位。佛塔应该是由在家信徒管理,他们的组织后来发展成大乘佛教教团。

菩萨是"菩提萨埵摩诃萨埵"的略称,"菩提"是觉悟,萨埵是"追求者",摩诃萨埵是伟大的人,即追求觉悟的伟大人之意。部派佛教中的菩萨具有特别意义,因为菩萨是已经具备成为佛陀条件的人,普通人不能称为菩萨,一旦达到菩萨的高度,应该完成修行,入涅槃。大乘佛教就不一样,普通人也可以当菩萨,大乘佛教里的菩萨是已经完成修行,但为了救济众生,继续留在人间,不入涅槃。在这样的思想背景下,大乘佛教创造了上千上万的佛和菩萨的世界,这给佛教艺术提供了很多新题材。

1.8　笈多王朝时期的佛教

孔雀王朝灭亡后,北部的贵霜王朝和南部的安达罗王朝是相对较稳定的王朝,但这两个王朝崩溃后,差不多一个世纪的时间印度没有出现有力的王朝。到 4 世纪初,统领摩揭陀国一带的笈多家族的旃陀罗·笈多一世娶了离车族的王女。由于这桩婚姻,旃陀罗·笈多一世继承了华氏城,他以华氏城为首都,建立笈多王朝。第二代沙摩陀罗·笈多时期向外扩张,统一了北印度,同时,南下占领奥里萨和德干高原,统一了印度大部分地区。他支持婆罗门教,进行马祀等宗教活动,但对其他宗教也采取宽容政策。第三代旃陀罗·笈多二世时期达到鼎盛,他用心经营北印度,使这里的宗教、文化等得到空前发展。旃陀罗·笈多二世本人是毗湿奴信徒,但他与父亲一样在宗教上采取宽容政策,当时的大臣有婆罗门教徒也有佛教徒。第四代鸠摩罗·笈多时期,受到来自北方的嚈哒人的攻击,之后嚈哒人一直威胁笈多王朝。后来国内发生内乱,王朝的统治不稳定,其势力逐渐衰落,大约在 550 年笈多王朝的统一崩溃,又分裂成许多小国家,统一的笈多王朝灭亡。

这个时期,建立了著名的那烂陀佛寺,华氏城成为印度佛教的中心。笈多时期推行了梵文佛经,这个时期对经和律的研究有了很大的发展。大乘佛教在这个时期深化理论,出现重要的大乘经典,主要有涅槃系、般若系、楞伽系、华严系等,出现了无著、世亲、马鸣、觉音等重要人物。思想方面,对佛陀的理解有了新的发展,把《中论》的空思想与华严的唯心思想和法身思想,以及净土教的称名念佛思想结合在一起,诞生了法身、报身、应身的三身说,这是大乘佛教特有的,也是重要的佛陀观。这个时期,还发展了如来藏和唯识这两个重要思想。如来藏可以说是大众部的自性清净心思想的发展,人心本来是清净的,烦恼不过是个客尘而已,只要把客尘扫干净,就可以成佛。不管什么样的人,每个人身上都藏有成为如来的条件,这就是如来藏思想,涅槃系统把这种思想以佛性来解释,"一切众生悉有佛性"。这样在如来藏或佛性思想的发展下,才能理解"放下屠刀立地成佛"的说法。唯识派发展了"阿赖耶识"理论,这是在龙树菩萨的缘起法无自性义的基础上发展出来的认识世界的理论。

法显来到印度的时候,正是笈多王朝第三代国王旃陀罗·笈多二世时期,法显前后3次来到笈多王朝首都华氏城,在这里停留3年,学习梵文,收集佛典。关于当时的佛教活动,他留下了珍贵的文字资料:

> 度河南下一由延,到摩竭提国巴连弗邑。巴连弗邑是阿育王所治。城中王宫殿皆使鬼神作,累石起墙阙,雕文刻镂,非世所造,今故现在。

> 有一大乘婆罗门子,名罗沃私婆迷,住此城里,爽悟多智,事无不达,以清净自居。国王宗敬师事,若往问讯,不敢并坐。王设以爱敬心执手,执手已,婆罗门辄自灌洗。年可五十余,举国瞻仰。赖此一人,弘宣佛法,外道不能得加陵众僧。

> 于阿育王塔边,造摩诃衍僧伽蓝,甚严丽。亦有小乘寺,都合六七百僧众,威仪庠序可观。四方高德沙门及学问人,欲求义理,皆诣此寺。婆罗门子师亦名文殊师利,国内大德沙门、诸大乘比丘,皆宗仰焉,亦住此僧伽蓝。(《法显传》)

巴连弗邑,就是笈多王朝首都华氏城。法显说,在中天竺所有国家之中,巴连弗邑是最大的。城内的宫殿建筑如"使鬼神作",笈多艺术

·欧·亚·历·史·文·化·文·库·

的水平非常高,可以想象当时的王宫非常华丽辉煌。当时,笈多王朝宫廷流行婆罗门文化,城里有很多有名的婆罗门大德,但是法显好像对他们不太感兴趣,主要记录佛教寺院。城里有名叫罗沃私婆迷的大乘佛教僧人,深受国王敬爱。阿育王塔旁边有一个大乘的寺院,有六七百个僧人,各地的僧人到这里学习义理。名叫文殊师利的婆罗门也住在这座寺院内。

每年二月八日举行行像仪式,从寺院内请出佛像来,乘车游行,供佛教信徒参观。行像用的佛像一般都是具有神奇力量的瑞像。法显在于阗国也看过行像仪式。巴连弗邑的行像,用装饰成佛塔状的车,画有菩萨和天神等形象。车轮上用金、银、琉璃做装饰,车上四周都做佛龛,每个龛里都有坐佛。这样的车共有 20 多辆。行像的日子非常热闹,不管修行者还是在家信徒,都出来唱歌跳舞,散花供养佛像。佛像在城内停留两天,其间每个夜晚大家都不睡,点燃灯火,伎乐供养。国内的有钱人出钱设立福德医药舍,这里免费提供药品和食物以及医疗服务。

这段记载给我们展示了笈多王朝时期的信仰活动的具体情况。行像活动的盛行,说明对佛陀像的崇拜相当普遍,而且僧伽也参与其内。根据法显的记载,巴连弗邑参加行像的佛陀像至少有 80 尊,这已经不是唯独尊的释迦牟尼佛了。而且城内有大乘和小乘的佛寺,国内外的高僧和求学者都向往华氏城,学习佛教,可以想象当时笈多佛教的繁盛情况。

不过,到 5 世纪末,嚈哒人多次入侵笈多王朝,最后导致统一笈多王朝的崩溃。嚈哒人不信仰佛教,在其统治地区内破坏僧伽、毁损寺塔,这个事实对佛教有很大的打击,在思想上开始流行末法思想。7 世纪玄奘访问华氏城的时候,曾经的大城市已经变成一片废墟:"殑伽河南有故城(华氏城)周七十余里,荒芜虽久,基址尚在。"

此外,在笈多王朝后期,印度教势力逐渐增大,佛教受印度教思想的影响,产生了密教,在 8 世纪中期兴起的帕拉王朝时期,密教得到很大的发展,成为最大的佛教势力。

2　释迦牟尼的遗址

2.1　佛教的圣地

佛教的圣地,主要是与释迦牟尼一生事迹有关的地方,最早有四大圣地的说法,即诞生、成道、初转法轮和涅槃。后来,圣地的概念慢慢扩大,除了传统的圣地之外,出现与佛传故事结合在一起的新的圣地。随着佛教的发展,圣地的概念和定位也发生变化。这些变化反映了不同时期佛教信徒的佛陀观。

2.1.1　四大圣地

在佛教的发源地印度,现在大部分人信仰印度教,佛教信徒已寥寥无几。不过与佛教有关的遗迹却大量保存到现在,大部分遗址在印度佛教衰落之后一直湮没在历史长河中。18 世纪以来,欧洲人在偶然的机会或者有目的性地去再"发现"它们,并介绍给世界,其中有几处规模较大、保存状态较好的遗址被定为世界文化遗产,吸引着印度国内外的许多游客前往参观。其中,在菩提伽耶、萨尔纳特等地,各佛教国家和团体纷纷出资修建寺庙,有来自不同地区的出家人在这里生活、修行,成为世界佛教徒向往的圣地。早期佛经中出现了关于佛教的圣地的记载。

释迦牟尼成道之后踏上了传教之途,他到过王舍城、舍卫城、毗舍离等地,与其他出家人共同生活,教化弟子和普通众生。晚年他的身边有一位年轻出家人,即十大弟子之一阿难。释迦牟尼准备进入涅槃时,阿难知道自己的尊师即将离开他们,感到很伤心,同时也担心其他出家人在释迦牟尼涅槃以后失去精神上的根据地,互相不来往。因为在释迦牟尼晚年,他的在家信徒和出家人已有相当规模,其中包括几位

·欧·亚·历·史·文·化·文·库·

杰出的高徒,部分出家人由他们带领到别处过修行生活。在雨季的安居前后,他们都来拜望释迦牟尼,同时互相交流修行经验。阿难怕释迦牟尼离开后,这些人找不到可以集聚的地方。因此,释迦牟尼告诉阿难,说:

> 比丘、比丘尼、优婆塞、优婆夷,于我灭后,能故发心,往我四处,所获功德不可称计,所生之处,常在人天,受乐果报,无有穷尽。何等为四? 一者如来为菩萨时,在迦比罗斾兜国蓝毗尼园所生之处;二者于摩竭提国,我初坐于菩提树下,得成阿耨多罗三藐三菩提处;三者波罗棕国鹿野苑中仙人所住转法轮处;四者鸠尸那国力士生地熙连河侧娑罗林中双树之间般涅槃处,是为四处。若比丘、比丘尼、优婆塞、优婆夷,并及余人外道徒众,发心欲往到彼礼拜,所获功德,悉如上说。(《大般涅槃经》)

意即:出家的比丘、比丘尼及在家信徒们,释迦牟尼寂灭以后,可以去四个地方进行礼拜。哪四地呢? 第一是"蓝毗尼",释迦牟尼诞生之地;第二为"摩竭提国",是成道的地方;第三是"鹿野苑",初转法轮之处;第四是"鸠尸那国",释迦牟尼涅槃的地方。《游行经》、《般泥洹经》、《根本说一切有部毗奈耶杂事》等佛经都记有相同内容。还有,据《杂阿含经》、《阿育王经》及《阿育王传》等佛经记载,孔雀王朝的阿育王建八万四千塔后,在名叫优波崛多(或称优波笈多、优婆掘多等,Up-agupta之音译)的长者的引导下,亲自到各地的释迦牟尼的遗址进行礼拜。在印度各地发现的阿育王法敕也能够证明,阿育王巡礼佛迹的传说是史实,这意味着阿育王时期,即公元前2世纪初,佛教信徒的圣地巡礼已经相当普遍。后来,中国僧人也到印度访这些圣地,法显的《法显传》有这样的记载,"佛泥洹以来,四大塔处相承不绝。四大塔者:佛生处,得道处,转法轮处,般泥洹处",这说明法显去印度的5世纪初,这四大圣地依然有特别的意义。

圣地巡礼的目的是佛教信徒通过走遍在释迦牟尼一生中发生重要事迹的场所这样的行为来追怀成道者佛陀的生涯,到各地的圣地进行礼拜的巡礼者能够得到宗教上的喜悦及满足,当时的僧伽也应该鼓励信徒的圣地巡礼活动。随着巡礼活动的盛行,巡礼行为本身开始具有宗教性意义。梵文本和巴利文本《大般涅槃经》讲到,凡是朝礼各圣地者,保持清净心而死去的话,身坏命终之后能转生快乐的天界。这一条,对佛教信徒尤其是在家信徒而言其意义非同小可,本来需要长时间的修行和积德(很有可能这辈子时间不够)才能够实现"转生快乐的天界",但现在,只要你去圣地巡礼就可以完成。此时,佛教的圣地不仅仅是缅怀圣者释迦牟尼一生事迹的场所,而是变成具有奇迹般的神秘力量的"圣"地了。

释迦牟尼在菩提树下成道之后,后半生在从事游历传教中度过,佛经里也保存了许多地名,这些地方都与释迦牟尼的传教活动有密切的关系。据《大般涅槃经》等记载,释迦牟尼涅槃之后舍利被分为8份,分别起塔供养,再加上为供养盛释迦牟尼骨灰的瓶子和剩下的木炭而建的瓶塔及灰塔,这10座塔应为最早纪念释迦牟尼的建筑物,但这些地方都不是主要的圣地。众所周知,佛教的四大圣地就是前面《大般涅槃经》所提及的蓝毗尼、摩竭提国、鹿野苑以及鸠尸那国,分别代表释迦牟尼的诞生、成道、初转法轮和涅槃的地方。

如果,仅仅是为了纪念释迦牟尼这么伟大的佛教教主的话,供奉释迦牟尼骨灰,即舍利的这些佛塔无疑是佛教信徒们顶礼膜拜的最佳对象。确实,在佛教当中舍利信仰是非常重要的内容,印度佛塔以及中国佛塔地宫里也曾经发现过各种材质的"舍利",不过舍利塔的存在于佛教圣地的选地没有直接的联系。这也有可能因为阿育王打开了8座舍利塔中的7座,并从中取出舍利,然后修建八万四千塔,这样,供奉释迦牟尼舍利的佛塔由原来的8座扩大到84000座。阿育王的这一举动对扩大佛教的影响力有很大的积极作用,但违背了物以稀为贵的原则,释迦牟尼舍利的宗教价值相对减少。不过,我认为这8座舍利塔没有成为佛教圣地的原因,应该从佛教教义本身中寻找就能够得到更合理的解释。如前面已述,释迦牟尼所倡导的佛教强调"缘起法",他临终告诫弟子们说:"一切诸行皆悉无常,汝等宜应勤行精进。"这是释迦牟尼的遗言,也是他最要强调的内容,即要懂得诸行无常,万物不断地

·欧·亚·历·史·文·化·文·库·

发生变化,要正确了解"因"和"果"的关系。那么,舍利塔代表的是修行完成的一个结果,这当然很重要,但佛教信徒更重视其过程,释迦牟尼是怎样完成他一生的事业的?首先,需要释迦牟尼这个人的存在,如果他没有诞生在这个世界上,就没有他出生之后的种种故事,更不可能有成道涅槃之事了,值得纪念。成道,无疑是释迦牟尼一生中最重要的事迹,这是释迦牟尼前半生的一个总结,太子时期思考人世间苦恼,决定出家,游历寻师,做苦行及放弃苦行,这一切活动其实在当时的印度社会并不特别,好多修行者都经历过相同的路子,但释迦牟尼一个人得到正觉,这一点非常重要,因此,后来在四大圣地之中,成道之地受到特别的崇拜。还有初转法轮,因为释迦牟尼决定传教说法,才有了佛教的诞生和发展。如果,释迦牟尼满足于他个人的修行完成,不去传教的话,佛教信徒们也无法知道佛教教义,无法得到正觉,所以释迦牟尼开始传教的第一站——鹿野苑成了佛教信徒的圣地之一。最后,释迦牟尼涅槃之地,在这里结束了他的生涯,也就是说他圆满完成了他的修行而进入涅槃。《阿育王经》、《阿育王传》以及《天业譬喻经》第26章至第29章,都记载了阿育王圣地巡礼的具体内容。

阿育王圣地巡礼故事的主题是阿育王亲自访释迦牟尼的遗迹,在高僧优波崛多的引导下,他会见当时亲眼目睹过释迦牟尼的树神等天人,从他们口中了解真实的释迦牟尼,如同见了释迦牟尼本人,起了净信、增长信心。该故事说明,对释迦牟尼涅槃后的后世人来讲,圣地巡礼有如同亲听佛陀说法一样的功德,这对未能幸遇释迦牟尼在世的佛教徒来讲是结佛缘的最好方式。正如上述文中所说,蓝毗尼、鹿野苑、毗舍离(吠舍离)等地发现阿育王石柱,由此可知阿育王时期以上四大圣地广受佛教信徒的崇拜。不过,形成阿育王巡礼故事的时候,这几处圣地之间似乎出现了一定的差距。

> 阿恕伽王于佛生处塔、菩提树塔、转法轮塔、般涅槃塔,虽各各施与百千两金,于菩提塔其心最重。所以者何,佛于此处成正觉故。于是已后所得珍宝,常以奉施菩提之塔。(《阿育王传》卷2)

阿恕伽王即阿育王,他虽然在释迦牟尼诞生、成道、初转法轮及涅槃处各建佛塔并施舍重金,但其中最重要的是"菩提塔",即释迦牟尼成道之地。这肯定反映了当时圣地巡礼的真实情况。那么,产生这种局面,有什么样的思想背景呢?

随着佛教的发展,对"佛陀"的理解发生变化,历史人物释迦牟尼成为宇宙普遍真理的体现者。《杂阿含经》记载,释迦牟尼成道时说"我得古仙人道,古仙人迳,古仙人道迹,古仙人从此迹去,我今随去",他的本意是佛法的真理并不是他所"创造"的,而是自古以来普遍存在的道理,他只是把它"发现"而已,因此释迦牟尼并没有指出具体的人物或佛陀。但是佛教形成宗教的时候,确实需要比较具体的崇拜对象,于是开始盛行过去佛崇拜,释迦牟尼的生涯也与不断连续的诸佛陀的活动联系起来。具体地说,佛教徒认为,释迦牟尼的诞生、成道、传教、涅槃等与宇宙的发展有密切的联系,这一切不仅是释迦牟尼个人的行为,而是过去的诸佛陀都有的共同体验。后来,这种思想与圣地联系起来,在他们看来,成道、初转法轮等发生重要事件的地方应该很特别,不是随便什么地方都可以的。佛陀是宇宙普遍真理的体现者,那么他们的行为应该都符合宇宙的真理,他的言行一定有意义,他在什么地方成道、在什么地方开始传教等都不是佛陀随意选择的,而是早已定好的,那就是"圣地"。除了这个圣地以外,任何一个地方都不可能发生成道、涅槃等重要事件。这种圣地思想也反映在佛传故事里。释迦牟尼放弃苦行后,寻找适合入金刚定的地方来到前正觉山,但山神告诉释迦牟尼说,此地不是佛陀成道之地,请他到别的地方。同时告诉他,尼连禅河畔的菩提树下有金刚座,过去、未来的诸佛都在此座上成道。该故事说明,佛陀不管过去还是未来,都要在一个规定的地方成道成佛。《佛本行集经》和《大事》记述了释迦牟尼成道之处的特殊性:

彼地劫烧之时,最后燃尽,劫初立时,最在先成。

又复,彼地所出诸草,最胜最妙。所谓优波罗、波头摩、拘勿头、分陀利,充足不少。

又复,彼地于阎浮提,最在于中。

又复,彼地不居顽钝愚痴众生,唯住圣种大福德人之所行坐。

·欧·亚·历·史·文·化·文·库·

又复,彼地无诸坑坎,四面空宽,平整之处。

又复,彼地不下不高,清净洪满,犹如手掌。

又复,彼地多有诸花,优波罗、波头摩、拘勿头、分陀利,自然生长。

又复,彼地悉为一切圣人通知。

又复,彼地自然显现。

又复,彼地于一切时,恒居圣人,不曾空阙。

又复,彼地终无有人能得降伏。

又复,彼地名称远闻,所谓师子最高之座。

又复,彼地其有心觅,过不能得,所谓若魔魔家眷属。

又复,彼地于一切地,最在中齐。

又复,彼地金刚所成。

又复,彼地所生诸草,正高四指,柔软青绿,如孔雀项。触时犹如迦尸迦衣,颜色微妙,可憙端正,香气芬芳,头悉右旋。(《佛本行集经》卷27《向菩提树品》)

第一句说,此地为世界末日最后一个被破坏,而且创世时最早出现的。还说此地为世界的中心;此地容不得愚昧之徒,只有圣人能坐在这里;此地无论任何人都不可战胜;此地为金刚所成等,这种种特质都强调释迦牟尼成道之地的特殊性。在诞生、成道、初转法轮、涅槃的四个大事中,成道对佛教信徒来讲具有非常重要的意义,因为当时的佛教信徒出家的目的就是自己要通过佛教修行得到涅槃,那么不难想象,释迦族的太子乔达摩·悉达多通过修行得正觉,成道成佛的地方自然而然地受到特别推崇。起初是因为释迦牟尼在此地成道,所以这个地方被赋予了特殊的意义,但后来在佛教的发展和有关传说形成的过程中,圣地结合过去佛崇拜等内容,产生了这个地方自从天地开辟以来就具有神秘力量,诸佛都在此地成佛的说法。从此之后,释迦牟尼成道之处,即菩提伽耶成为佛教教团最重要的圣地。

佛教信徒通过重走释迦牟尼走过的地方,体验成道至涅槃之路,确认修行的信心和对佛教的信仰,这就是佛教古老的巡礼路线。而且佛经里说，巡礼者到各个圣地进行朝拜，死后就能转生到天界，在家信徒们在佛教艺术上表现了四大圣地，由此表达他们对圣地巡礼的热情和转生到天界的渴望。其实，释迦牟尼的教法是克制自己的欲望，一心求道，生活要简单而正直，拒绝奢侈豪华。但佛教在其发展过程中需要普通众生的支持，由出家人组成的僧伽集团在一定程度上受在家信徒的影响，对广大在家信徒而言，图像比佛经更为直观，更容易接受，一幅图像的影响力比一卷佛经还大。后来僧伽也通过图像来教化普通众生，因此产生了佛教艺术，并得到了迅速发展。

公元前2世纪左右的桑奇佛塔的塔门上用浮雕表现诸多佛传故事。塔门由两根门柱和三根横梁组成。门柱和横梁之间有四个方形区域，在这个区域内表现四种佛传故事，即二象灌水、菩提树、法轮和佛塔，它们代表了四大圣地。年代较晚的阿默拉沃蒂佛塔装饰上也出现了类似的图像组合。阿默拉沃蒂佛塔破坏比较严重，虽然出土了很多塔门和栏楯等建筑构件，但很难复原为原来的组合。不过其中发现有把菩提树、法轮和佛塔刻在同一个栏楯上的浮雕，它代表成道、初转法轮和涅槃，虽然缺了诞生，但我们也可以认定它是表现四大圣地的组合。众所周知，早期印度佛教艺术不允许直接表现释迦牟尼个人的形象，所以，当时的佛教信徒以象征物表现释迦牟尼的存在。这些象征物是每个故事当中最重要的、能够代表整个故事的标志物。而且这些象征物一旦成立以后，逐渐具备了特殊的含义，菩提树和法轮等，在佛陀像形成以后依然拥有其象征意义，与佛陀像出现在一起，强调了该佛陀像的性格。

在早期佛教艺术当中，菩提树图像有比较特殊的表现方式。桑奇第一塔塔门浮雕中有横列七个菩提树的图像，每一个图像的内容基本相同，中央树立一棵菩提树，其两旁各有一人向菩提树合掌礼拜，这是代表过去七佛的菩提树。前面介绍阿育王巡礼佛家圣地时看过，过去未来的佛陀都在菩提树下成道，菩提树不仅是释迦牟尼成道成佛的象征，菩提树代表着一切诸佛成道。开始时，这些过去佛在人数或名称方面没有具体的说法，但后来随着佛传故事的发展和整理，形成了"过去七佛"。他们分别为毗婆尸佛、尸弃佛、毗舍浮佛、拘留孙佛、拘那含牟尼佛、迦叶佛和释迦牟尼佛,在《长阿含经》、《增一阿含经》、《法句经》等有较详细的介绍。毗婆尸佛,又译成毗钵尸佛,在过去九十一劫,当时人的寿命八万四千岁,出生于槃头婆提城,本姓拘利若,刹帝利,在婆婆罗树下成道;尸弃佛,在过去三十一劫,人的寿命为七万岁的时候生于光相城,本姓拘利若,刹帝利,在分陀利树下成道;毗舍浮佛,在过去三十一劫,人的寿命为六万岁的时候生在无喻城,本姓拘利若,刹帝利,娑罗树下成道。以上三位佛陀是过去庄严劫的佛陀,后四位是现在贤劫的佛陀。拘留孙佛,亦译成拘楼孙佛等,人的寿命为四万岁的时候生在安和城,本姓迦叶,出身于婆罗门,在尸利沙树下成道;拘那含牟尼佛,在人寿命三万岁时出生在情景城,本姓迦叶,出身于婆罗门,乌暂婆罗树下成道;迦叶佛,又译成饮光佛等,人寿命两万岁时出世于波罗檬国,本姓迦叶,出身于婆罗门,在尼拘律树下成道。此外,经文中还介绍各个佛陀的父母、孩子及弟子的姓名等。

桑奇佛塔塔门的七棵一组菩提树,是代表过去佛的象征物。我们仔细观察菩提树图像会发现,每个菩提树的形象不完全相同,在细节上都有差别。看佛经记载也知道,每位过去佛成道时坐的菩提树都不一样,每位佛陀都有属于自己的菩提树。研究者从文献里的名称和图像方面对菩提树进行研究,发现过去七佛的菩提树不是神话里虚构而是现实存在的树种,目前基本可以确定的树种为:尸弃佛的分陀利树是香芒(Mangifera odorata);毗舍浮佛的娑罗树就是沙罗树(Shorea robusta);拘留孙佛的尸利沙树为合欢(Albizzia lebbek benth);拘那含牟尼佛的乌暂婆罗树是马椰果(Ficus glomerata);迦叶佛的尼拘律树是孟加拉榕(Ficus benghalensis);释迦牟尼佛的菩提树,就是印度菩提树(Ficus religiosa)。毗婆尸佛的婆婆罗树,可能是红厚壳(Catophyllum inophyllum),也有可能是无忧花(Saraca indica)。不管怎么样,过去七佛的菩提树都不是稀有物种而是在印度常见的树。我们知道,吠陀时期印度存在圣树崇拜,佛教传说中也经常出现药叉等树神。印度属于热带气候,天气炎热时人们可以在大树树荫下乘凉,突然下起暴雨大树则可以提供避雨之所。游历僧人也常在树荫下歇脚,释迦牟尼讲法传教,也多选择在树林里。对过去佛菩提树的形成和崇拜,可以说是象征释迦牟尼成道的菩提树和印度传统的圣树崇拜结合的成果,这好像更符合在家信徒的信仰方式。

看早期佛经内容会发现,虽然有释迦牟尼或出家人劝在家信徒去供养菩提树的记载,但出家人自己很少直接供养菩提树。因为出家人的目的是通过自己的修行得到正觉和解脱,供养某种纪念物不是他们的目的。不过僧伽也没有拒绝和否定这样的行为,对他们来说,菩提树等象征物是想念佛陀释迦牟尼的媒介或者场所,这就是以菩提树等象征物来代表圣地的原因。但后来,菩提树代表释迦牟尼本人甚至代表过去的佛陀,它自己变成供养和礼拜的对象。发生这样变化的原因,一方面有在家信徒的信仰需求,他们需要更容易理解的、比较直接的崇拜对象,另一方面,僧伽集团利用这些具体的圣地或象征物,来宣传佛法,以求得到更多的支持。僧伽和在家信徒的这种复杂关系,导致了佛教圣地的发展和变化。

2.1.2 六大圣地

部派佛教时期,关于圣地的研究和定位成为诸佛教学者的重点研究对象,在诸多阿毗昙文献中记录了有关圣地的讨论,其中最重要的是圣地的"定"和"不定"的问题。所谓的圣地的"定"和"不定",与多佛思想的接受和发展有密切的联系。当时已经对过去佛的崇拜相当普遍,释迦牟尼被认为是诸多佛陀之一。这些无数的诸佛陀也都经过诞生、成道、初转法轮,最后进入涅槃,那么他们也都要有诞生之地、成道之地、初转法轮之地、涅槃之地等属于他们的"圣地"。前面已述,关于成道之地,无论过去的还是未来的佛陀都不会变的,"定"在一规定的地方,此地专门称为菩提道场,菩提,就是智慧、觉悟之意。这样,"定"就是所有佛陀共同的圣地,而"不定"则是每一位佛陀任意选的圣地。然而,关于定的圣地和不定的圣地的具体分类,各论者之间有分歧。《阿毗达摩大毗婆沙论》卷 183 介绍了两种说法,这个讨论为了理解佛教圣地性格和圣地发展情况非常重要。

欧·亚·历·史·文·化·文·库

问一切佛转法轮处为定不耶？若定者然灯佛本事当云何通，如说然灯佛于灯光城喝利多罗山转正法轮，乃至广说。若不定者达摩苏部底所说颂云何通。如说：应念过去佛，于此迦尸宫，仙论施鹿林，亦初转妙法。

有说应言转法轮处定，问若尔然灯佛本事当云何通？答此不必须通，所以者何，此非素怛缆毗奈耶阿毗达磨所说，但是传说诸传所说或然不然。若必欲通者应知过去灯光城即是今婆罗疤斯，过去喝利多罗山即是今仙人鹿苑。若作是说，佛转法轮处定者，彼说有四处定二处不定。四处定者谓菩提树处、转法轮处、天上来下处、现大神变处。二处不定者谓佛生处及般涅槃处。

……

有说诸佛转法轮处不定。所以者何？若喝达洛迦曷逻摩子，及頞逻茶迦罗摩不命终者，佛岂舍摩揭陀国往婆罗疤斯。故知但随应初闻法者所在即于彼处而转法轮。问若尔法善现颂当云何通？答此不必须通，所以者何，此非素怛缆毗奈耶阿毗达磨所说。但是文颂。夫造文颂或增或减。若必欲通者过去亦曾有佛于此初转法轮，非谓一切故非决定。若作是说，转法轮处不定者，彼说有三处定三处不定。三处定者谓菩提树处、天上来下处、现大神变处。三处不定者谓生处、转法轮处、般涅槃处。（《阿毗达摩大毗婆沙论》卷 183 定蕴第七中不还纳息第四之十）

首先提问，对一切诸佛而言，转法轮处是"定"还是"不定"？这就是讨论的焦点，就在这个问题上产生分歧。如果转法轮处是"定"的圣地，就是说过去未来的佛陀都在同一个地方开始说法传教的话，我们怎样理解"然灯佛本事"？然灯佛就是燃灯佛，是释迦牟尼的前任佛陀。传说，燃灯佛在"灯光城喝利多罗山"初转法轮，这与释迦牟尼在鹿野苑初转法轮有冲突。那么如果转法轮处是"不定"的圣地的话，又是怎样解释达摩苏部底的说法呢？他说"应念过去佛，于此迦尸宫，仙论施鹿林，亦初转妙法"，过去佛也在鹿林，即鹿野苑初转法轮。有些人主张初转法轮之地应该是固定的，那么他们怎么解释燃灯佛本事呢？他们说,没有必要相信燃灯佛本事所说的故事,因为该故事不是正统的"经、律、论",只是个传说而已,这种传说的内容有时候是正确的,但也有的是错误的。假如说该传说内容是正确的,那么可以理解为过去的"灯光城"是现在的婆罗疤斯(瓦拉纳西),燃灯佛初转法轮的"喝利多罗山"就是现在的鹿野苑。如果他们的主张能够成立的话,佛教圣地中"四处定二处不定","定"的圣地是菩提树处、转法轮处、天上来下处、现大神变处,"不定"的两地为"佛生处及般涅槃处"。在这里我们发现,佛教圣地从原来的四处增加到六处,除了原先的四大圣地之外,新增了"天上来下处"和"现大神变处"。其中"天上来下处"为释迦牟尼上忉利天为释迦牟尼诞生后不久去世的母亲摩耶夫人说法,其后从天上回到下界的地方,就是佛传中的从三十三天降下的故事,在僧迦舍。"现大神变处"是释迦牟尼为降服外道显现各种神变,这个故事发生在舍卫城。然后,"不定"的圣地为诞生之地和涅槃之地两处。以上是"四处定二处不定"的解释。

有人主张诸佛初转法轮之地是没有固定的。如果释迦牟尼修行时曾经拜过师的两位大师还在世的话,释迦牟尼也没有必要离开摩揭陀国前往婆罗疤斯。因为释迦牟尼决定开始传教,首先想到的就是这两位,但那时候他们已经去世了。所以,释迦牟尼才决定把佛法传给曾经一起苦修过的五比丘,他们在婆罗疤斯,释迦牟尼也往婆罗疤斯去找他们。由此可知,有资格接受佛法的人在哪里佛陀就在哪里初转法轮,在初转法轮的地点的选择上佛陀本人没有主动权。那么,达摩苏部底的说法应当怎么理解呢？他们认为,没有必要相信他说的话,因为这不是正统的"经、律、论",只是个文颂而已,文颂本是歌功颂德,造文时其内容上有些出入也属于正常。假如说,过去有些佛陀就是在鹿野苑初转法轮,但他也并没有说一切诸佛都在此地初转法轮。这个解释能够成立的话,初转法轮处是"不定"的,佛教圣地是"三处定三处不定",其中,定的圣地为"菩提树处、天上来下处、现大神变处",不定的圣地为"生处、转法轮处、般涅槃处"。

通过以上讨论,我们知道在《阿毗达摩大毗婆沙论》成书的3—4

欧·亚·历·史·文·化·文·库·

世纪,主要的佛教圣地有六处。部派佛教的发展在某种方面有可能促进了佛教圣地的增加。自从根本分裂以后,各个部派互相争夺佛教的正统地位,各个部派都主张自己才是传承正法的。他们主要在经和律的理解上展开讨论,为了证明自己的真实性,钻研经和律的内容,发表许多不同的观点(论),同时对不同意见进行反驳。当时除了这种形而上的斗争以外,也应该有形而下的攀比,其中肯定包括争夺佛教圣地。佛教教团在由出家弟子组成的僧伽集团背后,存在着广大的在家信徒集团。原始佛教至部派佛教时期的在家信徒的活动情况不十分清楚,但从现存的佛教寺院及石窟寺等的内容、规模以及其中留下的题记等文字材料来看,当时的王公贵族及富商等积极支持僧伽集团,他们除了向僧伽集团提供衣食积功德以外,也出资在各地修建佛塔、佛寺,同时也知道当时的在家信徒往往支持几个不同部派的僧伽。僧伽为了吸引在家信徒,得到更多支持,会进行各种活动,如果在自己的势力范围内有佛教圣地,无疑是非常好的宣传材料。例如,从鹿野苑发现的碑铭题记来看,在公元前的贵霜时期,鹿野苑属于有部,但后来被正量部所替代。当然,目前没有证据证明这与《阿毗达摩大毗婆沙论》所记录的有关鹿野苑"转法轮处"的讨论有什么关系,但这些事实值得关注。

《阿毗达摩大毗婆沙论》介绍"四处定二处不定"说和"三处定三处不定"说,后来"四处定二处不定"成为主流,《神通游戏》和《大事》等佛传都把鹿野苑作为过去未来佛陀初转法轮的地方。另外,新增的天上来下处和现大神变处都是定的圣地,《天业譬喻经》、《南传弥兰王问经》、《增一阿含经》、《根本说一切有部毗奈耶杂事》等都反映了相关内容:

> 尔时,释提桓因白世尊言:如来亦说:"夫如来出世必当为五事。云何为五? 当转法轮;当度父母;无信之人立于信地;未发菩萨心令发菩萨意;于其中间当受佛决。此五因缘如来出现必当为之。"今如来母在三十三天,欲得闻法,今如来在阎浮里内,四部围绕,国王人民皆来运集。善哉! 世尊! 可至三十三天与母说法。是时,世尊默然受之。(《增一阿含经》卷 26 听法品第三十六)

佛有五事必定须作。云何为五？一者未曾发心有情，令彼发起无上大菩提心；二者久植善根法王太子灌顶授记；三者于父母所令见真谛；四者于室罗伐现大神通；五者但是因佛受化众生悉皆度脱。尔时世尊复作是念，古昔诸佛皆于何处现大神通，见在室罗伐城。复念何时大众云集，见七日后。如是知已告胜光王曰：王今应去观机应会我当作之。王曰：欲在何时。佛言：待七日后。（《根本说一切有部毗奈耶杂事》卷26第六门第四子摄颂之余佛现大神通事）

于妙堂殿如法图画佛本因缘。菩萨昔在覩史天宫，将欲下生观其五事。欲界天子三净母身，作象子形托生母腹。既诞之后踰城出家，苦行六年坐金刚座，菩提树下成等正觉。次至婆罗疿斯国为五苾刍，三转十二行四谛法轮。次于室罗伐城为人天众现大神通。次往三十三天为母摩耶广宣法要，宝阶三道下赡部洲于僧羯奢城人天渴仰。于诸方国在处化生，利益既周将趣圆寂，遂至拘尸那城娑罗双树，北首而卧入大涅槃。如来一代所有化迹既图画已。（《根本说一切有部毗奈耶杂事》卷38第八门第十子摄颂说涅槃之余）

佛陀一旦出世，五件事情必须要做，其中包括给父母说法及现大神变。有意思的是，一切佛陀的母亲都在佛陀成道之前去世，佛陀必须上天给母亲讲法。因为这些佛教传说都基于释迦牟尼的真实生涯，释迦牟尼的母亲摩耶夫人在生下释迦牟尼后不久就去世了，一切佛陀的传说也受其影响，所以佛陀的母亲必须去世。《根本说一切有部毗奈耶杂事》卷38的故事讲的是，摩揭陀国的阿阇世王崇敬佛陀，释迦牟尼涅槃后，众人怕阿阇世王听到这个噩耗，悲痛至极吐血而亡。此时大迦叶出主意，在妙堂殿的壁上画释迦牟尼的生平，慢慢让阿阇世王接受释迦牟尼涅槃的事实。这个妙堂殿壁画反映的是当时的佛传艺术，首先是从天上观察下界的情况，欲界天子三次净化母体后，以象形入胎。诞生后出家，经过六年苦行，坐金刚座在菩提树下成道。到婆罗疿斯国找五比丘初转法轮。后来到室罗伐城现大神变，然后往三十三天

·欧·亚·历·史·文·化·文·库·

为母亲摩耶夫人讲法，通过三道宝阶回到僧羯奢城。在各地游历传法，最后于拘尸那城娑罗双树下进入涅槃。可见，诞生和出家、苦行和成道、初转法轮、舍卫城神变、从三十三天降下，还有涅槃是佛传故事中比较重要的内容。

印度本土以外的佛教徒也接受这种圣地思想。斯里兰卡的上座部巴利文文献中，也能够找到关于佛教圣地的讨论。其内容基本上与北传佛教文献相同，可以说佛教圣地一旦形成之后，不受部派的限制，被广泛佛教徒接受。5 世纪初到印度的中国高僧法显也留下了关于圣地的记录。他介绍迦维罗卫城，即释迦牟尼的故乡迦毗罗卫时说：

> 凡诸佛有四处常定：一者成道处；二者转法轮处；三者说法论议伏外道处；四者上忉利天为母说法来下处。余则随时示现焉。

（《法显传》卷 1）

法显报告的四处定的圣地与《阿毗达摩大毗婆沙论》的"四处定二处不定"的说法相同，由此可见，佛教圣地不仅是在形而上的讨论中存在的，也是在形而下的、实际的存在。与此同时，我们也知道原来的四大圣地中，诞生处和涅槃处被认为"不定"的圣地后，其地位相对下降。法显说，释迦牟尼诞生处和其故乡都人烟稀少，经常有大象、狮子等猛兽出没，"不可妄行"。然而，从三十三天降下的僧伽施国和现大神变的舍卫城都有很多寺庙，尤其是僧伽施国，"其国丰饶，人民炽盛，最乐无比"，这"不定"的圣地和"定"的圣地形成了鲜明的对比。

2.1.3　八大圣地

再后来，主要佛教圣地增加到八处，被称为八大圣地。宋法贤译《佛说八大灵塔名号经》记录了八大圣地的具体地名：

> 第一，迦毗罗城龙弥儞园是佛生处；第二，摩伽陀国泥连河边菩提树下佛证道果处；第三，迦尸国波罗奈城转大法轮处；第四，舍卫国祇陀园现大神通处；第五，曲女城从忉利天下降处；第六，王舍城声闻分别佛为化度处；第七，广严城灵塔思念寿量处；第八，拘尸那城娑罗林内大双树间入涅槃处。

释迦牟尼时期，婆罗门及善男子善女人等发大信心，修建塔庙进行供养就得到大利益,善男子善女人至诚供养八大灵塔就能来世投胎生在天界。这与四大圣地巡礼得到的功德相同。藏传佛教的《八大支提赞》(Aṣṭamahāsthānacaityastotra)也有同样内容。比原来的六大圣地,多了"王舍城声闻分别佛为化度处"和"广严城灵塔思念寿量处"。王舍城是摩揭陀国首都,僧伽的主要根据地之一。释迦牟尼晚年,其弟子之一提婆达多欲当僧伽首领,要求释迦牟尼承认他的地位而遭到拒绝,于是他与500个支持者离开僧伽,搞分裂(破和合僧)。释迦牟尼见此情形,派舍利弗去说服他们,释迦牟尼在空中现身,看到这个奇迹他们又恐又惊,集体悔过,重新回到僧伽集团。广严城灵塔思念寿量处在毗舍离,是释迦牟尼决定放弃自己寿命的地方。

八大圣地还有几个不同组合。同样是法贤收集的《八大灵塔梵赞》中所介绍的八大圣地为:一,诞生之地;二,菩提树之地;三,转法轮之地;四,受三界崇敬的第一个支提;五,大神通处;六,雪山中的住处;七,从天降下之地;八,佛灭度之地。其中六处与早期的六大圣地相同,新增加的第四个和第六个不知道具体指的是什么地方。另外,藏文佛经的《八大支提赞》(与前面的佛经同名异经),其内容与前面佛经基本相同,但具体的圣地名称不太一样,按经文里出现的次序为:一,降魔成道;二,诞生;三,调伏醉象;四,思念寿量及猕猴奉蜜;五,初转法轮及现大神变;六,二龙灌水及村女供养乳糜;七,与眷属同持戒律;八,从天降下和涅槃。这明显没有按照故事发生的时间顺序,而且前后重复,新增的内容与其他文献所介绍的八大圣地不太一样。值得注意的是,该藏文《八大支提赞》与鹿野苑遗址出土的笈多王朝时期石浮雕释迦八相图的内容非常接近。鹿野苑的八相图是在长方形石板上用浮雕表现佛传的八个内容,分左右两排,每排四个画面,左排从下到上:诞生、猕猴奉蜜、从三十三天降下、初转法轮,右排从下到上:降魔成道、调伏醉象、舍卫城神变、涅槃。一般认为,这个组合是为了满足图像表现上的必要,在佛教艺术作品中思念寿量、破和合僧的题材很少见,然而猕猴奉蜜和调伏醉象的图像在公元前的佛塔装饰上已经出现。前面我们看过,藏文佛经《八大支提赞》的第四是"思念寿量及猕猴奉蜜",把这

·欧·亚·历·史·文·化·文·库·

两个故事放在一起绝非偶然,这两个故事发生的时间不同,但是在同一个地方发生的。所以,鹿野苑的八相图用佛教信徒比较熟悉的猕猴奉蜜图像来代替思念寿量代表圣地。这可能是因为笈多王朝时期,佛教信徒对各地的圣地相当熟悉,没有必要特别说明圣地之所以为圣地的原因和理由,原来佛传故事和圣地是分不开的,现在,只要在圣地发生过的故事都能够代表某一处圣地,具体的故事内容已经不是很重要了,只要在圣地发生的故事就可以。这好比天安门能够代表北京这个城市,而八达岭长城也同样可以代表北京。释迦八相图的题材后来传到中国得到了更大的发展,中国及日本等地区的现存佛画中,有很多采用释迦八相图题材。

7世纪末到印度旅游的义净也提起过八大圣地:

> 比于西方亲见如来一代五十余年居止之处,有其八所:一本生处;二成道处;三转法轮处;四鹫峰山处;五广严城处;六从天下处;七祇树园处;八双林涅槃处。四是定处,余皆不定。总摄颂曰:生成法鹫,广下祇林。虔诚一想,福胜千金。(《根本说一切有部毗奈耶杂事》卷38第八门第十子摄颂说涅槃之余)

其内容与《佛说八大灵塔名号经》所说的八大圣地相同,义净又说"四是定处,余皆不定",虽然他没有具体说哪四处是定处,但前面法显介绍过四处定的圣地,那就是义净说的成道处、转法轮处、鹫峰山处和从天下处。从法显来到印度的5世纪初到义净游历印度的7世纪末,圣地从六处增加到八处,但定和不定的说法一直流传。

中国的赴印高僧除了留下这些文字记载以外,还从印度带回许多佛经和佛像等珍宝。《大唐西域记》卷末的《记赞》中记录了当时玄奘从印度带回来的物品,其中,七尊佛像值得注意,其内容为:

> 金佛像一躯,通光座高尺有六寸,拟摩揭陀国前正觉山龙窟影像;

> 金佛像一躯,通光座高三尺三寸,拟婆罗疙斯国鹿野苑初转法轮像;

> 刻檀佛像一躯,通光座高尺有五寸,拟憍赏弥国出爱王思慕

如来刻檀写真像;

刻檀佛像一躯,通光座高二尺九寸,拟劫比他国如来自天宫降履宝阶像;

银佛像一躯,通光座高四尺,拟摩揭陀国鹫峰山说《法花》等经像;

金佛像一躯,通光座高三尺五寸,拟那揭罗曷国伏毒龙所留影像;

刻檀佛像一躯,通光座高尺有三寸,拟吠舍厘国巡城行化像。

慧立·彦悰《大慈恩寺三藏法师传》也有同类内容。第一件是模仿摩揭陀国前正觉山龙窟影像的金像,这尊像的根据是释迦牟尼成道前在前正觉山留下影子的故事,玄奘访问菩提伽耶时去过前正觉山留影窟,但当时释迦牟尼留下的影子已经模糊不清了。第二件婆罗痆斯国鹿野苑初转法轮像,就是鹿野苑的初转法轮像,当时鹿野苑的精舍中"有鍮石佛像,量等如来身,作转法轮势"。第三件为憍赏弥国出爱王思慕如来刻檀写真像,据传说,憍赏弥国(又译拘舍弥、俱舍弥、拘睒弥、俱睒弥、拘深等)的出爱王(优填王),因为释迦牟尼上忉利天为母亲摩耶夫人说法期间要离开人世,他太想念释迦牟尼,于是特意制造释迦牟尼造像,放在宫里天天供养。释迦牟尼从天下来时,该造像起来迎接释迦牟尼并为他让座。玄奘在憍赏弥国见过此像,"有刻檀佛像,上悬石盖,邬陀衍那王(唐言出爱,旧云优填王,讹也)之所作也。灵相间起,神光时照。诸国君王恃力欲举,虽多人众,莫能转移,遂图供养。俱言得真"。第四件,劫比他国如来自天宫降履宝阶像,就是从三十三天降下像,玄奘说在精舍中有石佛像,法显也在这里见过佛像,应是同物。第五件,拟摩揭陀国鹫峰山说《法花》等经像,鹫峰山即《法华经》等所说的灵鹫山,据佛传,释迦牟尼常在灵鹫山讲法。法显访问灵鹫山的时候"佛说法堂已毁坏,止有砖壁基在",玄奘去的时候有佛像供养,"今作说法之像,量等如来之身"。第六件,那揭罗曷国伏毒龙所留影像。释迦牟尼在世时有一个养牛人,负责给国王供应乳酪,有一天他在工作上有失误被谴责,于是心生恶念,变成恶龙,加害于国人。释迦牟

·欧·亚·历·史·文·化·文·库·

尼自从中印度过来,"龙见如来,毒心遂止,受不杀戒,愿护正法",并请释迦牟尼常留此地。释迦牟尼告诉他说"吾将寂灭,为汝留影",把自己的身影留在窟壁上。法显来到时,"去十余步观之,如佛真形",但玄奘参观的时候已经模糊不清了。第七件,也是最后一件是吠舍厘国巡城行化像,与该像对应的佛传故事不是很清楚。据日本学者肥田路美推测,是释迦牟尼离开毗舍离前往其涅槃之地拘尸那揭罗时,与毗舍离的群众离别的场景。

以上七尊佛像中,与八大圣地直接有关系的是拟婆罗疤斯国鹿野苑初转法轮像和拟劫比他国如来自天宫降履宝阶像两尊。此外,拟摩揭陀国前正觉山龙窟影像、拟摩揭陀国鹫峰山说《法花》等经像和拟吠舍厘国巡城行化像都可以分别代表成道处、声闻分别佛为化度处和思念寿量处。虽然具体的故事内容和通行的八大圣地故事不同,不过我们在前面已经看过,这不是很重要。笈多时期八相图已经以猕猴奉蜜图像来代替思念寿量代表圣地,那么,使用其他佛传故事的图像来代表圣地也应该不成问题。更值得注意的是,这次玄奘带回去的佛像是七尊,从数量来看,已经不符合八大圣地的说法,而且拟憍赏弥国出爱王思慕如来刻檀写真像和拟吠舍厘国巡城行化像,在常见的圣地组合中没有出现过。玄奘没有说明选择这七尊造像的用意,但我们至少可以了解到 7 世纪初,印度佛教圣地不仅有八处,而可能有更多的圣地存在,而且每个圣地有代表在本地发生的佛传故事的造像。这些造像都有自身的特点。

虽说如此,7 世纪末的义净和 9 世纪的法贤等人的工作告诉我们,在佛教信徒的心目中,八大圣地依然有着特别的地位。

其实,玄奘到印度的 7 世纪初,印度佛教已经失去了过去的辉煌,八大圣地除了个别圣地以外,香火都不盛。不定的圣地中,佛诞生处法显去时就没有被重视,到玄奘时候,佛涅槃处也相当荒凉,他在《大唐西域记》里说:"拘尸那揭罗国城郭颓毁,邑里萧条,故城砖基,周十余里。居人稀旷,闾巷荒芜。"八大圣地中新加的"广严城灵塔思念寿量处",即毗舍离(吠舍厘)城:"伽蓝数百,多已圮坏,存者三五。僧徒稀少。天祠数十,异道杂居,露形之徒,寔繁其党。吠舍厘城已甚倾颓,其故基趾周六七十里,宫城周四五里,少有居人。"相对年轻的圣地,也没能保持佛教圣地该有的威严和规模。定的圣地也未能幸免,法显时候香火旺盛的舍卫城,玄奘来到此地时"都城荒顿,疆场无纪。宫城故基周二十余里。虽多荒圮,尚有居人……伽蓝数百,圮坏良多。僧徒寡少,学正量部。天祠百所,外道甚多",曾经的大伽蓝已破损不堪,只有少数正量部僧人在这里住,相反,非佛教的祠堂多达"百所",佛教势力明显衰落。7世纪初,在佛教圣地中仍然保持一定规模的有释迦牟尼成道处的菩提伽耶、初转法轮的鹿野苑和从三十三天降下的劫比他国(僧伽施),其中规模最大、地位最高的应该是菩提伽耶。玄奘带回来的七尊佛像里,不包括菩提伽耶的降魔成道像,这真令人费解。玄奘本人也在《大唐西域记》里提起过并赞美菩提伽耶大精舍本尊金刚座真容像,他为什么没有带回金刚座真容像,其原因不清楚。

8世纪以后的帕拉王朝时期流行特殊形式的八相图,即把八相中的一尊作为主尊造一个佛像,在其周围安排其他七相,主尊往往是成道像。关于这样的特殊造像,有的学者提出过"视觉巡礼"的说法。当时,印度佛教走向衰落,各大圣地人迹罕至,人们只能通过观像来进行巡礼活动。佛教信徒通过观看八相图等造像,缅怀释迦牟尼,同时,体验他从诞生、修行成道至涅槃的人生过程。帕拉王朝是印度最后一个保护佛教的王朝,12世纪中叶被供奉印度教的森那王朝压迫,后来新兴的伊斯兰势力在印度抬头,到了13世纪,印度佛教几乎被灭绝了。

到了19世纪,欧洲学者在印度发现大量的印度佛教遗址,他们发掘调查佛塔、佛寺等遗迹,并发表了发现的遗物和研究成果。后来,亚洲地区的佛教国家也派学者或僧人到印度去寻找释迦牟尼的遗迹,印度、尼泊尔、巴基斯坦、阿富汗等政府也比较重视并支持研究境内的相关佛教遗址,许多国家和地区参与这项研究活动,已有丰硕的成果。

下面,从两个方面对几处主要圣地的情况进行概述。一方面通过文献记载,主要根据佛经和中国僧人的游记探索圣地的兴衰情况,这部分也包含许多关于圣地的富有神话色彩的故事,这些故事的内容虽然不一定是真实的历史,但也能反映佛教信徒对圣地的看法。

另一方面介绍从 19 世纪以来在各个圣地进行的考古调查情况。学者的发掘和研究确认了几处重要圣地的具体位置,也让人们对圣地有了新的认识。因为印度的佛教圣地长年被人们遗忘,重新登上历史舞台的圣地,其性质也与过去大不一样。

2.2 释迦牟尼的圣地

2.2.1 释迦牟尼诞生之地——蓝毗尼

蓝毗尼是一个位于尼泊尔南部的小村庄,属于鲁潘德希县,往东约 22 公里处是尼泊尔重要的边境城市白尔瓦,离尼泊尔和印度的边界约七八公里,往西约 27 公里处有被认为是释迦牟尼出家前生活的迦毗罗卫城的提罗拉科特遗址。要到蓝毗尼,一般先在尼泊尔首都加德满都乘坐长途汽车到白尔瓦,从白尔瓦到蓝毗尼有旅游专线或者可以搭三轮车去。因为蓝毗尼是四大圣地之一,常年有很多佛教信徒或游客到此地旅游,尤其是 12 月至 1 月的游客最多。释迦牟尼的生日为四月八日,所以尼泊尔和印度的佛陀诞生纪念活动在每年 5 月的满月之日进行。

此地为释迦牟尼诞生之地,是从古到今海内外的善男信女所向往的佛教圣地。幸运的是,1000 多年前中国僧人曾经到过印度,并记录了当时的印度佛教遗迹,如东晋时期的法显、唐代高僧玄奘等,有了他们留下的记载,我们才能够知道释迦牟尼涅槃后约 1000 年,距今约 1000 多年的佛教圣地蓝毗尼的情况。

《法显传》曰:

> (迦维罗卫)城东五十里有王园,园名论民。夫人入池洗浴,出池北岸二十步,举手攀树枝,东向生太子。太子堕地行七步。二龙王浴太子身,浴处遂作井。及上洗浴池,今众僧常取饮之……迦维罗卫国大空荒,人民希疏。道路怖畏白象、师子、不可妄行。

唐代玄奘《大唐西域记》记载:

箭泉东北行八九十里，至腊伐尼林，有释种浴池。澄清皎镜，杂华弥漫。其北二十四五步，有无忧华树，今已枯悴，菩萨诞灵之处。菩萨以吠舍佉月后半八日，当此三月八日，上座部则曰以吠舍佉月后半十五日，当此三月十五日。次东窣堵波，无忧王所建，二龙浴太子处也。菩萨生已，不扶而行于四方，各七步，而自言曰："天上天下，唯我独尊。今兹而往，生分已尽。"随足所蹈，出大莲花。二龙踊出，住虚空中而各吐水，一冷一暖，以浴太子。浴太子窣堵波东，有二清泉，傍建二窣堵波，是二龙从地踊出之处。菩萨生已，支属宗亲莫不奔驰，求水盥浴。夫人之前，二泉涌出，一冷一暖，遂以浴洗。其南窣堵波，是天帝释捧接菩萨处。菩萨初出胎也，天帝释以妙天衣跪接菩萨。次有四窣堵波，是四天王抱持菩萨处也。菩萨从右胁生已，四大天王以金色氎衣捧菩萨，置金机上，至母前曰："夫人诞斯福子，诚可欢庆！诸天尚喜，况世人乎？四天王捧太子窣堵波侧不远，有大石柱，上作马像，无忧王之所建也。后为恶龙霹雳，其柱中折仆地。"

　　《法显传》中的"论民"，和《大唐西域记》的"腊伐尼林"，均为蓝毗尼的音译。法显到蓝毗尼时，此地已经荒凉，但还有僧人在这里生活，他们饮"洗浴池"的水，王国已灭，只剩佛寺。玄奘访问蓝毗尼时，摩耶夫人生下悉达多太子的无忧华树已经"枯悴"，但他还能看到"二龙踊出……以浴太子"的浴池，这应该与法显所见的"洗浴池"是同一个池子。

　　因为蓝毗尼园是释迦牟尼诞生之地、佛教的四大圣地之一，后代的佛教信徒们在此地建立了许多纪念物，其中，较为重要的就是玄奘所说的"无忧王所建"的"窣堵波"，即佛塔。"无忧王"即阿育王，是印度孔雀王朝第三代国王，其在位时间一般认为在公元前 2 世纪中叶。传说阿育王登基时孔雀王朝国力强盛，阿育王曾发动多次对外战争，征服周围诸国，控制了整个印度北部地区。后来，阿育王看到自己所到之处战乱的牺牲者尸体堆积如山，悔恨自己的暴行，宣布从此之后不用武力，而依靠"法（真理）"来统治国家，并将此内容刻在国内各地的

·欧·亚·历·史·文·化·文·库·

摩崖上或立石柱,以此宣扬"法(真理)治"的理念。阿育王信仰佛教,力图弘扬佛教,他为纪念释迦牟尼在各地修建佛塔。后来,佛教经文中,也记载了佛教的庇护者阿育王的事迹,中国佛教中也有阿育王造八万四千塔的传说,中国各地也发现阿育王造像及阿育王佛塔等有关佛教遗迹。阿育王到底有没有造八万四千座佛塔已无人可知,但印度现存的许多佛塔确实与阿育王有密切的关系。在7世纪的蓝毗尼,玄奘也看到了阿育王所建立的几座佛塔,只可惜现在我们已经看不到了。

玄奘还记录了大石柱的存在,此石柱也是"无忧王之所建",当时已经折断并倒在地上。

从法显和玄奘的记录来看,佛教四大圣地之一、释迦牟尼诞生之地——蓝毗尼,在5世纪的时候,已经相当荒废,不过其附近还有僧人居住,到7世纪,应该还有一定的名气,不然玄奘也不会去。在7世纪的印度,佛教虽然已经不再是主要的宗教,但据《大唐西域记》记载,也有不少佛教信徒在寺院保持佛陀之教义,蓝毗尼还是佛教信徒心目中向往的圣地。

到了13世纪,佛教在印度基本消失,从此之后,有关佛教的遗存埋没在历史潮流之中,佛教四大圣地之一蓝毗尼也不例外。19世纪,随着欧洲国家东方经营的发展,学术界也掀起"东方热"。地理学家、人类学家及考古学家等纷纷"发现"与西方文明不同的、具有异国风采的"东方"。在这样的学术风气下,玄奘的《大唐西域记》也被他们"发现"了。欧洲的学者们惊讶地发现在十几个世纪前,东方有位伟大的旅行家,留下了详细记载印度各个地区风土人情的著作。来自不同国家的探险家,带着《大唐西域记》去寻找书中所记载的古代国家,他们在印度及中亚各地发现与记载相关的遗存,其中最有名、最有成就的就是英国学者斯坦因。

1896年,当时在印度考古局工作的学者佛拉(A. Feuhrer)等人在蓝毗尼发现了刻有铭文的石柱残块,铭文经过释读研究,其大致内容为:"阿育王即位二十年之际,亲自参拜佛陀诞生之地蓝毗尼,立柱为纪念,并减免此地人民的税赋。"这正是玄奘所见到的阿育王石柱。发现蓝毗尼的阿育王石柱之前,因为佛教在传承过程中太发达,经文内容也神秘玄奇,尤其是大乘佛教经典里所描述的佛陀具有超乎人类想象的神秘力量,所以,有些研究佛教的学者怀疑释迦牟尼的真实存在。但这次发现确定了被忘却已久的蓝毗尼的位置,也重新澄清了释迦牟尼的真实存在,同时还证明了 7 世纪的玄奘所撰写的《大唐西域记》内容的真实性和可靠性。只可惜,他们发现石柱残块时,玄奘所看到的"马像"已荡然无存,只是 1977 年由尼泊尔的发掘调查队发现马鬃毛的碎片。现在,该石柱已被重新竖立起来,并用铁栏围起来保护着,世界各地的佛教信徒都到此处进行礼拜。

19 世纪末蓝毗尼被发现后,印度和尼泊尔以及世界各地的学者对此地进行过多次发掘调查,发现了孔雀王朝时期及其后的贵霜王朝、笈多王朝等时期的建筑遗址,除了阿育王石柱以外,还确认了洗浴池、佛塔、寺院、摩耶祠等遗迹。寺院的建筑主体已经被破坏,只留下基础部分,并且后期寺院打破早期寺院的情况较常见,摩耶祠也是在过去的大伽蓝金堂遗址上建立的,可见佛教兴盛时期的蓝毗尼香火兴旺,寺院的改建或扩建较为频繁。

1992 年,蓝毗尼开发委员会(Lumbini Development Trust)决定,与国外机构合作修缮蓝毗尼的摩耶祠。之前的摩耶祠位于人工堆积的小土丘上,由几块石板组成,外壁涂白灰,内部空间很小,顶部很矮。没有窗户,只有入口和出口两个门,采光很不好。室内供奉红色石板,石板上有摩耶夫人和悉达多太子等人的浮雕,因长期被礼拜者触摸,雕刻表面磨损很严重,其图像细部已经不太清楚。旁边放有它的摹刻品,就是表现悉达多太子从摩耶夫人的右腋下出生的场面,摩耶夫人的右边有两个人,其中一人伸手接住出生的太子。摩耶夫人的脚边站有一个小孩,右手指天左手指地,有头光。这表现的是太子被生下来后,立刻走七步,右手指天左手指地曰"天上天下,唯我独尊"的场面。小屋里面被善男信女供的油灯熏黑,外面是阳光充足的世界,"明"和"暗"的对比,为这个佛教圣地增加了几分神秘感。

1993 年开始对祠堂及其周围进行发掘调查,1995 年在祠堂中央部发现自然石,研究者推定这是标志释迦牟尼诞生之地的"标石"。在标石周围用砖围起,似乎起到保护标石的作用。这个标石是尼泊尔境内常见的自然石,不是特意从外面运过来的特别的石头。1997年,蓝毗尼遗址被确定为世界文化遗产。

根据发掘,发现摩耶祠周围的地层非常复杂,不同时期建立的伽蓝建筑互相打破,目前将地层分为第一期至第七期。标石出土于第二期地层内,长70厘米、宽40厘米、厚10厘米,同时出土了有打磨过的黑陶、红陶和钱币等,其年代大约在公元前3世纪左右。根据对地层剖面的观察,这个第二期地层打破了年代最早的第一期地层,第一期发现有东西向的长方形建筑遗迹,它具有双层墙,确认了15座小室,第一期的地层里同时发现阿育王石柱的碎片。根据地层的上下关系,发掘者推定标石刚好被放在其中一个编号为第二号房间的小空间内。发掘者认为第二期地层不是独立的建筑单位,应该是为了确认第一期遗迹中的标石而打开的探沟,放标石的时间早于第二期,进一步推测从第一期至现在的摩耶祠等建筑都是为了保护标石而建的。每个阶段的建筑遗迹都有不同的形状,但是标石一直没有被扰动过,始终保持重要位置,这说明它从一开始就是蓝毗尼的信仰、礼拜中心。摩耶祠的存在证明了佛教信仰的神秘力量,近几百年期间虽然标石的存在被忘记,但是规模不大的摩耶祠恰恰建在这块标志着释迦牟尼诞生之地的标石上面。20世纪末的标石的发现,与100年前的阿育王石柱的发现一样意义重大。

现在,原来的摩耶祠被拆掉已经不存在了,变成了发掘工地,上面盖着保护发掘面的棚子。发掘工作基本结束之后,又拆掉临时搭建的棚子,在原来的摩耶祠上面盖起新的保护性建筑,其规模比原来的小屋大很多,约25米×25米,采用自然采光,参观者可以到里面参观当时的建筑基址和显示释迦牟尼诞生之地的标石。该建筑内还展示着表现释迦牟尼诞生的石浮雕,它就是原来供奉在旧摩耶祠内的浮雕,原来腿部残缺,现在已修复,所以感觉比以前的浮雕大,现在游客不能随便触摸它。从保护的角度来看,现在的新摩耶祠和相关的保护措施非常有利,也更方便游客或佛教信徒参观。不过,沐浴在阳光下的悉达多太子诞生的标石和摩耶夫人生太子的浮雕,少了些宗教神秘感。

法显和玄奘所见到的"洗浴池",现在还存在,如此说来,洗浴池的水面影映了 2000 多年的春秋。从 20 世纪初拍摄的照片来看,这个浴池原来是自然的滞水池,现在水池周围的树林已被砍伐,池边被加固,像个方形的游泳池。

新摩耶祠的前面立有阿育王石柱,其上的铭文越来越模糊。早年间佛教信徒往石柱上涂抹表示神圣的红色粉末或者贴金箔,现在已用铁栏围起来。因为它的发现,确定了蓝毗尼的位置,也证明了释迦牟尼这个人的真实存在,所以蓝毗尼的阿育王石柱对佛教发展史的研究或者佛教信徒本身来讲,其意义非常重要。世界各地的佛教信徒来到蓝毗尼,一定要礼拜这个石柱。

除了这些历史遗存以外,蓝毗尼还有很多现代建的寺院。这是因为尼泊尔政府准备在此地修建纪念释迦牟尼诞生的"圣地公园",该计划由缅甸出身的第三任联合国秘书长吴丹提出,1978 年,日本建筑家丹下健三制订圣地公园的总体计划,现在,倡导者和规划者都已驾鹤西去,但公园建设的计划仍然在进行中。在原有的佛教遗存后面,修建来自世界各地信仰佛教的国家和地区的寺院,如中国寺院、日本寺院、韩国寺院、斯里兰卡寺院、越南寺院、泰国寺院,还有德国寺院等,还建立了世界和平塔。蓝毗尼不是单纯的"文化遗产",并不只是过去的遗物。现在的蓝毗尼有很强的生命力和凝聚力,在原有的佛教文化的背景下,要成为新时代的佛教文化中心。

2.2.2 释迦牟尼的故乡——迦毗罗卫

释迦牟尼是释迦族的王子,他出家前的童年和青年时代在迦毗罗卫生活。迦毗罗卫亦译劫比罗伐窣堵、迦毗罗婆苏都、迦毗罗蟠窣都、迦维罗卫等。佛传中有很多故事发生在迦毗罗卫,年轻的悉达多太子在这里生活、学习、娱乐,然后发现人生的苦恼。树下观耕和四门出游的故事反映,他年轻时被老、病、死的苦恼缠身,以此为契机,他最后决定出家。

悉达多太子出家的动机,换言之佛教诞生的重要契机,这基于人类普遍的苦恼。这里没有深奥的大道理或者神秘的理论,他年轻时感受到的苦恼和普通老百姓的苦恼没有什么区别。后来,释迦牟尼得到并传教的正法,就是克服这种苦恼的办法。这恐怕决定了佛教的性格,也是佛教跨越时代、地区和民族等的区别,成为世界宗教的原因之一。

据传说,释迦牟尼在王舍城(或一说舍卫城)的时候,父亲净饭王听别人说释迦牟尼成道成佛,于是,派使者请释迦牟尼回乡。释迦牟尼回家乡的时候,净饭王看到他衣着简单,还向别人乞食就不高兴,责难释迦牟尼说,王族应该要有王族的风采,释迦牟尼回答说,乞食就是出家人的法,然后向他说法,于是净饭王成为在家信徒。释迦牟尼的妻子耶输陀罗听说丈夫终于回来又高兴又生气,城里所有人去迎接释迦牟尼的时候,她独自一个人躲在屋里不出来,因为她身为妻子应该释迦牟尼主动过来见她。后来,释迦牟尼带父亲和弟子们一起去见耶输陀罗,为她说法。

释迦牟尼在迦毗罗卫让多数人出家,其中最有象征意义的是堂弟难陀和儿子罗睺罗的出家。传说难陀正准备与国内第一美女结婚,正是在这个新婚之夜,释迦牟尼过来逼着难陀出家。难陀本来没有想出家,当然不高兴,他与出家前一样打扮自己,过与世俗人一样的生活。有一天,释迦牟尼带难陀上喜马拉雅山,看到雌猴子问难陀它和难陀的妻子哪个美,难陀回答当然是自己的妻子。然后释迦牟尼带他去忉利天界,那里有五百个天女向他们微笑,释迦牟尼再问难陀这些天女和他的妻子哪个美,难陀说天女美。释迦牟尼告诉难陀,如果好好修行,得到正觉的话,可以上生到这个天界来,也可以娶这些天女为妻子。难陀听了之后很高兴,从此之后跟着僧伽努力修行。不过,难陀的修行是为了上天娶天女,动机不纯,怎么也得不到正觉。于是,有一天释迦牟尼带难陀去地狱。在地狱里狱卒把人扔进大锅里去煮,难陀发现其中有一个大锅空着,问狱卒为什么这个锅里没有人,狱卒回答说,这锅是为了在下界正在修行的难陀准备的,这个难陀修行完成之后上天界娶天女享受荣华富贵,过完天界的生涯之后,因为多情淫荡的罪过,会下地狱,用这个锅煮。难陀听了就毛骨悚然,从此之后,他无心修行,最后得到正觉,被称为诸根调伏第一。

释迦牟尼出家时,罗睺罗刚出生,因此对罗睺罗来讲这是第一次见父亲。耶输陀罗带孩子去见释迦牟尼的时候,罗睺罗在母亲的指示下,向释迦牟尼要财产。耶输陀罗想,释迦牟尼本来是迦毗罗卫的太子,现在他出家了,这个王位应该传给儿子罗睺罗。释迦牟尼让罗睺罗跟着他过来,为他剃发,罗睺罗成为小沙弥。罗睺罗出家以后,释迦牟尼把他交给舍利弗。

失去了儿子和孙子的净饭王感到无比痛苦,他请释迦牟尼以后没有经过父母同意不能让孩子出家。

据佛传记载,迦毗罗卫在释迦牟尼晚年被拘萨罗国的毗琉璃王所灭。5世纪法显访问此地时,"城中都无王民,甚如丘荒,只有众僧、民户数十家而已",他还说,迦毗罗卫"大恐荒,人民稀疏……不可妄行"。可见,此时的迦毗罗卫相当荒凉。7世纪玄奘来访时的情况也差不多,"空城十数,荒芜已甚。王城颓圮,周量不详。其内宫城周十四五里,垒砖而成,基址峻固。空荒久远,人里稀旷",他还看到很多佛教寺院,但大多数是废墟。"宫城之侧有一伽蓝,僧徒三千余人",此外还有两所"天祠"。

尽管这种情况令人有些凄凉,但他们在这里见过很多与佛传有关的佛塔,玄奘也说有"千余"的伽蓝遗址,这说明迦毗罗卫曾经是规模不小的佛教圣地。但是,迦毗罗卫的名声没有四大圣地大,释迦牟尼的故乡——迦毗罗卫慢慢被遗忘。

19世纪以来,欧洲学者开始探索印度的佛教圣地。1896年,佛拉在蓝毗尼发现阿育王石柱,确定了释迦牟尼诞生之地。接下来,学者们开始寻找释迦牟尼的故乡——迦毗罗卫。1898年,英国学者佩普调查位于蓝毗尼西南约13公里处的庇浦拉瓦的一座佛塔时,发现带有铭文的舍利容器。经研究,铭文提到释迦牟尼的舍利骨。另外,1899年,在英国学者的指导下,印度考古学家穆克吉在位于蓝毗尼西北约23公里的提罗拉科特进行发掘,发现古城遗址。

·欧·亚·历·史·文·化·文·库·

从文献来看,法显和玄奘都记录了迦毗罗卫和蓝毗尼之间的距离,法显说蓝毗尼位于迦毗罗卫的"城东五十里",玄奘说"城南门外……从此东南三十余里……东北行八九十里",庇浦拉瓦和提罗拉科特的方向和距离,基本符合文献。因此,这两地都主张这里就是迦毗罗卫,研究者也分成两派,互相争论,目前还没有定论。下面简要介绍这两处遗址的基本情况。

2.2.2.1 庇浦拉瓦

庇浦拉瓦遗址位于印度北方邦的伯斯蒂县的北部,距尼泊尔边境只有1公里。目前,可以确认的遗址范围东西240余米、南北150米,其实遗址规模应该更大。原来是一片耕地,自从1971年正式开始发掘以后,印度政府禁止在遗址周围耕地。

1898年,佩普在庇浦拉瓦调查佛塔,当时的调查手法主要是在佛塔顶部挖一个洞,然后取出塔内的遗物。有一天他发掘一座佛塔,离顶部3米处他发现一个破碎的滑石瓶子,里面放有数珠、水晶、黄金装饰品、玻璃等。其下为一圆筒形陶器。离佛塔顶部5.5米处有一块板石,这实际上是石函盖。石函为132厘米×82厘米×67厘米,其重量将近700公斤。石函里发现3个滑石质瓶,一个滑石质圆形盒子,一个水晶瓶,还有木质和银质容器各一,这些瓶子和盒子里装有黄金质花瓣形装饰、陶珠等。其中,有一个滑石质瓶带有铭文,经研究,一般认为该铭文是古代婆罗米文,其内容被释读为:"此为释迦族的佛陀世尊的舍利容器,乃是有名望的弟兄及姐妹、妻子们共同奉献。"这个铭文的发现引起了学术界的轰动,有些学者根据这个铭文主张,佩普发掘的佛塔是释迦牟尼涅槃时,8个国王分别建立的舍利塔之一,庇浦拉瓦就是释迦牟尼的故乡——迦毗罗卫。不过,关于这个舍利瓶铭文有不同的释读法:"这是世尊佛陀的亲族有名望的弟兄们的舍利容器,是其姐妹、妻子们的奉献",如果采用这个释读法,那么佩普发现的舍利并非释迦牟尼本人的舍利,也不能证明庇浦拉瓦不是迦毗罗卫。虽然如此,佩普发现的带铭文舍利瓶的意义和影响非常大,是探索迦毗罗卫的最大成果,出土舍利瓶的佛塔也被认为是庇浦拉瓦遗址中最重要的建筑物。

随着考古学学科的发展,研究者除了出土遗物以外,更重视出土位置、地层关系等出土情况。20世纪中期以后,世界各地的考古学者对早期调查的遗址进行重新发掘和调查,20世纪70年代,由印度政府主持重新发掘庇浦拉瓦遗址。

虽然佩普调查佛塔的同时对周围遗迹也进行发掘,他们在遗迹东部僧院里发现贵霜王朝早期钱币,但此次发掘未能完全了解遗迹规模和性质。1971年,对这个僧院进行小规模的发掘,发现僧院的建筑物可以分四期,佛塔分为三期。同时,把建筑第三期的年代推定为公元1世纪至2世纪。1972年,正式发掘佛塔。他们首先在佛塔北面挖探沟,发掘者把地层分为七层。此外,在佛塔里面发现砖砌的环形结构,应该是早期佛塔的走廊。然后在佛塔中央部分挖几条探沟。

佩普调查的时候,只发现了圆筒形陶器和石函就停止了发掘,没有再往下挖下去。这次发掘发现,原来佩普发现的只是圆筒形陶器上半部分,其实它埋藏得更深,该器物的剖面在上部呈圆形,因此它是圆筒形,但是它在石函底部变成方形剖面,再往下又变回圆形。发掘者认为,这个陶器起到了标示性作用,它表示埋藏石函的,也就是说放舍利的位置。在石函下面,离佛塔顶部约6米处发现了南北两个砖室,这两个砖室之前的间距有65厘米,填满黄色土。砖室的大小相同,为82厘米×80厘米×37厘米。砖室使用不同大小的两种砖,一种长40厘米、宽27厘米、厚77厘米,另一种长42厘米、宽13厘米、厚7厘米。把前一种宽一点的砖来砌砖室,放上下两层,排三列。第三列下面有厚7.5厘米的夯土层,把后一种窄一点的砖铺在其下面。北砖室内不用砖块隔开,其中一侧发现高12厘米的滑石质瓶,里面有已碳化的骨灰。另一侧有大型红陶盆两件,一个盆子放在地上,把另一件扣上像个盖子,盆内也放有骨头。南砖室也有与北砖室差不多形式的两件盆子,发现时已经碎了。另外,还发现滑石质瓶,已经破成三块,里面也发现骨头碎片。

根据此次发掘,基本了解了庇浦拉瓦佛塔的结构。根据叠压关系分析,发掘者把佛塔分为三期。

第一期,就是最早的地层。直接在地面上堆土,做成直径 38.9 米、高 0.75 米的圆形土堆。在土堆上面的中央位置有两个砖室,砖室内各放一件滑石质瓶和几件红陶盆,里面都放些骨头碎片。其上面有厚 6 厘米的较薄的土层,其上面为砖砌塔身,高 0.9 米,直径 23 米,顶部较平,有一部分被二期建筑破坏。砖塔外面,离塔身约 5.2 米处发现宽 2 米左右的铺砖,应该是绕塔礼拜用的走廊。

第二期,在第一期地面的基础上增加高度。首先在佛塔周围的地面填厚 50 厘米的黄色黏土,在其上面用砖层包起来,高 35 厘米,最后在砖层上面有加碎石的黑色黏土层。这个高度和第一期佛塔的高度基本相同,这是第二层的地面。然后在第一期佛塔的上面重新建一个由塔身和覆钵组成的佛塔,塔身直径 23 米,覆钵直径 19 米,总高 4.5 米。佛塔周围发现有两道走廊,其结构与第一期基本相同。靠里的走廊,离佛塔只有 1.44 米。佩普发现的石函属于第二期的遗物。

第三期,在第二期佛塔基础上增大,基座由原来的圆形换为方形,边长 23.5 米,高 1.16 米,周围开龛,宽 80 厘米,深 12 厘米。覆钵直径 23 米,总高 6.35 米,佩普发现的破碎的滑石质瓶被认为属于第三期的遗物。

根据佛塔北部探沟的地层分析,地层和佛塔各期的对应关系为:第七层和第六层属于佛塔第一期,第五层和第四层属于佛塔第二期,第三层至第一层属于佛塔第三期。根据地层出土的陶器,第七层和第六层属于北方打磨黑陶时期,即公元前 5 世纪至前 4 世纪。由此判断,佛塔第一期是公元前 5 世纪至前 4 世纪,第一期佛塔里发现的滑石质瓶和红陶盆以及出土遗骨,也是这个年代的遗物。它的年代早于 1898 年佩普在石函内发现的带铭文滑石质瓶。这样,人们对铭文内容产生疑问。如果佩普发现舍利瓶的铭文读为“释迦族的佛陀世尊的舍利”的话,其年代不合。还有一个问题,那就是这次发现的比佩普发现舍利瓶更早的舍利瓶里放的到底是谁的遗骨?因此,不支持庇浦拉瓦即迦毗罗卫说的学者,根据此次发掘结果,否定庇浦拉瓦是迦毗罗卫的可能性。不过,发掘者以及其他支持庇浦拉瓦说的学者,仍然坚持自己的看法。其重要证据是 1973 年 3 月在佛塔东部的寺院址发现的封泥。

佛塔周围发现有四座寺院遗迹,其中位于佛塔东边的东部寺院最为重要。这些寺院和佛塔的发展基本同步。当时,发掘者从遗迹里采集几个样本进行放射性碳素测定年代,其结果,寺院遗迹最早的年代数据为 2360 ± 100,大约在公元前 410 年左右,这应是寺院年代的上限。发掘者发现,寺院晚期建筑上有被火烧的痕迹,他们推测这座寺院由于被大火烧毁,最后被放弃,据年代测定其年代应该在公元 3 世纪末至 4 世纪初之间。1973 年,在东部寺院出土了 40 多枚封泥。经研究,根据封泥上所使用的婆罗米文字的字体分析,应该是流行于 1 世纪至 2 世纪的文字。同时出土的贵霜钱币和打磨红陶等遗物也支持这个年代。这些封泥中,有"Om Devaputra-vihara Kapilavastu bhikṣusaṅgha","Maha Kapilavastu bhikṣusaṅgha"等字样。Devaputra 是"天子"之意,一般认为,这个天子指贵霜王国的伽腻色迦王。Kapilavastu 就是迦毗罗卫,意思是伽腻色迦王的精舍,迦毗罗卫的僧伽。

发掘者认为,这些遗物说明两个问题。佩普发现带铭文舍利瓶能够证明佛塔与释迦牟尼有密切的关系,这次发现的公元前 5 世纪的滑石质瓶内的遗骨,就是释迦牟尼的舍利。据佛经记载,释迦牟尼涅槃后其遗体被火化,后来释迦牟尼的舍利被分为 8 份,释迦族拿到其中的一份,回国后建塔供养。庇浦拉瓦佛塔就是释迦族为供奉释迦牟尼舍利而建的佛塔,庇浦拉瓦遗址就是古代迦毗罗卫的所在地。此外,在贵霜时期,佛塔和寺院得到了很大的发展。贵霜国王大力支持佛教,出土封泥能够证明这一点。

但这个结论还是有一定的问题。虽然,在铭文释读上有不同的看法,但可以肯定佩普发现舍利瓶与释迦牟尼有一定关系,所以发掘者的主张有一定道理。最大的问题不在于对这些遗物的认识。我们看这个发掘报告就发现,这里只有佛塔和寺院,然而迦毗罗卫是释迦族的国都,应该有普通居民的房子和释迦牟尼年轻时期生活的宫殿等城市遗迹。但是,庇浦拉瓦佛塔周围没有发现相关的遗址。距庇浦拉瓦遗址约 1 公里处有岗瓦利亚(Ganwaria)遗址。这里也做过发掘调查,并发现了大规模的建筑遗存。有些学者认为,这个岗瓦利亚遗址就是迦毗罗卫的宫殿。不过从建筑结构来看,它是在方形庭院周围有很多小房间,是典型的僧院结构。因此,学界还不能完全同意庇浦拉瓦即迦毗罗卫说。

2.2.2.2 提罗拉科特

1899 年,印度考古局的穆克吉开始发掘位于蓝毗尼西北约 23 公里处的提罗拉科特遗址,确认了这里是一座城市遗址。他根据调查结果,结合法显的《法显传》和玄奘《大唐西域记》的相关记载,认为提罗拉科特就是迦毗罗卫的王宫遗址。

提罗拉科特遗址现在属于尼泊尔,20 世纪 60 年代开始,由尼泊尔政府主持发掘提罗拉科特遗址,确认了先孔雀王朝时期、孔雀王朝时期(约公元前 3 世纪至公元前 1 世纪初)、贵霜王时期(约 1 至 3 世纪)和笈多王朝时期(约 4 至 6 世纪中叶)的文化层。遗迹的范围基本清楚,东西约 450 米,南北约 500 米,四周围绕砖墙和壕沟,东南西北四面开一个或两个城门。现在有一条小路横穿遗迹,城内发现有两处水池,一处在东北角上,另一处位于小路南侧,城中央偏靠北的地方。此外,发现 8 处建筑群,分别编号为一号至八号,其中,第二号和第七号的地层情况比较清楚。发掘者根据地层关系将遗址分四期。建筑物基本都是砖砌,第七区共发现有 27 座房屋建筑,发掘者根据房屋结构分为 5 类:第一类是只有单独一间的建筑;第二类是由几个房间组合的方形建筑,往往带有公用的空间;第三类,把几间房排列成一条的建筑;第四类,在第三类建筑结构基础上加前室或前庭的结构;第五类,结构不明。

遗迹里出土有大量的陶器、石器、玻璃器、铜器、铁器、骨器还有钱币等。其中,包括与释迦牟尼的活动同时期的北方打磨黑陶,据此,发掘者认为提罗拉科特遗址就是迦毗罗卫。

庇浦拉瓦和提罗拉科特,到底哪一个是迦毗罗卫,目前还没有定论。庇浦拉瓦虽然出土了带铭文的舍利瓶和写有"迦毗罗卫"的封泥等遗物,但在铭文释读和年代上有一定问题需要解决,封泥是移动性极强的物件,它的出土不能直接证明出土地点的性质,必须了解封泥的来源,更人的问题就是没有发现宫殿建筑,不得不说缺乏证据。另一方面,提罗拉科特是一座城址,其年代可以追溯到公元前5、前4世纪的释迦牟尼活动期以前。城内发现许多建筑遗存和遗物,但目前没有发现直接证明迦毗罗卫城的文物。有一种说法是,提罗拉科特是迦毗罗卫的王宫,庇浦拉瓦是释迦牟尼的舍利塔,其实这两者都在迦毗罗卫的势力范围内。

2.2.3　佛陀成道之地——菩提伽耶

印度比哈尔州位于印度东北部,东部有孟加拉,北部与尼泊尔相接。这里曾经是古代摩揭陀国的中心所在,州都巴特那曾为公元前3世纪孔雀王朝的首都。后来,笈多王朝也在此地定都。因此,境内留下很多与佛教有关的遗址。其南部城市格雅是印度教的重要圣地,旧译伽耶。伽耶从古以来是修行者所向往的圣地,求道之人聚会于此地进行修行。成道之前的释迦牟尼来到伽耶,也是为了完成自己的修行。《中阿含经》卷56曰:"往象顶山南,郁鞞罗梵志村,名曰斯那。于彼中地至可爱乐,山林郁茂,尼连禅河清流盈岸。我见彼已,便作是念:'此地至可爱乐,山林郁茂,尼连禅河清流盈岸,若族姓子欲有学者,可于中学,我亦当学,我今宁可于此中学。'即便持草往诣觉树,到已布下敷尼师檀,结跏趺坐,要不解坐,至得漏尽,我便不解坐,至得漏尽。"经文中的"象顶山",即象头山或称伽耶山,伽耶是处于象头山和前正觉山之间的平原,尼连禅河流经此地。伽耶周围留有很多与佛陀成道有关的佛教古迹,如象头山、前正觉山、苦行林、乳糜林等,其中最有名、最为重要的,当然是菩提伽耶。菩提伽耶位于格雅市南约12公里处,尼连禅河畔的最著名的佛教圣地。释迦牟尼坐在菩提树下金刚座入禅定得到正觉。据佛传,释迦牟尼成道之前发生一件大事,那就是降魔。魔王带眷属过来想方设法要阻止释迦牟尼成为佛陀,但最终释迦牟尼克服了魔军的威胁和诱惑,击败他们,因此,佛经中把释迦牟尼称为降魔者或胜利者。击退魔军,就是克制自己的欲望和烦恼。不过这只是为了得到正觉做的准备,更重要的是正确把握和了解正法,没有了烦恼,用平静的心去观察世界,才能看清正法。释迦牟尼克服烦恼,得到正觉,

欧·亚·历·史·文·化·文·库·

终于成为"觉悟者"——佛陀了。但是,故事还没有结束,在这里还发生一件大事,对佛教来讲,也许比降魔成道还重要,那就是传教的决心。释迦牟尼正处在得到正觉的喜悦中时,过来一个神,梵天。他劝请释迦牟尼为一切众生讲授正法,于是释迦牟尼决定传教佛法,佛教由此诞生。释迦牟尼在尼连禅河畔菩提树下完成了三件大事,即降魔、成道及决定传教。释迦牟尼在这里完成了他个人的修行,得到正觉,同时踏上了传道之路,意在普度众生。在佛教艺术当中,把这三个故事分别表现,后来佛教传到中国以后,降魔和成道在一起来表现,但是严格地来讲,降魔和成道是两个不同的故事。菩提伽耶,一直是佛教信徒向往的圣地。

据传说,孔雀王朝的阿育王曾到菩提伽耶,以十万金供养菩提树,还在此地起塔。法显、玄奘等僧人也都到过伽耶城,参观菩提树和佛塔等。法显来的时候伽耶城"城内亦空荒",菩提伽耶周围分布着与成道有关的遗迹,都起塔立像。释迦牟尼成道之处"有三僧伽蓝,皆有僧住。众僧民户供给饶足,无所乏少",可见当时有三座寺院,香火盛旺。玄奘访问时的伽耶城"甚险固,少居人。唯婆罗门有千余家,大仙人祚胤也,王所不臣,众咸宗敬",城内居民很少,有1000多家婆罗门,伽耶仙人的子孙们,国王承认他们独立的身份,受周围居民的尊敬。伽耶城周围有许多有关成道的遗迹,如三迦叶塔、前正觉山留影窟、降魔、梵天劝请、四天王奉钵、二商主供养、苦行林、牧女奉乳糜等都做有佛塔,菩提树周围也有很多遗迹,但"圣迹鳞次,羌难遍举"。菩提树的东侧有高一百六七十尺的大精舍,一般认为这就是现在的菩提伽耶大塔。菩提树北门外还有一座精舍,摩诃菩提僧伽蓝。这座精舍为僧伽罗国,即现在的斯里兰卡的国王所建。由六座建筑构成,有三层楼阁,周围围墙高三四丈,"极工人之妙,穷丹青之饰",寺内还有供奉舍利的佛塔,有近1000个僧人在这里修行,大多数为狮子国(斯里兰卡)的僧人。玄奘说,过去有僧伽罗国国王的族弟出家,从印度佛教圣地巡礼之旅回来后告诉国王,因为僧伽罗国地处偏僻,受印度僧伽的欺负,希望国王"于诸印度建立伽蓝"。于是,僧伽罗国王在菩提树畔建立了这座寺庙。玄奘到印度的 7 世纪,从印度佛教史的角度看,其势力大不如从前。但是,从玄奘的文中能够知道,远在南方海岛的僧伽罗国和印度佛教的中心地区有频繁的交流,菩提伽耶作为印度佛教的重要圣地,保持着往日的威望。

13 世纪初,高僧法主从西藏来到印度。当时,印度佛教被印度教和伊斯兰教势力基本毁灭,菩提伽耶成为佛教的最后堡垒。据法主说,当时印度主要佛教寺院基本上都受到异教徒的破坏,所剩无几。著名的那烂陀寺,曾经有上千个僧人在这里修行讲法,汇集了许多德高望重的高僧,然而法主访问那烂陀寺的时候只有不到 100 个僧人在寺里生活。法主来到菩提伽耶的时候,发现情况更严重。他刚到菩提伽耶时,没有看到一位佛教僧徒,也没有看到一件佛教造像,这里只有大自在天像。后来,法主找到 4 个僧人,原来他们听到异教徒的军队要过来,就躲起来了。他们告诉法主,为了躲避军队的攻击,将安置佛陀像的祠堂用砖包起来,供奉大自在天像伪装成非佛教的寺院。后来,军队撤退之后,法主才看到金刚宝座及各种遗物,即菩提树、佛陀像、阿育王建的香堂、释迦牟尼的牙舍利、佛陀像台座、佛足石、传龙树造的栏楯以及多罗菩萨的祠堂。每件遗物都有神奇的灵验故事。当时流行密教,多罗也是密教的内容,但菩提伽耶除了修行密教的僧人以外,还有声闻僧,即上座部佛教的僧人,而且其地位不低,有的声闻僧负责管理金刚宝座旁边的精舍。这是菩提伽耶可贵之处,这里是佛教的圣地,任何一个宗派或者学派都不能独占,佛教圣地属于所有的佛教信徒,这里允许议论,但绝不允许互相排斥。

这之后,菩提伽耶的情况十分不清楚。有一说,16 世纪末有一个印度教的修行者来到菩提伽耶,居住在大塔附近,过了几个世纪后,约在 19 世纪中叶,英国学者在印度发现阿育王法敕,开始对佛教遗址的调查和研究,在此过程中欧洲的研究者重新来访并调查菩提伽耶时发现,曾经的佛教圣地,由印度教湿婆派的人管理。19 世纪 70 年代,缅甸国王向印度政府提出修复菩提伽耶周围的佛教遗迹和派使节团祭祀菩提树的要求。英国政府和印度政府也派专家到现场共同参与修复工作。但不久后,英国和缅甸之间发生战争,缅甸方面撤走工人,之后印度单方面进行修复。这个过程中,政府和当地的印度教团体之间多次讨论菩提伽耶大塔及其周围其他建筑的归属问题。当地的宗教领袖始终不放弃大塔及附属建筑的所有权,当时的印度政府也没有特意的要求,默认了印度教团体的管理权。

1891 年 1 月,斯里兰卡的佛教信徒达摩波罗来到菩提伽耶,他目睹了圣地的许多建筑因长期缺人管理,颓垣破壁,感到非常心痛。同年 5 月,他在斯里兰卡科伦坡宣布成立"菩提伽耶摩诃菩提会"(后改称摩诃菩提会),希望亚洲各佛教国家,以及欧美的佛教信徒们关心圣地的现状,他要求佛教徒同心协力,共同恢复圣地,复兴佛教。为了达到这个目的,摩诃菩提会向印度政府提出移交菩提伽耶管理权的要求。不过,当时接管菩提伽耶地区的行政官认为,菩提伽耶大塔是属于印度教团体的私有财产,要解决问题应该直接找印度教负责人。于是摩诃菩提会代表佛教信徒开始与管理菩提伽耶的印度教徒谈判,但交涉并不顺利,有时候发生直接冲突。后来,印度以外的欧洲、日本学者也参与了归属问题的讨论,这种国外势力的介入反而使原本比较同情佛教信徒的印度政府的态度僵化了。20 世纪 20 年代以后,当地议会和全印度议会才开始讨论菩提伽耶问题,印度独立后的 1949 年,比哈尔州通过了菩提伽耶寺院法,根据这条法律,成立了菩提伽耶寺院管理委员会。菩提伽耶大塔由个人的私有财产变成由专门的管理委员会管理的公共财产。管理委员由 4 名佛教徒和 4 名印度教徒组成,并规定由菩提伽耶地方官员担任委员长,而且委员长必须是印度教徒。

菩提伽耶的中心是大菩提寺,传说公元前 2 世纪的阿育王时期开始在这个地方修建精舍,后来经过多次重修和扩张,成为现在的样子。寺内有 52 米高的大塔作为菩提伽耶的象征,塔下有释迦牟尼成道时所坐的金刚宝座,其旁边还留有菩提树、沐浴池等。因为长期以来由印度教徒管理菩提伽耶,寺内原来建有很多印度教的祠堂。今天,菩提伽耶成为"世界佛教建筑博览会场",以大菩提寺为中心,各国佛教徒在其周围修建了许多寺庙,有泰国寺、尼泊尔寺、不丹寺、缅甸寺、斯里兰卡寺、日本寺、越南寺、中国寺、藏传佛教寺院等等,其数量和规模不断增加,一年四季来自世界各地的佛教信徒络绎不绝,真可谓名副其实的世界佛教的中心。

释迦牟尼来到伽耶的时候,当时很有名的婆罗门迦叶三兄弟的道场就在此地。伽耶城郊外的象头山北麓有三弟伽耶迦叶波的道场。离象头山约3公里的尼连禅河上游有二弟捺地迦叶波的道场。再往上游5公里就是长兄优娄频螺迦叶波的道场。他们各自分别有弟子200人、300人和500人,是当时摩揭陀国最有名、最受尊敬的婆罗门集团。释迦牟尼成道之后,他们三兄弟都皈依了佛陀。

2.2.3.1　苦修遗址

佛陀修习苦行6年或7年,今天苦行林的具体位置很难确定。玄奘说,在释迦成道的菩提树的南边有精舍,其内供奉有"佛赢瘦之像。其侧有经行之所,长七十余步,南北各有卑钵罗树。故今土俗,诸有婴疾,香油涂像,多蒙除差。是菩萨修苦行处"。玄奘看到的"佛赢瘦之像",应该是类似于在犍陀罗地区发现的释迦苦修像的造像。

释迦苦行的内容是不穿衣服裸体活动、不饮酒、不食鱼和肉、不呼吸的"止息禅"、常站不坐、以棘刺与铁钉为床、常蹲不站、一天早中晚三次水浴、倒立而行、受烈日曝晒、冬天坐冰块、泡水、禁语等。住在林中,孤独生活,躲避别人,寻找没人的地方,经常更换修行场所。然后从一天一餐开始逐渐减食,以后两天一餐、七天一餐、半月一餐,后来日食一粒麻、一粒米,遂断除一切食物。释迦牟尼瘦弱到皮包骨头、两眼深陷、肤色变黑,像一具干尸。犍陀罗发现的苦修像生动地表现出苦行的惨烈。

经过长年的苦行,还是得不到正觉。于是释迦牟尼静心思考:我已经做到无人可比的程度,但依然无法解脱,这是因为我修行的方法不正确,苦行并非圣者之道。要得到正觉,应该还有其他的方法。想到这里,释迦牟尼决定放弃苦行。他在尼连禅河沐浴清洗污垢,接受牧女的乳糜供养,恢复了体力。关于这位供养乳糜的女性的身份、人数和名字,有几种不同的说法,有的说是将军或长者的女儿,或说是牧女,有的说施行供养的是一个人,也有的说两个人,名字有圣生、难陀、婆罗等说法。不管怎么样,释迦牟尼接受她的供养,说明他决定终止苦行,为得到正觉开始做准备,无疑是佛陀成道故事中的重要转折点。吃食物、入水洗浴的释迦牟尼,在曾经一起修行的五比丘的眼里是半途而废、放弃修行而堕落的叛徒,于是他们离开释迦牟尼,去了鹿野苑。

现在,为了纪念乳糜供养,在尼连禅河边上建起一座白色寺院,各国各地的佛教信徒前往礼拜。牧女所住的村庄至今还在,早先村里有一座土丘,2004年,当地研究机构主持发掘调查这个土丘,发现是一座佛塔遗址,据研究,该塔修建在5世纪的笈多王朝时期,现高18米,直径约35米,由砖砌而成。玄奘说:"菩提树垣外,西南窣堵波,奉乳糜二牧女故宅。其侧窣堵波,牧女于此煮糜。次此窣堵波,如来受糜处也。"新发现的佛塔很有可能是玄奘曾经见过的"奉乳糜二牧女故宅"的窣堵波(佛塔)。

2.2.3.2 前正觉山的留影窟

从伽耶往东北方向,渡过尼连禅河的支流,有高约150米,山脉长达5公里的石头山。此山就是《大唐西域记》说的钵罗笈菩提山,即前正觉山。徒步从伽耶走过去大约需要两个小时,现在修通了较宽阔的路,可以驱车前往。释迦牟尼得到正觉之前曾经逗留于此山,前正觉山由此得名。山上有一石室,这就是著名的留影窟。释迦牟尼苦修6年,未能得到正觉,吃食物恢复体力后看到此山有灵气,想在此山得正觉。他进山登顶,即刻地动山摇,山神过来告诉释迦牟尼,此山非成正觉之福地。于是下山,途中看见大石室,坐进去,又一次山体震动,天人过来告诉释迦牟尼说,此地非如来成正觉处,并说离苦行林不远之处有卑钵罗树(菩提树),树下有金刚座,过去诸佛历来都在那里成正觉。释迦牟尼要离开石室时,住在石室内的龙王过来求释迦牟尼不要离开,希望在石室内成道。释迦牟尼虽知此地非成道之处,为了成全龙王,就在石室内留住了自己的影子。《大唐西域记》称"影在昔日,贤愚咸睹,泊于今时,或有得见",就是说,早先不论什么样的人都能够看到释迦牟尼留下的影子,至玄奘访问时已模糊不清,只能偶尔有人看见。

留影窟窟内空间不大,洞口很小,窟内光线晦暗。当地居民将其作为印度教的自在天妃的祠堂,现在窟内供奉着释迦牟尼苦修像和印度教的神像,也称苦行窟。今天还有印度教徒在窟内做24小时或更长时间的绝食苦行,在神前奉香、花、灯、食物等供物,进行礼拜。另外,在石室前面新建有白色的藏传佛教寺院,山上还新建有六七座大小不同的佛塔,世界各地的佛教信徒都前往朝香拜谒。今天的前正觉山留影窟成为印度教徒和佛教徒共同的圣地。

2.2.3.3　菩提树

从前正觉山下来的释迦牟尼,按照天人的指示,来到尼连禅河畔、苦行林附近的菩提树下:

> 即便持草往诣觉树,到已布下敷尼师檀,结跏趺坐,要不解坐,至得漏尽,我便不解坐,至得漏尽。(《中阿含经》卷第56)

释迦牟尼先入水洗浴,然后向路上遇见的割草人要了吉祥草,铺在树下,结跏趺坐,若不成道,誓不起座。《中阿含经》的经文传达出此刻释迦牟尼的心情。自从离开家园后,释迦牟尼踏上追求"真理"的艰难旅途。他放下一国太子的身份,舍弃妻儿,是为了要寻找答案,即找到人生苦恼的原因,得到解脱的办法。释迦牟尼拜访各地的高师,但他们未能提供满意的答案,6年苦行,还是不能得到正觉。最后,他选择改变方式,停止苦行,静静地坐在树下,可以说,他中止了肉体上的苦行,而即将开始思想上的苦行。此刻他的心情肯定有几分恐惧和万分的期待。"要不解坐,至得漏尽,我便不解坐,至得漏尽",这短短几句反映了释迦牟尼成道的决心。

2.2.3.4　菩提伽耶大塔

菩提伽耶大塔形状独特,与常见的印度佛塔不大一样。早期印度佛塔一般是半圆球形,菩提伽耶大塔这种方锥形高塔的起源不是很清楚。法显和玄奘都在菩提伽耶见过佛塔,不过,《法显传》记载:"自上苦行六年处,及此诸处,后人皆于中起塔立像。今皆在。"紧接着说其他与释迦牟尼成道有关的遗迹上都建有佛塔。由此看来,好像法显在菩提伽耶看到的佛塔与其他地方的佛塔一样,没有特别之处。然而,玄奘的《西域记》有详细的介绍："菩提树东有精舍,高百六七十尺,下基面广二十余步,垒以青砖,涂以石灰。层龛皆有金像,四壁镂作奇制,或连珠形,或天仙像,上置金铜阿摩落迦果。亦谓宝瓶,又称宝壶。东面接为重阁,檐宇特起三层,楹柱栋梁,户扉寮牖,金银雕镂以饰之,珠玉厕错以填之。奥室邃宇,洞户三重。外门左右各有龛室,左则观自在菩萨像,右则慈氏菩萨像,白银铸成。高十余尺。"可见,7世纪时已有高塔存在。目前,很多学者认为玄奘看到的"精舍"是现在的菩提伽耶大塔的原型。

现存的这类大塔遗址有印度北方邦坎普尔县的皮德尔冈的砖砌建筑。该建筑在外壁三面做出突出部分,剩下一面作为门,平面呈十字形。门前设前室,以甬道与主室连接。甬道为券顶,前室和主室为穹隆顶。在台基上面用砖砌出塔形建筑,顶部已破损,残高约15米,越往上越窄。其年代大约在5世纪,是笈多时期的高塔实例。此外,出土于肯拉哈尔的浮雕上有高塔图案,五层高塔顶上有半圆球形的窣堵坡,其年代一般认为不晚于笈多时期,有的学者甚至认为这个图案就是菩提伽耶精舍。

现在,大塔面向东方,由中央大塔及四隅小塔共五座塔组成,塔身上刻满佛像及佛塔装饰,中央大塔外观看上去有九层,实际上只有两层。今天我们看到的大塔经过19世纪的大修,原来是砖塔,现在使用水泥建筑。看大修以前的照片,只见中央高塔,四隅的小塔不存在。其实,英国人康林罕发现菩提伽耶大塔时,台基部分已受到严重破坏,只在西南角发现塔基的痕迹,所以小塔的形状及大小等都无法知道。现在的小塔是根据中央大塔的情况,按比率缩小的。皮德尔冈的砖砌建筑上只有一个大塔,其四角没有发现小塔的存在。肯拉哈尔出土浮雕上的大塔也只有一座塔。看玄奘的记录,虽然说在"高百六七十尺"的塔下面有"基面广二十余步",但没说在这个台基上面除了高塔以外还有四座小塔。这样看来,早期的菩提伽耶大塔很有可能是单独的高塔,在后来多次重修和改建的过程中,逐渐形成现在的五塔形式。

大塔西侧有金刚座。相传释迦牟尼就是坐在这里得到正觉的,对佛教信徒来讲是至高无上的圣物。本来这个金刚座是开放的,因为后来出现事故,改以石头栏楯围起来,使人不能靠近。金刚座为石质,侧面刻有忍冬纹、鸟纹等图案,有些学者指出其与阿育王石柱浮雕的相似性,推测其年代为孔雀王朝时期。

原来围绕大塔周围的栏楯,现在大部分被移到博物馆内。栏楯柱子高约 2.4 米,共发现有 92 个,都刻有浮雕。根据图案内容和雕刻风格来判断,大多数为笈多时期作品,重要的是它包括一些公元前后的属于早期佛教艺术的作品。圆形或者半圆形画面内刻有动植物纹或人物像,佛塔、菩提树、佛座、佛足、法轮等圣物,佛传、本生等佛教故事。除了早期印度佛教艺术中常见的树神(药叉)、雷神因陀罗、吉祥天(拉克希米)等印度本土的神像以外,值得注意的是还有驾着马车的太阳神苏里耶。虽然他也是印度教的神,但这个图像以面向前方驾着马的苏里耶为中心,其两边各有向外拉弓的女神,在车左右分别安排两匹马,这种强调正面性的画面布置是伊朗艺术常见的形式。一般认为这些浮雕作品是公元前 1 世纪的作品,当时的菩提伽耶雕刻很有可能与西北印度的希腊化艺术或帕提亚文化有一定的联系。

2.2.4 初转法轮之地——萨尔纳特(鹿野苑)

位于印度北方邦瓦拉纳西以北约 10 公里的萨尔纳特,即释迦牟尼初转法轮的鹿野苑。传说释迦牟尼成道后在这里给五比丘第一次说法,是佛教四大圣地之一。

关于释迦牟尼鹿野苑初转法轮,在《中阿含经》的《罗摩经》有生动的记载:

> 我自往至仙人住处鹿野园中。时,五比丘遥见我来,各相约勒而立制曰:"诸贤!当知此沙门瞿昙来,多欲多求,食妙饮食,好粳粮饭,及麨酥蜜,麻油涂体,今复来至,汝等但坐,慎莫起迎,亦莫作礼,豫留一座,莫请令坐。到已语曰:卿!欲坐者,自随所欲。"我时往至五比丘所。时,五比丘于我不堪极妙威德,即从坐起,有持衣钵者,有敷床者,有取水者,欲洗足者。我作是念,此愚痴人!何无牢固?自立制度还违本要。我知彼已,坐五比丘所敷之座。

·欧·亚·历·史·文·化·文·库·

时,五比丘呼我姓字及卿于我。我语彼曰:"五比丘!我如来、无所著、正尽觉,汝等莫称我本姓字,亦莫卿我。所以者何?我求无病无上安隐涅槃,得无病无上安隐涅槃。我求无老、无死、无愁忧戚、无秽污无上安隐涅槃,得无老、无死、无愁忧戚、无秽污无上安隐涅槃。生知生见,定道品法,生已尽,梵行已立,所作已办,不更受有,知如真。"彼语我曰:"卿瞿昙!本如是行,如是道迹,如是苦行,尚不能得人上法差降圣知圣见,况复今日多欲多求,食妙饮食,好粳粮饭,及麨酥蜜,麻油涂体耶?"我复语曰:"五比丘!汝等本时见我如是诸根清净,光明照耀耶?"时,五比丘复答我曰:"本不见卿诸根清净,光明照耀。卿瞿昙!今诸根清净,形色极妙,面光照耀。"

我于尔时即告彼曰:"五比丘!当知有二边行,诸为道者所不当学:一曰着欲乐下贱业,凡人所行;二曰自烦自苦,非贤圣求法,无义相应。五比丘!舍此二边,有取中道,成明成智,成就于定,而得自在,趣智趣觉,趣于涅槃,谓八正道,正见乃至正定,是谓为八。"意欲随顺教五比丘,教化二人,三人乞食,三人持食来,足六人食;教化三人,二人乞食,二人持食来,足六人食。我如是教,如是化彼,求无病无上安隐涅槃,得无病无上安隐涅槃。求无老、无死、无愁忧戚、无秽污无上安隐涅槃,得无老、无死、无愁忧戚、无秽污无上安隐涅槃。生知生见,定道品法,生已尽,梵行已立,所作已办,不更受有,知如真。

五比丘很远就看到释迦牟尼过来,他们互相说:"沙门乔达摩过来了,他放弃苦行,违背了我们苦行者。等一会儿他来了我们不要理他,不去迎接,不打招呼,先给他留个地方,想坐他自己坐就好了"。但是,释迦牟尼来到他们身边时,他们不由自主地请他过来坐,或给他倒水,或为他洗脚。释迦牟尼心想,愚昧之徒没有坚定的心。他坐在五比丘为他铺好的座位上,那时候五比丘直呼释迦牟尼的姓乔达摩。释迦牟尼说:"我已经得到无上安稳的涅槃,悟出真理,得到正觉,你们不能叫我的姓。"五比丘追问:"乔达摩啊,你以前做苦行的时候也没有得圣知圣见,更何况现在你吃了好吃的,身上涂油,哪能得正觉呢?"释迦牟尼又回答:"五比丘,你们看看,当时的我有没有像今天这样诸根清净,光明照耀?"五比丘又说:"当时,你确实没有这么光彩,今天的乔达摩确实诸根清净,形色极妙,面光照耀。"于是,释迦牟尼告诉他们:"五比丘啊,这个世界有两个极端不可行。一个是欲乐下贱之业,即凡人所做的行为,另一个是自烦自苦,这不是贤圣所求的法。五比丘啊,你们舍弃这两个极端,要采取中道,建立正确的看法(正明)和思想(正智),这样可以完成正定,获得心灵的自由,向往正确的见解和知识,就是通往涅槃之路,这叫做八正道,正见就是正定,这是需要做的八件事情。"然后释迦牟尼与五比丘共同生活,给他们讲八正道四圣谛之理,听法的五比丘每个人都得法眼,释迦牟尼给他们受具足戒,接着释迦牟尼讲一切无常、一切皆苦、一切无我之理,最终五比丘得阿罗汉果,得到无上安稳的涅槃。

这就是释迦牟尼第一次说法,初转法轮。从原始佛经的记载来看,五比丘和释迦牟尼的关系始终是共同追求真理的平等关系。释迦牟尼成道之前,曾经在苦行林和五比丘一起修行,后来,释迦牟尼成道之后,找五比丘讲授佛法。释迦牟尼说法绝非是灌输佛教思想,他重视对话,教化五比丘的过程中,他把他所悟到的正法讲给五比丘听,虽然经文里没有描述,但五比丘肯定向释迦牟尼提问,经过讨论,五比丘们发现正法所在,都成了阿罗汉。一旦得到正觉,成阿罗汉,五比丘应该站在与释迦牟尼一样的高度,从文献里也可以找到其证据,如:

《增一阿含经》:有五阿罗汉,佛为第六。

《四分律》:尔时此世间有六罗汉,五弟子如来至真等正觉为六。

《五分律》:尔时世间有六阿罗汉。

《根本说一切有部毗奈耶破僧事》:是时世间有六阿罗汉,佛为第一。

这些记载出现于描述五比丘听释迦牟尼说法成阿罗汉时。释迦牟尼因开创佛教,是第一个开始传教的人,应当受尊重。不过,释迦牟

97

尼讲的正法并非只属于释迦牟尼,其他人通过自己的努力也可以得到与释迦牟尼一样的正法。其实,原始佛教经典的佛传故事反复强调这个道理。后来,佛陀的形象和能力脱离释迦牟尼,佛教信徒更关心佛陀本人的超异能,随之他所讲述的正法也被过分神秘化。这些变化源于对佛陀的理解的不同。释迦牟尼在菩提树下成道之后,决定踏上传教之路只因为希望别人与自己一样得到正觉,了解正法,换句话说希望更多的人成道成佛。他组织出家人集团僧伽,也是为方便教法。

鹿野苑作为圣地有几种意义,首先释迦牟尼在这里开始正式传教,佛教传播的历史从此开始。还有,释迦牟尼和五比丘在鹿野苑共同生活,组织了第一个出家人集团,僧伽的历史也是从此开始。五比丘听了释迦牟尼说法生了法眼,得到正觉,成阿罗汉。这应该是佛教信徒的最终目标。所以鹿野苑长期以来作为佛教圣地,在佛教信徒心目中占据着重要地位。

阿育王来到鹿野苑,在每个佛缘处建佛塔并立石柱。玄奘见过阿育王建的石柱,当时高有70余尺。现在,在精舍遗迹的西侧有被折断的石柱,柱头部分也被发现,并在附近的博物馆里展出。这个柱头是在现存的几根阿育王石柱里最杰出的一件作品。4头狮子背靠背,威风凛凛,狮子脚下的圆台侧面刻有狮子、牛、大象、马4只动物和4个法轮。这个图案是印度共和国的国徽的原型。在石柱上刻有婆罗米文铭文,其内容为禁止僧伽分裂。桑奇的阿育王石柱上也有同样内容的铭文。

法显来访时,这里有辟支佛入灭、初转法轮、弥勒授记、龙王闻法等与初转法轮相关的佛塔和两座精舍。玄奘在《大唐西域记》里记载:"婆罗疤河东北行十余里,至鹿野伽蓝。区界八分,连垣周堵,层轩重阁,丽究规矩。僧徒一千五百人,并学小乘正量部法。大垣中有精舍,高二百余尺,上以黄金隐起,作庵没罗果。石为基阶,砖作层龛,翕匝四周,节级百数,皆有隐起黄金佛像。精舍之中,有鍮石佛像,量等如来身,作转法轮势。精舍西南有石窣堵波,无忧王建也,基虽倾陷,尚余百尺。前建石柱,高七十余尺。石含玉润,鉴照映彻。殷勤祈请,影见众像,善恶之相,时有见者。是如来成正觉已初转法轮处也。".(《大唐西域记》卷7)这里有叫鹿野苑伽蓝的大精舍,可容1500个僧人一起修行生活。寺内有高200余尺的砖石结构的大建筑,周围开上百个佛龛,供奉黄金佛像,展现出辉煌灿烂的佛教文化。但诸行无常,曾经的大伽蓝现已成为一片废墟,华丽的建筑、造像都化为乌有。

除了佛传的初转法轮相关遗迹以外,玄奘还介绍了与六牙象本生、鹿王本生、兔王本生等本生故事有关的佛塔。

19世纪末以来,印度政府及各国研究机构先后在鹿野苑进行发掘,调查佛塔,发现了大量佛教造像及大规模寺院遗迹,现在该地已成为遗址公园。寺院建筑相对集中在西部,北部有僧房,每间房屋面积有三四平方米,为了解当时的寺院结构提供了珍贵的资料。现在,公园内有答枚克佛塔、根本香室精舍、阿育王石柱、五比丘迎佛塔、法王塔等,还建有鹿野苑博物馆、陈列石造像等出土文物供游人参观。

从瓦拉纳西出发,快到鹿野苑的路旁有一座佛塔,传说五比丘曾在这里迎接释迦牟尼。五比丘迎接塔最近被发掘,为砖砌结构,高约28米,主体部分建于笈多时期。塔顶上有八角形建筑,这是1588年莫卧儿王朝的阿克巴大帝为纪念父亲胡马雍访问鹿野苑而修建的。登上塔顶部,瞭望鹿野苑,眼前仿佛浮现释迦牟尼与五比丘在鹿野苑的林子里共同生活修行的场面。

鹿野苑遗址公园里最醒目的建筑就是答枚克佛塔,直径约28米,高约43米。答枚克(Dhamekh)是梵文的法眼的意思,因此也被翻译成法眼塔。塔身可分为上下两段,上窄下宽,上部为砖筑,下部是石砌。始建于孔雀王朝时期,经过多次扩建,现在塔周围刻满了笈多时期的装饰。塔身上共有8个大龛,原来应该放有佛像,现在已经没有了。佛塔周围发现有许多奉献塔,从建筑样式和风格来看,大多数为笈多时期修建。一般认为,这座塔是玄奘在鹿野苑看到的弥勒菩萨授记塔。

答枚克佛塔的西北边发掘出规模很大的僧院遗迹,出土僧房、小型佛塔等,这应该是玄奘访问时所看到的"台观连云,长廊四合"的鹿野苑伽蓝的遗迹,即当时1500个僧人共同生活、共同修行的精舍,在遗迹里出土的碑铭中有"Mulgandhakuti"的名称,意为"根本香堂",这应该是该寺院当时的正式名称。遗迹里有东西方向的宽路,路两侧有很多小型佛塔,应该是奉献塔之类,有的佛塔上留有佛像,据造像风格判断,多属于笈多时期。南面发现很多小房子,可能是僧房。还发现了边长20米的方形建筑基址,从出土情况来看向东开门,其他三面分别做凸出来的建筑,应是祠堂。这应该是玄奘看到的"高二百余尺"的大精舍,从遗迹结构来看,与菩提伽耶的大菩提寺相似。据玄奘记载,菩提伽耶的精舍"高百六七十尺,下基面广二十余步,垒以青砖,涂以石灰。层龛皆有金像,四壁镂作奇制,或连珠形,或天仙像,上置金铜阿摩落迦果",鹿野苑的精舍"高二百余尺,上以黄金隐起,作庵没罗果。石为基阶,砖作层龛,翕匝四周,节级百数,皆有隐起黄金佛像",这两地的精舍都很高,顶部置黄金的"阿摩落迦果(庵没罗果)",四周开龛,皆有金佛像。菩提伽耶和鹿野苑均是佛教圣地,历代均受重视,笈多时期在菩提伽耶和鹿野苑等圣地修建供养佛像的高塔,也不是不可能的。

1928年,由摩诃菩提会的创始人达磨波罗筹资,在鹿野苑修建了一座模仿菩提伽耶大菩提寺的寺院——初转法轮寺,据寺院址出土碑铭又译成根本香堂精舍或根本香积寺。寺院旁边有棵菩提树,这是菩提伽耶金刚座后面的菩提树的后代。初转法轮寺于1931年落成,寺院的建筑资金是美国的一位女士的善款,寺院内部画有佛传故事壁画,是日本画家野生司香雪的作品。日本的佛教是受中国佛教影响下发展的北传系统,然而达磨波罗是斯里兰卡人,熟悉南传系统的佛教。前文已提及,佛教在传播过程中产生很多分支,其中北传和南传两个系统的分歧较大,长期以来都有各自的不同发展,在佛教艺术上也有所不同。20世纪初,分别来自北传系统和南传系统的两个人,在释迦牟尼初转法轮的鹿野苑合作创造佛传的壁画,富有象征意义。

鹿野苑遗址公园里有一座博物馆,即萨尔纳特考古博物馆。该博物馆属于印度最早的考古遗址博物馆之一。1904年,当地政府为了萨尔纳特遗址出土文物的保护、研究和展示,决定建设遗址博物馆,落成于1910年。博物馆有5个展厅,陈列着从公元前3世纪至公元12世纪的萨尔纳特出土文物。中央大展厅展示镇馆之宝——鹿野苑阿育王石柱柱头。还有各种佛陀像和菩萨像,这里的看点是比较有特点的佛陀立像和转法轮像。北部的两个展厅主要展示早期佛教文物,舍卫城神变、释迦八相图、文殊菩萨像、观音菩萨像、弥勒像、俱毗罗像,还有很多萨尔纳特样式的佛像。南部的展厅陈列年代比较晚的造像,药叉像、太阳神、各种动物以及湿婆、毗湿奴、象神及印三位一体像等密教和印度教题材的造像。

迦腻色伽三年铭巴拉(Bala)比丘造菩萨像,是公元 2 世纪的秣菟罗类型造像的重要作品。一般认为,巴拉比丘造菩萨像是在秣菟罗制作后运到鹿野苑,它体现了早期秣菟罗造像的特点。该像高 2.7 米,面部磨损比较严重,右臂已残,挺胸,左手握衣端,身穿袒右肩衣又透又薄。秣菟罗被认为是最早创造佛陀像的地方之一,巴拉比丘造菩萨像,虽然铭文里说的是"菩萨"像,但实际上是佛陀像。公元 2 世纪,刚刚被创造的佛陀像出现在鹿野苑,这仿佛反映了圣地的性格。

笈多王朝时期,萨尔纳特地区出现了在袈裟上不表现衣纹的佛陀像,被称为萨尔纳特样式。萨尔纳特考古博物馆收藏了很多萨尔纳特样式的佛像,有立像也有坐像。立像一般右手举于肩膀,掌心向外,左手自然下垂,握袈裟衣角,有些造像把重心放在左腿,上身稍微靠后,身体呈 S 形。坐像多为转法轮印,可以说是代表圣地鹿野苑的造像。萨尔纳特造像巧妙地处理曲线,使人感觉清净而优美。

萨尔纳特还出土了不少佛传故事浮雕,由诞生、成道、初转法轮、涅槃四个场面组成的四相图,还有在四相的基础上加猕猴奉蜜、从三十三天降下、调伏醉象、舍卫城神变而成的八相图。

除了佛陀像以外,鹿野苑还出土了很多观音菩萨等菩萨造像。除文殊、观音、弥勒等大乘佛教常见的菩萨以外,还有金刚萨埵等密教系统的菩萨像。秣菟罗等地方在笈多王朝灭亡之后,几乎停止佛教造像的制作。但是,萨尔纳特在笈多时期以后还继续制造新的佛教造像,它对印度密教造像的发展起到了一定的作用。

萨尔纳特考古博物馆的陈列反映了从佛陀像的诞生一直到密教

造像的发展的一个脉络,这对印度佛教艺术的研究提供了不可多得的珍贵资料。

2.2.5 舍卫城和祇园精舍

舍卫城是古代印度拘萨罗国的首都,舍卫城位于当时的交通要道上,商业和文化相当发达,当时的许多修行者、思想家都聚集在这里。印度著名的史诗《罗摩衍那》,就是以拘萨罗国作为舞台,这个地方历史悠久,有深厚的文化底蕴。拘萨罗国和舍卫城在佛传里也经常出现。据《大智度论》等佛经记载,释迦牟尼在舍卫城度过了 20 多次雨安居,教化波斯匿王、给孤独长者等,他们对佛教发展起到了很重要的作用。波斯匿王,是当时的拘萨罗国王,开始时他看释迦牟尼年轻,不相信释迦牟尼得到正觉,成为佛陀。但后来听释迦牟尼说法成为优婆塞,大力支持佛教。后来,被其儿子毗琉璃夺取王位,在逃亡过程中去世。给独孤长者就是献祇园精舍的人。

法显来到舍卫城时,"城内希旷,都有二百余家",玄奘说:"室罗伐悉底国(舍卫城)周六千余里。都城荒顿,疆场无纪。宫城故基周二十余里。虽多荒圮,尚有居人……伽蓝数百,圮坏良多。僧徒寡少,学正量部。天祠百所,外道甚多。"可见,5 世纪时舍卫城已经相当荒凉,玄奘看到的数百个被破坏的伽蓝说明,这里曾经是佛家的重要圣地。据法显、玄奘的记载,当时舍卫城周围还有不少与佛传故事有关的佛寺佛塔,如释迦牟尼保姆大爱道的精舍,给孤独长者的水井,杀了 99 个人,并用被害者的手指做项链的鸯掘魔放弃邪念得到正觉的地方等。

舍卫城的佛传故事中,给孤独(须达多)长者布施祇园精舍的故事非常有名,各种阿含经和律藏都记载布施祇园精舍的故事,各个版本中有一定出入,但故事内容基本一致。舍卫城的富商给孤独长者在王舍城时听说出现了佛陀,于是他去找释迦牟尼闻法成了优婆塞,即在家信徒。后来,给孤独长者邀请释迦牟尼到舍卫城过雨安居,释迦牟尼问给孤独长者在舍卫城有没有可以住的房屋,回答是没有。因此,释迦牟尼说,如果在舍卫城建精舍的话就去那里过雨安居。有的版本说,先派舍利弗等弟子去传教并监督建设精舍。给孤独长者回舍卫城,一路上宣传佛陀的出世。他看上了离城市不远不近,适合修行的地方,那里原来是祇陀太子的园林。他求祇陀太子把这个园林卖给他。当时祇陀太子提一个条件,如果用黄金铺满园子,园子就归他。其实,祇陀太子不愿意卖自己的园林,本来想提出苛刻的条件让他放弃,结果太子没有想到,给孤独长者丝毫不以为难,他变卖家产,开始用黄金铺地。关于其结果,有完全相反的两个版本,一个版本是给孤独长者的行为感动了祇陀太子,太子主动奉献园林。另一个版本是,太子看长者的行为非常懊恼,他说让长者用黄金铺地只是开个玩笑而已,不能当真。长者却说,你出价我出钱,公平买卖,不得反悔。最后两个人打官司,结果太子输了,园子归给孤独长者所有。不管怎么样,给孤独长者在园林中建房舍,释迦牟尼来到舍卫城的时候献给僧伽。因为这里曾经是祇陀太子的园林,一般叫祇园精舍。从此之后,祇园精舍成为释迦牟尼僧伽集团的主要根据地之一。

关于祇园精舍,法显、玄奘都有详细的记载:

> 出城南门千二百步,道西,长者须达起精舍。精舍东向开门,门户两厢有二石柱,左柱上作轮形,右柱上作牛形。池流清净,林木尚茂,众华异色,蔚然可观,即所谓祇洹精舍也。(《法显传》)

> 城南五六里有逝多林(唐言胜林,旧曰祇陀,讹也),是给孤独园,胜军王大臣善施为佛建精舍。昔为伽蓝,今已荒废。东门左右建石柱,高七十余尺,左柱镂轮相于其端,右柱刻牛形于其上,并无忧王之所建也。(《大唐西域记》卷6)

可见,法显来访时祇园精舍非常漂亮。法显在这里想起艰难的旅程,吐露出悲伤之情。他还与寺里的僧人交谈,他们说第一次见到从汉地来的人。到了7世纪,玄奘来到此地时,"昔为伽蓝,今已荒废",但法显见过的高70余尺的两根石柱安然存在。

《法显传》篇幅较小,所以一般对每一个地方的记录比较简单,不过,法显描写祇园精舍部分却费了不少笔墨,这可能说明法显对祇园精舍有特别的感情。

有意思的是,法显提到一尊佛像。这尊佛像是释迦牟尼上忉利天给母亲摩耶夫人说法时,"波斯匿王思见佛,即刻牛头旃檀作佛像,置佛坐处",释迦牟尼回来时,该造像起来给释迦牟尼让座。这个故事和《大唐西域记》卷5的憍赏弥国优填王的故事完全相同。这尊造像,玄奘也看过,他说祇园精舍"室宇倾圮,唯余故基,独一砖室岿然独在。中有佛像。昔者如来升三十三天为母说法之后,胜军王闻出爱王刻檀佛像,乃造此像",祇园精舍唯一留存的砖室内有尊佛像,它是胜军王,即波斯匿王听说出爱王,即优填王刻檀佛像,然后制作的造像。玄奘所传和法显有一定出入,不过这个故事起码可以肯定祇园精舍有能够代表这个圣地的造像。

祇园精舍周围还有很多与佛传故事相关的遗迹,法显和玄奘记载同一处遗迹,然而其故事有出入的例子还有不少。例如,精舍西北4里处有得眼林,精舍的僧人饭后常在这里习禅。传说,过去有500个盲人住在精舍,他们听释迦牟尼说法之后恢复了光明,高兴地把手里的盲杖插在地上,这个盲杖变成现在的树林。玄奘说,这些盲人原来是500个盗贼,波斯匿王把他们抓捕起来并为了惩罚而挖他们的眼睛。500强盗又痛又悲伤,称佛名号,哀求佛陀。释迦牟尼大发慈悲,用雪山药救了他们。他们恢复后感谢释迦牟尼,"投杖而去",然后这个杖变成树林。此外,法显时候城西50里处有都维邑,玄奘则称城西北60余里有古城。两者都称此地为迦叶佛本生之地,城南有迦叶佛成道之后回乡,第一次父子相见之处,城北有供奉迦叶佛全身舍利的佛塔。还有,他们记载了几位过去佛的遗存,但具体的过去佛名称不一致。我们可以想象,关于过去佛的传说是后来才产生的,故事和具体地名没有形成较有力的结合,完全有可能在5世纪到7世纪之间,出现具体佛陀名称的错位现象。或者说,对过去佛的崇拜早就出现,只是具体的名称和排名是晚期才形成的,在整理的过程中,难免出现差错。

此外,祇园精舍外有一座佛塔,玄奘说这是释迦牟尼给一比丘看病处:

> 给孤独园东北有窣堵波,是如来洗病苾刍处。昔如来之在世也,有病苾刍含苦独处。世尊见而问曰:"汝何所苦?汝何独居?"

曰:"我性疏懒,不耐看病,故今婴疾,无人瞻视。"如来是时愍而告曰:"善男子。我今看汝。"以手扪摩,病苦皆愈。扶出户外,更易敷蓐,亲为盥洗,改著新衣。佛语苾刍:"当自勤励。"闻诲感恩,心悦身豫。(《大唐西域记》卷6)

有一个比丘生病独自一个人忍受痛苦。释迦牟尼过来问比丘,为什么那么痛苦还一个人独住?比丘回答说,因为平生疏懒,没有陪过别的病人,所以现在我生病了,也没人过来帮忙照顾。于是,释迦牟尼决定亲自照顾他,为他看病。释迦牟尼用手抚摸,比丘的病苦痊愈。释迦牟尼还扶着他去外面,给他换褥子,帮他洗澡,为他换衣服。然后释迦牟尼告诉比丘"当自勤励"。同样内容的经文见于《增一阿含经》卷40等佛经中:

> 一时,佛在罗阅城迦兰陀竹园所,与大比丘众五百人俱。尔时,罗阅城中有一比丘,身遇疾病,至为困悴,卧大小便,不能自起止,亦无比丘往瞻视者,昼夜称佛名号:"云何世尊独不见愍?"……病比丘遥见世尊来,即欲从座起而不能自转摇。是时,如来到彼比丘所,而告之曰:"止! 止! 比丘! 勿自动转,吾自有坐具,足得坐耳。"是时,佛告病比丘曰:"汝今患苦有损不至增乎?"比丘对曰:"弟子患苦遂增不损,极为少赖。"佛告比丘:"瞻病人今为所在? 何人来相瞻视?"比丘白佛言:"今遇此病,无人相瞻视也。"佛告比丘:"汝昔日未病之时,颇往问讯病人乎?"比丘白佛言:"不往问讯诸病人。"佛告比丘:"汝今无有善利于正法中。所以然者,皆由不往瞻视病故也。汝今,比丘! 勿怀恐惧,当躬供养,令不有乏……"是时,世尊自除不净,更与敷坐具。(《增一阿含经》卷40)

《增一阿含经》的故事发生的地点不是祇园精舍,而是竹林精舍。这种情况佛教传说中比较常见,祇园精舍和竹林精舍都是释迦牟尼长期生活传教的地方,因此,该故事的记录者不是很关心故事所发生的具体地点。故事的前半部分与祇园精舍发生的故事基本相同,有一个比丘生病了没人过来看他,那是因为他平时没有帮忙照顾其他病人的缘故。释迦牟尼正准备亲自帮生病比丘的时候,毗沙门天和帝释天过来阻止释迦牟尼：

> 是时，毗沙门天王及释提桓因白佛言："我等自当瞻此病比丘，如来勿复执劳。"佛告诸天曰："汝等且止！如来自当知时。如我自忆昔日未成佛道，修菩萨行，由一鸽故，自投命根，何况今日以成佛道，当舍此比丘乎？终无此处。又释提桓因先不瞻此病比丘，毗沙门天王、护世之主亦不相瞻视。"是时，释提桓因及毗沙门天王皆默然不对。（《增一阿含经》卷40）

毗沙门天和帝释天是各有大神力的天神，他们两个一同到来，说："由我们来照顾病比丘，您老不要管了。"释迦牟尼对他们两个说："你们住手！我自己知道我能做什么。过去还没成道的时候，为了救一只鸽子，我曾经搭上我的生命。今天我已经成佛了，怎么不能照顾一个比丘呢？你们两个现在才知道过来说这种话，早干吗去了？"帝释天和毗沙门天无法回答。从这一段记载能够看出《增一阿含经》的版本成立时间比较晚，起码是释迦牟尼被神格化以后的产物。让毗沙门天和帝释天扮演跟班，为的就是显示教主释迦牟尼的伟人形象。故事后面释迦牟尼亲自照顾比丘，然后为他讲述生病的根源。释迦牟尼在肉体上照顾他，同时也给他心灵上的照顾。于是，病比丘懂得病的根源，达到"身、口、意净"的境界。祇园精舍的故事就此结束，但《增一阿含经》版的故事后面还有一段：

> 尔时，世尊告诸比丘："汝等学道为畏国王、盗贼而出家乎？比丘！信坚固修无上梵行，欲得舍生、老、病、死、忧、悲、苦、恼，亦欲离十二牵连。"诸比丘对曰："如是。世尊！"佛告诸比丘："汝等所以出家者，共一师、同一水乳，然各不相瞻视。自今已往，当展转相瞻视。设病比丘无弟子者，当于众中差次使看病人。所以然者，离此已，更不见所为之处，福胜视病之人者；其瞻病者瞻我无异。"尔时，世尊便说斯偈："设有供养我，及过去诸佛，施我之福德，瞻病而无异。"（《增一阿含经》卷40）

释迦牟尼召集全体比丘们开会。会上释迦牟尼做一番演讲："你们是因为怕国王、盗贼才出家修行的吗？你们对自己的求法之道要有坚定的信心。你们出家人,同一师门,喝一样的水,然而没有互相关心。从今天起,规定你们轮班探望病人。如果他没有弟子的话,从众僧中选一个人负责看病人。这个世界上,没有比照顾病人更伟大的、更有功德的事情。看望病人和供养我是一样的。"释迦牟尼的这番话意义深刻,该故事成立时,可能有些僧人为了躲避国王、盗贼之难才出家加入僧伽团体。随着僧伽的发展,各地的国王、富商等积极布施支持僧伽的生活,那么有人为了保身或谋利等目的加入僧伽,也不是不可能的。释迦牟尼拒绝光顾自己修行成道,对别人的死活不闻不问的态度。虽然修行成道是个人事业,但极端的个人主义,并非佛家作风。人生病的时候不只是身体痛苦,有时候心里更痛苦。得了感冒,本来不算什么重病,但夜晚发烧,没人照顾,感到真凄凉,有时候真的很绝望,心里一直胡思乱想。但如果你的旁边有人照顾你,喂你喝水、替你擦汗、帮你更衣,或者仅仅是轻抚你的手,就会感觉病好了一半。人生病的时候就是需要别人的关心,关心病人的存在能够安慰病人煎熬的心。因此,释迦牟尼说照顾病人的功德是最大的。释迦牟尼的最后一段偈,"设有供养我,及过去诸佛,施我之福德,瞻病而无异",你有条件供养我或者过去诸佛,那么还不如去帮助病人,照顾他们能够得到与供养我一样的功德。释迦牟尼不求钱财,他劝佛教信徒布施是为了让布施者积功德,布施的对象并不重要。都是一样的钱财,用在合适的地方效果更佳,也合释迦牟尼的本意。

前面看过,代表圣地舍卫城的图像,就是舍卫城神变。不过,法显和玄奘的记载中找不到直接谈及舍卫城神变的内容,这说明,当时舍卫城不存在与舍卫城神变有关的遗存。这是很有意思的事实,在佛经和佛教艺术中经常出现的舍卫城神变,在故事的圣地却找不见。

所谓的舍卫城神变,就是释迦牟尼应外道的挑战,而显示的各种奇迹。在佛教艺术上主要表现有千佛化现和双神变两种。释迦牟尼在舍卫城显示神通的故事见于《四分律》、《根本有部律》等律藏和《佛所行赞》等佛传,因此,故事产生的年代不会很晚,关于释迦牟尼显示的各种神变的具体内容不太统一或者根本没有说明。其实,该故事的关键在于佛祖释迦牟尼调伏外道,其过程中显示的各种神变只不过是佛陀的"方便"而已。但后来随着佛陀的神化、超人化,在故事中强调各种神变的内容。这样看的话,法显和玄奘的记述里,确实有与舍卫城神变有一定关系的内容:

[1]出祇洹东门,北行七十步,道西,佛昔共九十六种外道论议,国王、大臣、居士、人民皆云集而听。时外道女名旃柘摩那起嫉妒心,及怀衣著腹前,似若妊身,于众会中谤佛以非法,于是天帝释即化作白鼠,啮其腰带断,所怀衣堕地,地即劈裂,生入地狱……又于论议处起精舍,高六丈许,里有坐佛。

[2]其道东有外道天寺,名曰影覆,与论议处精舍夹道相对,亦高六丈许。所以名影覆者,日在西时,世尊精舍影则映外道天寺;日在东时,外道天寺影则北映,终不得映佛精舍也。

[3]此中国有九十六种外道,皆知今世、后世,各有徒众……调达亦有众在,供养过去三佛,唯不供养释迦文佛。

[4]伽蓝后不远,是外道梵志杀淫女以谤佛处……时诸外道共相议曰:"宜行诡诈,众中谤辱。"乃诱雇淫女,诈为听法,众所知已,密而杀之,埋尸树侧,称怨告王。王命求访,于逝多园得其尸焉。是时外道高声唱言:"乔答摩大沙门常称戒忍,今私此女,杀而灭口。既淫既杀,何戒何忍?"诸天空中随声唱道:"外道凶人,为此谤耳。"

[5]瞿伽梨陷坑南八百余步,有大深坑,是战遮婆罗门女毁谤如来,生身陷入地狱之处。佛为人天说诸法要,有外道弟子遥见世尊,大众恭敬,便自念曰:"要于今日辱乔答摩,败其善誉,当令我师独擅芳声。"乃怀系木盂,至给孤独园,于大众中扬声唱曰:"此说法人与我私通,腹中之子,乃释种也。"邪见者莫不信然,贞固者知为讪谤。时天帝释欲除疑故,化为白鼠,啮断盂系,系断之声,震动大众,凡诸见闻,增深喜悦。众中一人起持木盂,示彼女曰:"是汝儿耶?"是时也,地自开坼,全身坠陷,入无间狱,具受其殃。

[6]伽蓝东六七十步有一精舍,高六十余尺,中有佛像,东面

而坐。如来在昔于此与诸外道论议。次东有天祠,量等精舍。日旦流光,天祠之影不蔽精舍。日将落照,精舍之影遂覆天祠。

[7]影覆精舍东三四里有窣堵波,是尊者舍利子与外道论议处。初善施长者买逝多太子园,欲为如来建立精舍,时尊者舍利子随长者而瞻揆,外道六师求角神力,舍利子随事摄化,应物降伏。其侧精舍前,建窣堵波,如来于此摧诸外道,又受毗舍佉母请。

[1]至[3]是《法显传》,[4]至[7]为《大唐西域记》的记载。其基本内容为外道刁难释迦牟尼或佛弟子,然后失败而归,失败者的命运大多数是下地狱。这些故事可能反映了当时在舍卫城发生过的佛教僧伽和其他外道之间的争论。"佛昔共九十六种外道论议",外道就是当时的修行者或思想家,其实,佛教僧伽也是诸多类似的出家人团体中之一,这些争论很有可能不是针对释迦牟尼本人或僧伽,在舍卫城生活了很多不同信仰的群体,他们之间发生冲突是显而易见的。在争论过程中,有些人用不正当方式诽谤论敌。

[1]和[5]应该是同一个内容的故事,有一个女人假装怀孕,在众人面前责难释迦牟尼说肚子里的孩子是他的。此时,帝释天变成白鼠咬断这女人的裤腰带,她肚子里垫的东西掉在地上,暴露了她在撒谎,最后结果就是那个女人"地即劈裂,生入地狱"。[2]的"外道天寺"和[6]的"天祠"也是同一个建筑。精舍的旁边有外道天祠,太阳出来的时候精舍的影子会落在天祠上,但天祠的影子好像避开精舍。这故事也是一种比喻,表示佛教的地位比其他外道高一等。这些故事讲,僧伽和外道之间发生过争论,释迦牟尼调伏外道,想陷害佛陀的人会下地狱,不过没有说释迦牟尼自己显大神变。[7]说外道过来比神力,但要比的对象不是释迦牟尼而是舍利弗(舍利子)。

总之,舍卫城有释迦牟尼和外道议论的传说,也有外道挑战比神力的故事(但其对象不是释迦牟尼),不过,故事里没有谈及具体神变的内容。我们可以推测,佛传或佛教艺术里面的舍卫城神变的故事产生在舍卫城以外的地方,它可能在故事传播的过程中,原来只是论破外道的简单故事,其内容越传越丰富,随着佛陀的神化,成为一个佛陀现大神变的圣地传说故事。

　　该故事形成的时候,有可能因为某种原因不太流行或者不太方便进行圣地巡礼活动。如果,佛教信徒频繁去圣地巡礼的话,传说故事内容和真正的圣地事迹之间不太可能出现这么明显的差异,一般会在圣地造一个与传说有关的礼拜对象。或者,这与在图像上的圣地巡礼的流行有一定的关系。确实,7世纪玄奘看到的舍卫城已经"荒顿",以后的1000多年时间,这个曾经的佛教的重要传教中心,一直沉睡在森林里。

　　19世纪中期,英国学者亚历山大·卡宁厄姆在印度斯坦平原中部的一个小村庄发现大规模的佛教伽蓝遗址,该遗址现在被称为莎荷玛荷(Saheth-Maheth)遗址。该遗址由两个遗址群组成,一般认为莎荷遗址是祇园精舍,玛荷遗址就是舍卫城。莎荷玛荷遗址位于北方邦东北部,在勒克瑙市东北的伯尔拉姆布尔以西约18公里处。莎荷遗址离玛荷遗址900米左右。卡宁厄姆等人主要调查玛荷遗址,这是一座古代城市,结构复杂,内容丰富。到1959年,由印度考古局主持重新发掘玛荷遗址,同时对莎荷遗址进行调查,发掘了几处僧院遗迹。1990年以来,印度考古局和日本关西大学合作对莎荷玛荷遗址进行调查。

　　玛荷遗址,即舍卫城。遗址根据地层和出土陶器分为六期,年代最早的第一期从公元前8世纪左右开始到前6世纪左右。第二期是公元前6世纪开始到前3世纪左右,与北方打磨黑陶时期早期相当。第三期是从公元前3世纪左右开始到公元前后。第四期是公元前后到3世纪左右,相当于贵霜王朝时期。第五期从3世纪到5世纪左右,相当于笈多王朝时期。最后,第六期是公元5世纪以后的后笈多时期。最下面的地层有公元前8、7世纪的炉子和灰坑,说明这个时候已经有人居住在这里。出土大量的北方打磨黑陶,说明舍卫城的鼎盛期应该在公元前6世纪至前3世纪,包括十六国时期和释迦牟尼的活动期直到孔雀王朝早期。这个时期很少用砖,以木结构建筑为主。古城大致分为南北两个部分,据发掘者推测南部是宫城区,北部为居住区。居住区发现多处水井,其中最大的一个直径约6米,深6米以上。城南部有土丘,被认为是王宫遗迹。在南门发现当时的路面,宽约 3 米。根据地层情况来看,城的北部先开始使用,大约公元前 6 世纪就有相当规模的居住遗迹,南部到公元前 5 世纪开始出现建筑物,但延续时间南部比北部长。北部基本上在 3 世纪左右就被废弃,南部则 4 世纪以后还有活动的痕迹。在一个城市遗址内,存在使用时间的不同,这对研究城市发展非常有意义。

在古城的东北部挖 5 米×55 米的探沟,调查城墙结构,城墙基本上是夯土而成,总高 8.5 米,可以分二期。第一期在公元前 250 年左右(孔雀王朝时期)开始修建,在公元前 50 年左右(巽伽王朝时期)做大规模重修。第二期在城墙上增加砖砌的挡墙,在 2 世纪之前能确认有多次修复的痕迹。

城内出土大量瓦片,基本上是红色板瓦,也有半圆形的筒瓦,根据烧成程度可以分两类,A 类胎土较纯,比较坚硬,其中最大者为 30 厘米×17 厘米×3 厘米,重 1.1 至 1.4 公斤。B 类相对疏散,胎土里加草根,比较粗糙,体型比 A 类小。大概 20 厘米×13 厘米×3 厘米左右,重 0.5 至 0.8 公斤。A 类大致是公元前后到 3 世纪,即巽伽王朝至贵霜王朝早期,B 类是 3 世纪至 6 世纪,即贵霜王朝晚期至笈多王朝时期。

根据出土遗存和遗物的情况来看,舍卫城在公元前 6 世纪已经有相当的规模,之后一直到公元 2 世纪即贵霜王国时期非常繁荣。但是,到贵霜王国后期开始衰落,4 世纪以后活动的范围缩小,5 世纪以后的地层基本没有人类活动的痕迹。后来,到 6 至 8 世纪左右在古城遗址上盖了印度教寺院,不过这和之前的舍卫城完全没有关系。

玛荷遗址西约 900 米左右的地方有莎荷遗址,即祇园精舍。遗址东西 230 米,南北 350 米,根据地层和出土遗物分为四期,第一期在公元前 1 世纪左右到公元前后,第二期是公元前后到 3 世纪左右,相当于贵霜王朝时期。第三期从 3 世纪到 5 世纪左右,相当于笈多王朝时期。第四期是公元 5 世纪以后的后笈多时期。精舍建筑基本上都是砖砌,这与舍卫城以木结构为主的情况完全不同。现在的祇园精舍有讲堂、礼拜堂、佛塔、戒坛、沐浴池、僧院、释迦牟尼的香堂,阿难、大迦叶、舍利弗、目犍连、罗睺罗、优婆离等佛弟子的禅室,也有鸯掘魔的禅室。从建筑的分布情况来看,好像北边是修行区,南方是生活区。

舍卫城的发展和祇园精舍的发展基本同步,有意思的是,舍卫城第二期和第三期出土有大量的动物俑,到了第四期其数量突然减少。舍卫城第四期即祇园精舍第二期,佛教寺院的发展和动物俑的消失到底有没有关系,没有证据。不过,有些研究者认为这些动物俑和某种祭祀活动有关,如果这样的话,接受佛教以后的舍卫城减少动物俑,似乎比较合理。

莎荷玛荷遗址现在成为遗址公园,祇园精舍和周围的佛塔等都被修复,中国、印度、斯里兰卡、尼泊尔、泰国、日本等佛教信徒在祇园精舍周围建新的寺院。

2.2.6 僧伽施国

法显进入中印度之后,第一个访问的佛教圣地就是僧伽施国。这里有释迦牟尼从三十三天降下的传说,这是一个非常有名的佛教传说,在早期佛经中已见与该故事相关的内容,阿含经类、律类、佛传类佛经均有记载,后世专门为这故事编经。《增一阿含经》有比较全面的内容:

> 一时,佛在舍卫国祇树给孤独园。尔时世尊与大比丘众五百人俱。尔时,释提桓因如屈申臂顷,来至世尊所,头面礼足,在一面坐。尔时,释提桓因白世尊言:"如来亦说:夫如来出世必当为五事。云何为五? 当转法轮;当度父母;无信之人立于信地;未发菩萨心令发菩萨意;于其中间当受佛决。此五因缘如来出现必当为之。今如来母在三十三天,欲得闻法,今如来在阎浮里内,四部围绕,国王人民皆来运集。善哉! 世尊! 可至三十三天与母说法。"是时,世尊默然受之。
>
> 尔时,世尊不告四部之众,复不将侍者,如屈申臂顷,从祇桓不现,往至三十三天……尔时,如来母摩耶将诸天女至世尊所,头面礼足,在一面坐。并作是说:"违奉甚久,今来至此,实蒙大幸,渴仰思见,佛今日方来。"

是时，尊者阿那律即结加趺坐，正身正意，心不移动，以天眼观三十三天，见世尊在壁方一由旬石上坐。是时，阿那律即从三昧起，语阿难曰："如来今在三十三天与母说法。"

是时，目连受四部之教，屈申臂顷，往至三十三天，到如来所。……"目连！汝还世间，却后七日，如来当往僧迦尸国大池水侧。"是时，目连屈申臂顷，还诣舍卫城祇树给孤独园，往诣四部众，而告之曰："诸贤当知，却后七日，如来当来下至阎浮里地僧迦尸大池水侧。"

尔时，临七日头，释提桓因告自在天子曰："汝今从须弥山顶至僧迦尸池水作三道路，观如来不用神足至阎浮地。"自在天子报曰："此事甚佳，正尔时办。"尔时，自在天子即化作三道金、银、水精。是时，金道当在中央，侠水精道侧、银道侧，化作金树。当于尔时，诸神妙尊天，七日之中皆来听法。尔时，世尊说此偈已，便诣中道。是时，梵天在如来右处银道侧，释提桓因在水精道侧，及诸天人在虚空中散华烧香，作倡伎乐，娱乐如来。(《增一阿含经》卷28听法品三十六)

释迦牟尼在舍卫城祇园精舍的时候，释提桓因，即帝释天过来告诉释迦牟尼，如来出世必须要做五件事，即当转法轮；当度父母；无信之人立于信地；未发菩萨心令发菩萨意；于其中间当受佛决。现在，释迦牟尼的母亲在三十三天想听佛说法，释迦牟尼在现世世界传教亦颇有成效，是时候上天为母亲说法了。释迦牟尼接受他的建议，上三十三天为母亲说法。释迦牟尼不告诉任何人也不带侍从一个人悄悄离开祇园精舍往三十三天。母亲摩耶夫人带诸天女迎接释迦牟尼，释迦牟尼为她们说法供养。弟子们发现释迦牟尼不见了，阿那律用天眼看见释迦牟尼正在三十三天为母亲说法。于是，他们商量选出神足第一的目犍连，派他上三十三天问释迦牟尼什么时候回来。释迦牟尼告诉目犍连，他在七天后下天到僧迦尸的大水池旁边。帝释天让自在天子造由金、银、水晶做的三道宝阶，释迦牟尼从天降下时走中间的金道，梵天陪他走右侧银道，帝释天走左侧水晶道。

·欧·亚·历·史·文·化·文·库·

南传《杂阿含经相应部》有目犍连上三十三天的故事,但没有提及释迦牟尼和三道宝阶,与其相应的北传《杂阿含经》帝释经有释迦牟尼上天说法的故事,不过没有说三道宝阶。到了《增一阿含经》才出现由金、银、水晶做三道宝阶的内容,从此之后,三道宝阶成为释迦牟尼上天为母说法故事的重要标志物。由此可见,据文献内容从三十三天降下的故事有三个发展阶段。

法显和玄奘介绍了同样内容的故事:

从此东南行十八由延,有国名僧伽施。佛上忉利天三月为母说法来下处……佛从忉利天上东向下。下时,化作三道宝阶:佛在中道七宝阶上行;梵天王亦化作白银阶,在右边执白拂而侍;天帝释化作紫金阶,在左边执七宝盖而侍。诸天无数从佛下。佛既下,三阶俱没于地,余有七级现。后阿育王欲知其根际,遣人掘看,下至黄泉,根犹不尽。王益信敬,即于阶上起精舍,当中阶作丈六立像,精舍后立石柱,高三十肘,上作师子,柱内四边有佛像,内外映彻,净若琉璃……天帝释、梵天王从佛下处,亦起塔。此处僧及尼可有千人,皆同众食,杂大、小乘学……其国丰饶,人民炽盛,最乐无比。诸国人来,无不经理,供给所须。(《法显传》)

劫比他国周二千余里。国大都城周二十余里。气序土宜,同毗罗删拏国。风俗淳和,人多学艺。伽蓝四所,僧徒千余人,并学小乘正量部法。天祠十所,异道杂居,同共遵事大自在天。城东二十余里,有大伽蓝,经制轮奂,工穷剞劂。圣形尊像,务极庄严。僧徒数百人,学正量部法。数万净人宅居其侧。伽蓝大垣内有三宝阶,南北列,东面下,是如来自三十三天降还所也。昔如来起自胜林,上升天宫,居善法堂,为母说法。过三月已,将欲下降,天帝释乃纵神力,建立宝阶,中阶黄金,左水精,右白银。如来起善法堂,从诸天众,履中阶而下。大梵王执白拂,履银阶而右侍;天帝释持宝盖,蹈水精阶而左侍。天众凌虚,散花赞德。数百年前犹有阶级,逮至今时,陷没已尽。诸国君王悲慨不遇,垒以砖石,饰以珍宝,于其故基,拟昔宝阶。其高七十余尺,上起精舍。中有石佛像,而左右之阶,有释梵之像,形拟厥初,犹为下势。傍有石柱,高七十余尺,无忧王所建。色绀光润,质坚密理,上作师子蹲踞向阶,雕镂奇形,周其方面,随人罪福,影现柱中。(《大唐西域记》卷4)

据以上记载,僧伽施国(玄奘所记的劫比他国)气候温和,物产丰富,人丁兴旺。法显说,国人向路经此国的旅游者提供各种生活必需品。有很多伽蓝,僧徒有千人之多,5世纪时大小兼学,7世纪则以小乘正量部为主。

《法显传》较详细地介绍了从三十三天降下的故事。释迦牟尼上忉利天,即三十三天时没有告诉任何人,阿那律用天眼发现释迦牟尼在天上,让目犍连上天去问释迦牟尼何时归来,释迦牟尼与他说七天后降下阎浮提。这内容与《增一阿含经》的记载基本一致。这说明这个故事在佛教信徒中非常流行,而且在早期故事情节已经形成了较为固定的形式,在早期佛教艺术中也常见该故事的题材。佛教圣地从四大圣地扩张到六大圣地时,从三十三天降下被选出为新的圣地,可见佛教信徒非常喜爱该故事。玄奘来到印度的7世纪,许多圣地已经荒废,但这里依然存在大伽蓝,有几百个比丘修行、生活。

《法显传》说三道宝阶为释迦牟尼自己所建,《大唐西域记》则称三道宝阶是帝释天建的。在宝阶遗存上面建立精舍,《法显传》说阿育王所建,《大唐西域记》只说"诸国君王",没有提起具体的国王。精舍内供奉佛像,法显说"丈六立像",玄奘看到的是中间为释迦牟尼,左右侍立帝释天和梵天正在下台阶的三尊像。精舍旁边有石柱,为阿育王所建,柱头上有蹲踞的狮子。

现在,印度北方邦的叫Sankisa的小村庄被认定为僧伽施国故地,位于马图拉市东150多公里处。这里有一个土丘,被认为是佛塔遗迹,已经受到严重破坏,土丘上面有一座印度教的祠堂。亚历山大·卡宁厄姆在这里发现了残端的柱头,柱头上面为大象,这不符合法显和玄奘的记载。亚历山大·卡宁厄姆认为,这是他们的笔误。可是,在时间上隔2个世纪的2种不同文献都记为狮子,而且法显还介绍了比丘和外道争论时,石柱上的狮子显灵大吼的故事。他们看到的阿育王石柱

115

柱头上的动物应该是狮子,不太可能两个人都犯同样的笔误。因此,有的学者怀疑亚历山大·卡宁厄姆的结论,僧伽施国不在 Sankisa 村。

2.2.7　拘舍弥国

拘舍弥(法显说"拘睒弥",玄奘做"憍赏弥")国虽然没有被列为圣地之列,但拘舍弥国却是非常重要的佛传故事的舞台,此即优填王造佛像的传说。当然,这个故事是在出现佛陀像以后的,佛教信徒普遍接受佛陀像崇拜后才需要创造佛陀像的因缘和功德的传说。拘舍弥国的优填王被选定为第一个造佛像的人物,做造佛像故事的主人公,这可能说明了在佛教信徒心里拘舍弥国的地位。公元2、3世纪以后的佛教,非常流行也重视佛陀像崇拜,礼拜佛像、供养佛像以及制造佛像成为佛教的重要内容。优填王造佛像的故事,后来远传到中国,我们在河南洛阳龙门石窟唐代造像中会发现该传说相关的造像。玄奘带回长安的七尊造像中有"憍赏弥国出爱王思慕如来刻檀写真像",这就是优填王造的佛像。

法显、玄奘都去过拘舍弥国,但法显没有提到优填王造佛像一事:

> 自鹿野苑精舍西北行十三由延,有国,名拘睒弥。其精舍名瞿师罗园,佛昔住处。今故有众僧,多小乘学。(《法显传》)

玄奘的记载较为详细:

> 憍赏弥国周六千余里。国大都城周三十余里。土称沃壤,地利丰植,粳稻多,甘蔗茂。气序暑热,风俗刚猛。好学典艺,崇树福善。伽蓝十余所,倾顿荒芜,僧徒三百余人,学小乘教。天祠五十余所,外道寔多。
>
> 城内故宫中有大精舍,高六十余尺,有刻檀佛像,上悬石盖,邬陀衍那王(唐言出爱,旧云优填王,讹也)之所作也。灵相间起,神光时照。诸国君王恃力欲举,虽多人众,莫能转移,遂图供养,俱言得真,语其源迹,即此像也。初如来成正觉已,上升天宫为母说法,三月不还,其王思慕,愿图形像。乃请尊者没特伽罗子以神通力接工人上天宫,亲观妙相,雕刻栴檀。如来自天宫还也,刻檀之像起迎世尊。世尊慰曰:"教化劳耶?开导末世,寔此为冀!"(《大唐西

域记》卷 5)

据法显和玄奘的记载,当时拘舍弥国比较繁荣。法显说"有众僧"在这里学小乘学,玄奘来访时,伽蓝大多已经荒芜,有 300 多个僧徒学小乘教。玄奘在城内大精舍里见过"刻檀佛像",这就是优填王造的佛像。玄奘还介绍了有关此佛像的传说,即各国君王想夺走这个佛像,但来多少人都无法拿走。因此,临摹此像均得到与其一模一样的造像。这个传说告诉我们,当时存在摹刻优填王造佛像的造像。玄奘还介绍优填王造佛像的由来,这与释迦牟尼上三十三天为母说法的故事有密切关系,释迦牟尼在天上说法时,优填王想念释迦牟尼,于是令工匠造释迦牟尼的造像。释迦牟尼回来时,这个造像起来迎接释迦牟尼。

《增一阿含经》在讲述从三十三天降下传说时,作为该传说的一部分讲到优填王造佛像的故事:

> 是时,波斯匿王、优填王至阿难所,问阿难曰:"如来今日竟为所在?"阿难报曰:"大王!我亦不知如来所在。"是时,二王思睹如来,遂得苦患。尔时,群臣至优填王所,白优填王曰:"今为所患?"时王报曰:"我今以愁忧成患。"群臣白王:"云何以愁忧成患?"其王报曰:"由不见如来故也。设我不见如来者,便当命终。"是时,群臣便作是念:"当以何方便,使优填王不令命终?我等宜作如来形像。"是时,群臣白王言:"我等欲作形像,亦可恭敬承事作礼。"时,王闻此语已,欢喜踊跃,不能自胜,告群臣曰:"善哉!卿等所说至妙。"群臣白王:"当以何宝作如来形像?"是时,王即勅国界之内诸奇巧师匠,而告之曰:"我今欲作形像。"巧匠对曰:"如是。大王!"是时,优填王即以牛头栴檀作如来形像高五尺。

> 是时,波斯匿王闻优填王作如来形像高五尺而供养。是时,波斯匿王复召国中巧匠,而告之曰:"我今欲造如来形像,汝等当时办之。"时,波斯匿王而生此念:"当用何宝,作如来形像耶?"斯须复作念:"如来形体,黄如天金,今当以金作如来形像。"是时,波斯匿王纯以紫磨金作如来像高五尺。尔时,阎浮里内始有此二如来形像。(《增一阿含经》卷 28 听法品三十六)

·欧·亚·历·史·文·化·文·库·

波斯匿王是拘萨罗国国王,他和优填王问阿难释迦牟尼在什么地方,但阿难也不知道释迦牟尼的去向。二王因为太想念释迦牟尼,愁忧成疾。群臣知道优填王生病的原因之后,向优填王建议造一尊如来形像,可以把它当做释迦牟尼来供养。优填王听了这个建议很高兴,就招募能工巧匠,用牛头栴檀造佛陀像。波斯匿王听说优填王造了佛陀像,他也找能工巧匠,令他们造纯金的佛陀像。

这样,优填王造佛像的传说本来是从三十三天降下故事的一项内容,换言之,优填王造佛像是圣地传说的一部分。那么,造佛陀像传说的舞台,拘舍弥国是什么样的国家,故事的主人公优填王又是什么样的人物呢?

早期佛教文献有四大城、六大城或八大城的说法,这些都是当时印度规模大、较重要的城市,《增一阿含经》说四大城市,其中包括摩竭国(摩揭陀国)、拘留沙国(拘萨罗国)、舍卫国以及拘深婆罗捺城,即拘舍弥城。《大般涅槃经》和《摩诃僧祇律》等记载八大城,也包括拘舍弥城。由此可见,当时的拘舍弥城,应该与王舍城、舍卫城和毗舍离等一样,是人口集中,经济、文化较发达的城市。

据阿含经类和律藏类的佛传资料来看,拘舍弥国的传教从具史罗园的布施开始。佛在世时的拘舍弥国有具史罗(亦译成瞿师罗、美音、妙音)长者,他常听阿难说法,后来把自己的园林布施给僧伽,即具史罗园。在具史罗园建精舍后,释迦牟尼到拘舍弥国过雨安居,当时的国王就是优填王(亦译为忧陀延、优陀延、优陀延那、日子)。他有很多妃子,佛经里有名的舍弥婆提(亦译为舍弥、舍摩、舍摩嚩底、奢摩嚩帝、奢弥跋提、绀容、该容)和阿奴跋摩照堂(亦译为帝女、无比摩建儞迦、摩因提女、摩回提女、妙容、无比)。关于优填王第一次接触佛教有几种不同的说法,其中,最多见的是优填王在具史罗园向宾头卢尊者问法。开始,优填王对佛教并不友好,后来也没有优填王奉献精舍或建佛塔等记载,看法显、玄奘等的记录,确实没有提到优填王建立的精舍等遗迹。由此看来,优填王好像对佛教没有太多的贡献。有一种传说是舍弥婆提劝优填王皈依佛教,无论怎样,优填王对佛教的态度不是很积极。

宾头卢的名字也常见于各种佛经里，传说他靠自己一个人得到阿罗汉果，有狮子吼第一、降伏外道履行正法第一等称号，与十大弟子并提，尤其与神通第一的目犍连经常在一起，应该是在释迦牟尼在世时僧伽中的重要人物。传说他在王舍城接受外道或不信佛教的长者们的挑战，与目犍连一起显超能力，释迦牟尼知道后责斥他并禁止使用神通力。有一说是他出身于婆罗门，但不是拘舍弥人。他在拘舍弥国具史罗园与优填王见面，但这两个人的会见并没有推进拘舍弥佛教发展的作用。

拘舍弥国的佛教不仅没有得到统治者的积极支持，拘舍弥僧伽还出了一件大事，就是拘舍弥僧伽的破僧。《四分律》、《五分律》、《摩诃僧祇律》、《十诵律》、《增一阿含经》、《杂阿含经》等都有相关事件的记录，其内容大同小异。释迦牟尼在拘舍弥的时候，有一个比丘犯戒而且自己不承认。有的说此比丘犯戒，有的说没犯，认为他犯戒的比丘们和合并举罪，做不见罪羯磨。犯戒的比丘坚决不承认自己的错，称"不成举非法举我羯磨不成"，带他的朋党过来，告诉僧伽的长老他们不接受此羯磨的结果，与他的同党自己做了别部说戒羯磨。

此时，举罪的比丘到释迦牟尼那里告发。释迦牟尼说："此痴人破僧。"随后，被举罪的比丘也来到释迦牟尼面前，与举罪的比丘"斗诤共相骂詈诽谤互求长短"。释迦牟尼劝他们不要互相谩骂，对被举罪的比丘说："如果这个问题会导致破僧，那么别人说你有罪你就承认，应做忏悔（若比丘重此破僧事者。应如彼言有罪应如法忏悔）。"然后给举罪的比丘说："如果这个问题会导致破僧，你就不要举罪（若比丘重此破僧事者。不应举彼比丘罪）。"释迦牟尼对他们说，不要比丘之间内斗互相骂对方，你们在同一个师门下，应该齐心合力，共同进步，安住佛法。然后用很多譬喻故事来教化他们，强调和合的重要性和破僧的严重结果。但是，拘舍弥的僧伽不听劝告。对释迦牟尼说"世尊！但自安住。如来是法主，诸比丘斗诤事自当知"，拒绝释迦牟尼的调解：

尔时世尊，以拘睒弥比丘斗诤共相诽谤骂詈众僧恼乱，世尊不喜,不语众僧及供养人,自举卧具着本处,执持衣钵以神足力,从拘睒弥还舍卫国……时诸优婆塞,自共作制限:"我等众人,都不应见拘睒弥比丘起迎、恭敬、礼拜、问讯、语言及供养衣服、饮食、病瘦、医药。"彼诸比丘如似被举住,比丘、比丘尼、优婆塞、优婆夷、国王大臣、种种沙门外道,尽皆远离无有与语者。彼诸斗诤比丘遂无有利养,作如是念:"我等可于世尊所灭此斗诤事。"即往舍卫国。(《四分律》卷43 拘睒弥捷度第九)

释迦牟尼看他们不听劝告继续胡闹,心里就不高兴,不跟众僧和供养人打招呼,自己拿着行李就离开拘舍弥回到舍卫国。拘舍弥国的在家信徒们听说拘舍弥的僧伽不听释迦牟尼的劝告,导致释迦牟尼离开了拘舍弥。他们非常气愤,决定与拘舍弥的僧伽断绝来往,绝不供养他们。所有人远离拘舍弥的僧伽,甚至没有人和他们说话。互相斗争的比丘们知道自己做错,就往舍卫城请求释迦牟尼原谅。然后弟子们问释迦牟尼如何处置他们,及僧伽和合的问题。

破僧是五逆之一,佛教戒律中非常严重的罪过。拘舍弥的僧伽犯了这么严重的错误,而且当时释迦牟尼就在拘舍弥。这样看来,释迦牟尼的地位非常尴尬,拘舍弥的僧伽说"如来是法主,诸比丘斗诤事自当知",他们承认释迦牟尼作为"法主"的地位,但同时他们说,比丘内部的斗争要自行解决,把释迦牟尼当外人对待。在这里,我们会想起一件事,即在原始佛经中反复强调释迦牟尼不是僧伽的领首。释迦牟尼不会领导或者统治僧伽,他本人也是僧伽成员之一。释迦牟尼会为僧伽说法,也会给出一些建议,但他对僧伽的一切要求都不是命令,而是释迦牟尼他个人的意见而已。当然,释迦牟尼是佛教的创教者,他的言语对僧伽的决定有很大的影响力,不过这不是圣旨,像拘舍弥的僧伽那样,可以拒绝或不接受。释迦牟尼也不会对不听话的人采取强行措施,别人不接受他的建议,他就选择离开,绝不可能与他们争对错或输赢,也不会为此"罚"这些不听话的人。释迦牟尼的态度非常清楚,你听不进去我的正法,那是你自己不能得到正觉而已,你坚持邪见那随你的便,我先去救济有准备的人。

在家信徒,有权也有能力选自己要支持的僧伽,如果对僧伽的行为不满,他们立刻停止供养,在家信徒并不是僧伽集团的附属品,反而影响僧伽的思想内容和发展方向。拘舍弥的在家信徒的态度,逼着拘舍弥僧伽改变对破僧事件的做法和对释迦牟尼的态度。这个故事反映的僧伽和在家信徒的关系,应该比较真实。

拘舍弥僧伽的问题一直困扰释迦牟尼,拘舍弥有一个比丘叫阐陀,他在律藏中出现频率很高,他在制定戒律的因缘故事当中,总是担任制定戒律的原因的角色,就是说,阐陀比丘总是有不妥当的、作为佛教的出家修行者不太适合的行为,释迦牟尼临死时的遗言中,竟然提到这个阐陀比丘,要罚他为"梵坛",就是一切比丘、比丘尼、优婆塞、优婆夷都不跟他说话,这个惩罚可以说非常严重。

总之,拘舍弥国的僧伽给释迦牟尼和他的教团不断带来麻烦。反而在家信徒支持释迦牟尼,逼着拘舍弥国的僧伽向释迦牟尼认错,这个时候的拘舍弥国在家信徒的做法是"都不应见拘睒弥比丘起迎、恭敬、礼拜、问讯、语言",其内容类似于释迦牟尼罚阐陀比丘的"梵坛"。那么,这样的一个地方,怎么被选中为佛陀像起源传说的舞台呢?据原始佛经的记载,优填王不一定见过释迦牟尼本人,国王也不积极支持佛教甚至对佛教有些反感。这样的一个人,怎么可能因为思念释迦牟尼造佛陀像。我们只能说,传说就是传说,与历史事实没有太大关系。选择优填王为第一个造佛陀像的国王,可能只是因为优填王与波斯匿王等一样,是释迦牟尼在世时较有名的国王。

关于拘舍弥国的位置有很多讨论。亚历山大·卡宁厄姆认为应该在朱木那河畔的柯桑村,但他的这个看法遭到史密斯等人的反对。不过,后来印度考古学家夏尔马重新发掘柯桑村遗址,发现古城遗迹、寺院遗迹和阿育王石柱等,证实了柯桑村就是拘舍弥国故地。古城年代最早能追溯到公元前 7 世纪,最晚在公元前 6 世纪前半期。现在保存有高约 15 米的砖砌城墙,城内散见建筑基址,被认为是优填王的宫殿和住民区。发现东门,门墙为双层结构,士兵们在城墙内可以移动。阿育王石柱的柱头已经残缺,上面的结构不详。柱体刻有铭文,内容为阿育王命令僧伽和合,如果有人破僧,就让他穿白衣,住精舍外面。这里还是强调破僧。

2.2.8　王舍城

王舍城是古代摩揭陀国的首都,位于印度比哈尔邦巴特那市东南90多公里处,是释迦牟尼时期最重要的城市之一。公元前800年左右,雅利安人进入恒河下游地区,当时印度刚进入铁器时期,这个地区发现铁矿,也有丰富的森林资源,因此发展迅速。此外,因为这个地区开发比较晚,不像其他地区有强烈的婆罗门传统,种姓区别也不太严格,因此许多人流入这个地区,这也是这个地区发展的一个原因。释迦牟尼活跃时期,摩揭陀国仍然保存这个传统,国王保护各种不同的宗教团体。因此,王舍城成为当时许多修行者、思想家从印度各地汇集的地方。释迦牟尼常住王舍城,所以王舍城周围有很多与佛传有关的遗迹。

释迦牟尼出家之后,曾经来到过王舍城,当时王舍城附近有很多修行者,他想找一个有知识的老师,跟他学解脱苦恼的办法。据佛传,王舍城的频毗沙罗王见到释迦牟尼,请他留下来一起统治摩揭陀国或直接把王位让给释迦牟尼。释迦牟尼拒绝了这个要求,但与国王约定等他成道之后一定回来看他。这个故事肯定是后世的创作,但它对佛教教义有重要意义。关键在于"分半座"。传说频毗沙罗王见释迦牟尼的时候给他分半座。留给一半座位,坐在一个位置,表示让座者和被让座者有同等地位。频毗沙罗王要求释迦牟尼当国王,所以通过分半座的行为来表示他的诚意。后来,释迦牟尼也给别人分半座,那个人就是大迦叶。

后来,释迦牟尼成道之后,为了履行以前的承诺,就来到王舍城。这个时候三迦叶和他的弟子们都皈依佛教,所以僧伽的规模很大,有1000多人。有意思的是,频毗沙罗王去见释迦牟尼的时候,发现在他的身后站着优留毗罗迦叶,这个人是非常有名的三迦叶中的老大。所以,频毗沙罗王以为释迦牟尼是优留毗罗迦叶的弟子。这应该代表当时大多数人的反应,释迦牟尼成道时才三十几岁,他去王舍城的时候还不到 40 岁,优留毗罗迦叶则是非常有名的修行者,年纪也大了,应该有多年从事教育工作的风格。与大乘佛经中所描写的超人般的佛陀相比,这样的释迦牟尼感觉比较亲切。

频毗沙罗王皈依释迦牟尼,成为在家信徒。他在竹林布施僧伽,这就是有名的竹林精舍。竹林精舍是释迦牟尼传教的重要根据地,戒律的基本内容是释迦牟尼在王舍城期间整理的。

王舍城有诸多修行者的团体,他们之间也有人过来听释迦牟尼说法,然后皈依佛门。舍利弗、目犍连两个人,原来是其他团体的成员。后来听了缘起法颂,生了法眼,与 250 个弟子一起皈依释迦牟尼。这故事反映了当时印度思想界的情况。释迦牟尼在修行期间也到处寻师,换过几位导师。修行的目的是个人的解脱,寻师、从师只是个手段而已。共同生活、共同学习也不是他们的目的,虽然他们生活在一起,但他们之间的关系应该是个人和个人之间的关系,导师和弟子的关系也不是固定的,这个情况在早期佛教的戒律中也有一定反映。

这个时候,大迦叶过来见释迦牟尼。传说释迦牟尼在修行期间见过大迦叶,并约定谁先得到正觉,另外一个当他的弟子。大迦叶和其他弟子们不一样,他喜欢一个人修行,被称为头陀第一。他来到王舍城的时候,因为弟子们都不认识他,看他蓬发垢衣觉得太糟糕。于是,释迦牟尼给大迦叶分半座,让弟子们明白他的地位。释迦牟尼去世后,大迦叶领导僧伽,主持召开第一次结集。释迦牟尼给大迦叶分半座,表示大迦叶与释迦牟尼有同等地位,释迦牟尼认可大迦叶,把后事交给他。所以分半座这个行为,对他们来讲意义非同,是大迦叶领导僧伽的重要依据。

王舍城有旧城和新城。据玄奘记载,频毗沙罗王时期因为城内常发生火灾,规定把引起火灾的居民赶出都城,让他们迁往城北的寒林,以此警示,使城里居民提高警惕。结果宫中失火,频毗沙罗王把城内的一些事情交代给阿阇世太子后,自己搬出王舍城。后来,太子为父亲在寒林建城,即位后整体迁到新城。法显去王舍城的时候,新城"中有二僧伽蓝。出城西门三百步,阿阇世王得佛一分舍利起塔,高大严丽"。

玄奘看到的新城是"外郭已坏,无复遗堵。内城虽毁,基址犹峻,周二十余里,面有一门……宫城西南隅有二小伽蓝,诸国客僧往来此止,是佛昔日说法之所"。玄奘在城的西北边看到一座佛塔,但他说这是珠底色迦长者本生的塔,并没有说这是阿阇世王建的佛舍利塔。

旧王舍城位于新王舍城南边:

> 五山周围,状若城郭,即是苇沙王旧城。城东西可五六里,南北七八里。其城中空荒,无人住。(《法显传》)

> 崇山四周,以为外郭。西通峡径,北辟山门,东西长,南北狭,周一百五十余里。内城余趾周三十余里。(《大唐西域记》)

五座大山环绕王舍城,释迦牟尼经常在这些山上说法,所以这些山里分布多处遗迹。法显和玄奘都见过很多石室。城内也有多处与佛传有关的遗迹,如舍利弗、目犍连初见頞鞞处,尼犍子作火坑、毒饭请佛处,阿阇世王酒饮黑象欲害佛处等。

从旧城望东方,看到一座高山,南侧的坡面很陡,山顶有一块巨石,看上去像一只仰天的灵鹫,故此得名。灵鹫山的名字在佛经中经常出现,释迦牟尼在王舍城就是常住在灵鹫山上说法。传说,频毗沙罗王为了听释迦牟尼说法,从山下到山顶修建了石台阶。山上有很多洞穴,给修行者提供很好的生活场所。山的北侧有两个洞窟,阿难陀、舍利弗等人曾经在这里坐过禅,在山南面有释迦牟尼说法的说法堂,法显去的时候已经被破坏只留下建筑基址。玄奘在山上看过佛说法像。山上还有释迦牟尼晒袈裟之处、佛足迹等遗存,玄奘说晒袈裟处"衣文明彻皎如雕刻",有可能真是后世有人雕刻的,佛足迹他去的时候已经模糊不清了。

玄奘还在毗布罗山看到温泉,"泉流之口并皆雕石。或作师子白象之首。或作石筒悬流之道。下乃编石为池。诸方异域咸来此浴。浴者宿疾多差"。这个温泉现在还在。

城东有一座山,是所谓的帝释窟山。山顶上有一个石室,释迦牟尼坐在这里的时候,帝释天过来问四十二条问题,释迦牟尼一一回答,并用手指写在石头上。这个故事是佛教艺术中常见的题材。

竹林精舍在"出旧城北行三百余步",大约500米左右的地方,法显的时候还有僧人,玄奘在这里的精舍也看到过佛陀像。现在的竹林精舍在地面上看不到任何建筑物的痕迹。

在王舍城发生过佛教史上非常重要的事情,那就是第一次结集。释迦牟尼去世后,大迦叶担心释迦牟尼的正法随其涅槃一起消失,召集各地的僧伽,从中选出阿罗汉作为代表,整理了释迦牟尼的教法。开第一次结集的过程中有很有意思的故事。

> 其有具三明、得六通、闻持不谬、辩才无碍,如斯上人,可应结集。自余果学,各归其居。于是得九百九十人。除阿难在学地,大迦叶召而谓曰:"汝未尽漏,宜出圣众。"曰:"随侍如来,多历年所,每有法议,曾未弃遗。今将结集,而见摈斥?法王寂灭,失所依怙!"迦叶告曰:"勿怀忧恼,汝亲侍佛,诚复多闻,然爱惑未尽,习结未断。"阿难辞屈而出,至空寂处,欲取无学,勤求不证。既已疲怠,便欲假寐,未及伏枕,遂证罗汉。往结集所,叩门白至。迦叶问曰:"汝结尽耶?宜运神通,非门而入。"阿难承命,从钥隙入,礼僧已毕,退而复坐。是时安居初十五日也。(《大唐西域记》卷9)

参与结集的资格是"具三明、得六通、闻持不谬、辩才无碍"的阿罗汉,然而在释迦牟尼晚年一直陪在身边的阿难没有资格参加,因此大迦叶不让他参加结集。阿难感到不满,告诉大迦叶:"每次开教法大会我都参加,现在教主去世了就不让我参加,我怎么办?"大迦叶的态度很坚决,就是不让他参加,而且还说:"你虽然陪在释迦牟尼身边,亲耳聆听释迦牟尼的教诲,但还是没有漏尽爱欲,也没有脱离烦恼。"阿难没有办法只能悄悄走开。然后为了达到无学的境地努力修行,但都无果。最后,筋疲力尽要躺下休息的一刹那得到阿罗汉果(正觉)。于是,他再去找大迦叶,参加结集。该故事反映几个问题,最大的问题是大迦叶和阿难之间的关系,他们两个人在佛教艺术上经常以一起侍从佛陀的形象出现。从这个故事来看他们俩的关系非常微妙。在前面讲过,其实大迦叶和阿难在修行者的性格类别上完全相反,分别代表不同类型的修行方式。大迦叶是头陀第一,喜欢一个人修行,靠自己的努力来得到正觉。阿难是多闻第一,在释迦牟尼身边亲眼目睹了释迦牟尼的说法,换言之,跟着释迦牟尼学得最多,可以说是靠他人教法得到正觉。这两个不同的态度没有对错,分别代表自力和他力的道理。另一个问题就是顿悟。佛教学者解释悟有渐悟和顿悟,顿悟往往是瞬间的体验,阿难准备躺下时,头还没有碰到枕头就得到阿罗汉果。

王舍城是八大圣地之一,代表王舍城的故事是调伏醉象。法显、玄奘都见过有关调伏醉象故事的遗迹:

> 宫城北门外有窣堵波,是提婆达多与未生怨王共为亲友,乃放护财醉象,欲害如来。如来指端出五师子,醉象于此驯伏而前。
> (《大唐西域记》卷9)

调伏醉象的故事见于《增一阿含经》、《十诵律》、《五分律》、《法句经》、《佛所行赞》、《杂宝藏经》、《根本说一切有部毗奈耶破僧事》等。提婆达多受阿阇世王的皈依,两个人合计要谋害释迦牟尼。阿阇世王有一头大象名叫护财(或称守财),使它喝醉后放走,让大象杀害释迦牟尼。但被灌醉了的大象见到释迦牟尼马上就清醒了,上去跪在释迦牟尼面前,亲他的脚表示驯服。该故事只是表示释迦牟尼有大威力,与其他以王舍城作为舞台讲述的佛传故事相比,在佛教教义上没有什么意义。这个情况与代表毗舍离的猕猴奉蜜的故事一样。只要是在圣地发生的故事就可以代表圣地,人们好像不太关心故事内容表达的意义。

现在的王舍城已变成农田,种有大米、小麦等。王舍城的范围基本清楚,在周围山上也留下堡垒。在旧王舍城的南门附近经过发掘发现有以石头垒砌的城墙和当时的街道,街道路面上清楚地留下车辙痕迹。城内还发现阿阇世王软禁其父频毗沙罗王的大牢。城北有竹林精舍遗迹,现在遗迹内有一个水池,其周围种竹子,其他看不到建筑基址等。新王舍城的面积没有旧城大,城南壁开一门,西壁有两个门,但具体情况还没有调查清楚。

王舍城还有一个重要遗迹,是那烂陀寺。那烂陀寺创建于5世纪初的笈多王朝时期,法显没有谈到这座寺院,7世纪的玄奘曾经在那烂陀寺学习,因此《大唐西域记》里相关记载较多。

从此北行三十余里,至那烂陀(唐言施无厌)僧伽蓝。闻之耆旧曰:此伽蓝南庵没罗林中有池,其龙名那烂陀,傍建伽蓝,因取为称。(《大唐西域记》卷9)

在旧王舍城北约有一个僧伽蓝,就是那烂陀寺。关于那烂陀寺的名称问题,当地的老和尚说,在伽蓝南边的庵没罗林里有一个水池,那里住有名叫那烂陀的龙,故此得名。玄奘还介绍另一种说法,释迦牟尼在前世统治这里的王国的时候,经常布施给群众,赞其美德号称"施无厌",伽蓝由此得名。其实玄奘介绍的是一个本生故事。据玄奘记载,那烂陀寺始建于笈多王朝第四代鸠摩罗笈多时期,后经过多个国王的扩建,鸠摩罗笈多之子"佛陀鞠多王(唐言觉护)"在南面建伽蓝,"呾他揭多鞠多王(唐言如来)"在东边建伽蓝,"婆罗阿迭多(唐言幼日)王"在东北建伽蓝,其王之子"代阇罗(唐言金刚)"在西面建立伽蓝。其后,中印度的国王在北面建大伽蓝,同时在整个伽蓝群周围建围墙。经过历代国王的扩建,形成具有不同建筑风格的独特寺院。不仅寺院建筑非常宏伟,在教学方面也有很重要的地位:

僧徒数千,并俊才高学也。德重当时,声驰异域者,数百余矣。戒行清白,律仪淳粹。僧有严制,众咸贞素,印度诸国皆仰则焉。请益谈玄,渴日不足,夙夜警诫,少长相成。其有不谈三藏幽旨者,则形影自愧矣。故异域学人,欲驰声问,咸来稽疑,方流雅誉。是以窃名而游,咸得礼重。殊方异域欲入谈议,门者诘难,多屈而还,学深今古,乃得入焉。于是客游后进,详论艺能,其退飞者,固十七八矣。二三博物,众中次诘,莫不挫其锐,颓其名。(《大唐西域记》卷9)

当时,有几千个僧徒在这里学习,其中有几百个大德闻名四海。学习内容除了大乘理论以外,还有俗典、吠陀、因明、声明、医方、术数等,涉及面非常广泛。僧伽有严格的戒律,但从没有人犯戒,印度诸国都瞻仰那烂陀寺的僧人。因此,在外地修行的人当中,想出名的人都来到那烂陀,希望得到荣誉。所以有人谎称自己曾经游学那烂陀寺,就可以得到世人的尊重。但是,实际上在那烂陀寺学习并不容易,从外地过来的

·欧·亚·历·史·文·化·文·库·

人入门前要被寺僧考知识,寺僧问一些教法上的问题,如果答不上来,就会请他回家。这些人过来的时候充满信心,自以为已经学了很多,对教法相当了解,但是,他们十个人当中有七八个人不能进门而只能回家。其他两三个人,虽然有资格在寺内学习,但在与众僧的辩论中被挫败,认识到自己的不足,以前只是浪得虚名而已。这个情况很像现在的高考,全国的考生为了进名校参加考试,考试得到一定成绩才能进校门。这个情况与那烂陀寺的"其退飞者,固十七八矣"一样。各地的"神童"、"状元"考上名校,不仅自己高兴,家人亲戚,有时候他所在地方的居民都为他的成功感到骄傲,为他庆祝。不过这些神童、状元来到学校发现,原来山外有山、天外有天、人外有人,周围都是神童、状元,想要出头,没那么容易。有的学者称那烂陀寺是世界最古老的大学之一,此说法有一定道理。

玄奘介绍那烂陀寺周围的佛迹:

> 伽蓝四周,圣迹百数,举其二三,可略言矣。伽蓝西不远有精舍,在昔如来三月止此,为诸天、人广说妙法。次南百余步小窣堵波,远方比丘见佛处……其南则有观自在菩萨立像,或见执香炉往佛精舍,周旋右绕。观自在菩萨像南窣堵波中,有如来三月之间剃剪发爪,有婴疾病,旋绕多愈。其西垣外池侧窣堵波,是外道执雀于此问佛死生之事。次东南垣内五十余步,有奇树,高八九尺,其干两披。在昔如来嚼杨枝弃地,因植根柢,岁月虽久,初无增减。次东大精舍,高二百余尺,如来在昔于此四月说诸妙法。次北百余步,精舍中有观自在菩萨像,净信之徒兴供养者,所见不同,莫定其所。或立门侧,或出檐前。诸国法俗,咸来供养。观自在菩萨精舍北有大精舍,高三百余尺,婆罗阿迭多王之所建也。庄严度量及中佛像,同菩提树下大精舍。其东北窣堵波,在昔如来于此七日演说妙法。

那烂陀寺周围有上百个与佛陀有关的圣迹,按照遗迹的性质把这段记载的内容可以分为三种类型。

第一类是与释迦牟尼直接有关的遗迹。玄奘介绍三处释迦牟尼说法的地方，其中两处为精舍。有一棵奇树，原来是释迦牟尼丢掉的牙签。还有供奉释迦牟尼的指甲和头发的佛塔。

第二类是与释迦牟尼相关的故事，有"远方比丘见佛处"和"外道执雀于此问佛死生之事"。远方比丘见佛的故事内容为，来自远方的比丘见到释迦牟尼和弟子们，内发敬心五体投地，同时发愿能够登上转轮王王位。释迦牟尼看着这情景告诉弟子们，这个比丘很可怜，本来福德深远，信心很坚固，如果求佛果，不久能得到正觉。可惜他现在发愿当转轮王。于是他来世必当转轮王。他五体投地的地面直到金轮之间的所有微尘，每颗都是一个转轮王的应报。所以他会当无数次的转轮王，当转轮王时，因为耽溺世俗的乐趣，与得到圣果甚远。该故事和外道执雀于此问佛死生的故事都出处不明。早期佛经里找不到相关内容，暗示着该故事应为后世的创作。

第三类是观自在菩萨，即观音像的灵验故事。他介绍了两尊观音像，其中一尊观音会自己执香炉到佛精舍，进行礼拜。另一尊置于精舍，但它也会移动，有时候立在门侧，有时候出现在檐前。这个故事反映两件事，一是观音信仰，另一个是瑞像信仰。对观音菩萨的信仰，肯定是大乘佛教形成以后才产生的。比如自己会移动等出现各种灵验的造像叫瑞像，这也是造像崇拜流行以后才出现的内容。

根据上述分析，我们可以肯定这段记载的佛迹遗存多半是后世的虚构，不过这个说明那烂陀寺在 5 世纪以后的佛教徒心目中占有非常重要的地位，佛教信徒假托各种故事，来表达对那烂陀寺的尊重。

佛传故事中也出现过那烂陀的地名，《长阿含经》、《杂阿含经》、《中阿含经》等记载了在那烂陀发生的各种故事，根据这些记载，我们知道当时的那烂陀是较大的聚落，除了佛教信徒以外，还有耆那教徒和邪命外道等也在这里活动。《中阿含经》卷 32《大品优婆离经》讲述了很有意思的故事，其主要内容为释迦牟尼和耆那教徒围绕恶行为展开讨论。这部佛经的特点是释迦牟尼主动向他们提问。与外道讨论的故事一般都是释迦牟尼应外道挑战的形式，但是这部佛经中释迦牟尼先开始提问题。首先释迦牟尼问名叫苦行的耆那教弟子恶行为有几

·欧·亚·历·史·文·化·文·库·

种。苦行回答释迦牟尼说，耆那教对恶行为设三"罚"，即身罚、口罚和意罚，其中，身罚的罪过最重。"罚"就是恶行为的意思。也就是说，做某种行为可以设定以下三个层次，即心里想一下、说说而已、具体动手，其中，具体动手是最严重的。然后问释迦牟尼对恶行为的看法。释迦牟尼说，佛教不设定"罚"，而是用"业"。那是因为佛教认为行为本身没有好恶之别，"业"就是行为，有身业、口业和意业，其中最重要的是意业。就这样，耆那教的看法和佛教的看法完全相反。他们各自主张自己的看法就结束这个讨论。

耆那教主张，用身体的具体动作，最明显，后果也最严重。假如说，你不喜欢某个人，你在心里讨厌他，或破口骂他，或动手打他，其行为产生的后果是不一样的，具体动手的严重性是显而易见的。但是，释迦牟尼说，最严重的是"意业"。其实，这与四谛和十二因缘一样，是佛教的基本思想。

后来，耆那教的在家信徒优婆离长者过来找释迦牟尼理论。他过来的时候火气很大，说"我往诣沙门瞿昙所，共彼谈论，降伏已还"，他们想要收释迦牟尼为弟子。释迦牟尼向优婆离说："居士！我欲与汝共论此事，汝若住真谛者，以真谛答。"优婆离应答："瞿昙！我住真谛，以真谛答。沙门瞿昙！但当与我共论此事。"他们开始讨论之前，先规定好双方都要站在自己的立场发表意见。这里所说的"真谛"就是自己的主张。互相表明自己的立场，交换意见，这样的讨论才有收获。如果没有坚定的立场，为了打败对方不择手段，那不是讨论而是吵架。释迦牟尼的这个态度非常重要，与外道讨论并不是为了打败他们，为的是与其共同探讨"正法"所在。当时的印度有很多教派，百花齐放，佛教也是其中之一。释迦牟尼出家后曾经到处游历寻师访友，通过与他们的对话积累了知识，渐渐提高自己，他和他的两位导师的故事很清楚地反映了其过程。释迦牟尼得到正觉成为佛陀，他的教法才是真理，不过对释迦牟尼来讲仅此而已。如果有人说，因为我是对的，我说的话就是真理，所以我一向主张我的意见，别人应该无条件接受我的意见，那么即便他的主张是对的，这也不是佛教的态度。你悟到正法自然困难,把你所悟到的正法传授给别人更难。这就是成道当初释迦牟尼犹豫传教的原因。释迦牟尼所讲的"法"自然重要,但传播这个"法"的手段,也同样值得重视。言归正传,释迦牟尼先提问:"假如有一个耆那教徒走过来的过程中杀死了大小虫子,那么你们的教主怎样惩罚他呢?"优婆离的回答是:"如果有意去杀它,那他就有大罪,但他不小心无意地杀它,就没有罪。"释迦牟尼听到优婆离的这个回答就提醒他说:"居士,你先想清楚再回答,你的说法先后矛盾,我们事先说好要站在自己的立场主张。"按耆那教的说法,身罚,即具体的动作的罪过最大,而意罚,即心里想的没有罪。但是,在这个问答中优婆离很清楚地说,有意者有罪,无意者则无罪,这与之前他说身罚重、意罚轻的主张矛盾。这样,经过几次讨论之后,优婆离懂得佛教的真谛,他表示要皈依佛、比丘和法。然而,释迦牟尼没有马上接受他的皈依,反而让他三思,劝他先想清楚了,再做决定。释迦牟尼的这个态度充分证明,他与外道讨论绝不是为了打败对方。优婆离再三要求改信佛教,最后释迦牟尼接受他为在家弟子,同时对他说:"你是长期以来支持耆那教徒的,以后耆那教徒来乞讨的话,你应该与从前一样布施给他们。"优婆离听了释迦牟尼的这番话非常高兴,他说:"其他人一般都会说布施自己和自己的弟子得大福,布施别人和别人的弟子就不能得大福,但您不但没有这么说,还让我继续布施给耆那教徒。"释迦牟尼告诉优婆离:"布施给谁并不重要,重要的是做布施的同时要精进,光做布施不能得大福,又做布施又精进者,才能得大福。"从这里,我们看到释迦牟尼对布施以及在家信徒的态度,释迦牟尼鼓励布施这种行为,但并不限定行为的对象,布施给佛家弟子还是外道,都一样,布施是布施者的个人行为,只要你诚心帮助别人才有意义,这符合意业最重要的说法。但光做布施是不够的,做布施的同时,还需要修行。在家信徒大把大把钱财往寺院里送,但在生活上一点都不收敛,这绝非是释迦牟尼所设定的在家信徒和出家人该有的关系。以那烂陀作为舞台的这个故事,反映了释迦牟尼,即佛教的基本思想与对外道和在家信徒的基本态度。

玄奘去的时候的那烂陀寺得到国王的支持,据说国王赐予 100 个村庄来经营那烂陀寺,其中 200 户每天供养数百石大米、酥乳等,以此保证寺内僧伽的生活,寺僧不用出去乞讨,他们专心学习、刻苦钻研。那烂陀寺培育了好多人才,对 5 世纪以后的佛教发展有巨大的影响力,到了 12 世纪末,那烂陀寺被伊斯兰教军队彻底破坏。

1861 年,英国人亚历山大·卡宁厄姆发现那烂陀寺的遗迹,并做过发掘。1915 年以后,印度考古局多次在那烂陀寺进行发掘。目前确认的遗迹范围为南北约 600 米,东西约 200 米,东部和南部有多座僧院,西部发现佛塔和佛殿。东部有六座僧院排成一列,每一座僧院向西开门,建筑中间是大庭院,围绕这个庭院在四周建僧房,精舍内都做祠堂,原来应该供奉佛像。有的精舍有两层或三层。这个结构与同时期的石窟寺院结构基本一致。西部应为礼拜场所,有一座佛塔和两座佛殿,其中,佛塔至少经过 7 次改建。根据发掘,它原来是体积较小的圆形单搭,第五次改建的时候在佛塔四周各建小塔一座,成了金刚宝座塔形式,最后一次改建时改成佛殿。四周小塔尚在,其结构为在方形塔座上面放圆形塔,塔座四面都可以分上下三层,每层开龛,最底层龛里有菩萨立像,中层龛有坐像,塔身每面也开一龛,各放坐像。从造像风格来看,是受后笈多时期影响的 7、8 世纪的作品。

遗迹里出土遗物相当丰富,其中包括刻有笈多王朝第四代国王鸠摩罗笈多铭的封泥,从出土遗物的年代来看大约是从 5 世纪到 12、13世纪。出土了大量佛像,主要是后笈多时期和帕拉王朝时期的,除了石雕和塑像以外,也有不少青铜造像。这些青铜造像主要流行于 10 世纪以后的帕拉王朝。

那烂陀寺被毁是印度佛教彻底衰落的象征性事件,被毁掉的不仅仅是寺院建筑,那烂陀寺一直保持的学术传统、严谨学风随之消失。

2.2.9　涅槃之地——毗舍离

佛祖释迦牟尼的死亡,对后世佛教信徒来讲有重大意义。释迦牟尼死亡前后发生的种种事迹都详细描述在《大般涅槃经》及其他佛经里,在释迦牟尼 40 多年的传教生涯中,他最后的旅程最为详细。巴利文版的《大般涅槃经》(《南传大般涅槃经》)的内容比较完善,后世附加的内容较少。中亚及新疆地区发现有梵文本的断片,德国的瓦尔德施密特教授研究吐鲁番出土的断片,推测是根本说一切有部所传的版本。汉译版本有失译《般泥洹经》2 卷(东汉?),白法祖译《佛般泥洹经》2 卷(西晋),佛陀耶舍、竺法念译《长阿含经》卷 2 至卷 4 的《游行经》(后秦),法显译《大般涅槃经》3 卷(东晋),义净三藏译《根本说一切有部毗奈耶杂事》卷 35 至卷 40,竺法护译《方等般泥洹经》2 卷(西晋)等很多版本,此外后世有许多注疏。藏文经典也有相同内容的佛经。汉译版本比其巴利文本内容更夸张,佛陀的神化明显,《游行经》的内容与巴利文本相似,而义净译本和范文本的内容较接近。总之,有关释迦牟尼最后的行程有很多记录,相对比较清楚,其大概的路线是王舍城灵鹫山—巴特那—毗舍离—拘尸那揭罗。

摩揭陀国的王舍城,释迦牟尼成道之前来过这里,结识了频毗沙罗王,成道之后此地成为佛教教团的主要根据地。晚年的释迦牟尼又回到王舍城,教化阿阇世王(频毗沙罗王之子),住在王舍城郊外的灵鹫山,向住在王舍城附近的修行者讲授戒律、正觉、禅定等内容。此时释迦牟尼年已 80,他又踏上了游行传教之旅。经文没有明确记录其目的地,他离开灵鹫山后往北走,摩揭陀的北边有释迦牟尼的故乡迦毗罗卫。释迦牟尼知道自己剩下的时间不多了,有可能想回家看看。

2.2.9.1 巴特那

释迦牟尼带阿难等人来到恒河南岸的巴特那。当时的巴特那是恒河渡口的小村落,后来阿育王时期成为孔雀王朝的首都,佛经里出现的华氏城就是此地。现在的巴特那是比哈尔邦的省会。释迦牟尼到的时候,摩揭陀国的大臣为了防御离车族入侵在这里建军事要塞,释迦牟尼预言这里将成为商业发达的首府,但后来要遭受灾难。这个预言说中了巴特那的命运,摩揭陀国不久之后从王舍城迁都到这里。摩揭陀国灭亡后,孔雀王朝也定都于此地,到阿育王时期迎来盛世,成为印度的政治、经济、文化中心,被称为花都华氏城。释迦牟尼的预言有可能是后世附加进去的,不过从这段记载可以看出印度城市发展的一种模式,先建立防御敌人的要塞,后来这个要塞发展成城市。摩揭陀国

·欧·亚·历·史·文·化·文·库·

的首都王舍城是四周群山环绕的天然要塞,然而巴特那位于河岸边的平地上,周围几乎没有障碍物。从王舍城到华氏城的迁都,象征印度从小国群起的分裂状态到大统一的过程。

巴特那历史悠久,历代在同一个地方重建城市,玄奘来到此地时故城已荒废。早期的遗址被压在现代巴特那城下面,经过发掘调查的只有很小一部分,遗迹里发现有倒塌的石柱,《大唐西域记》记载:"王宫北有石柱,高数十尺,是无忧王作地狱处",应该就是它。

2.2.9.2 毗舍离

又译成吠舍厘、毗耶离等。释迦牟尼时期十六大国之一,是由离车、毗提诃、跋耆等8个部族共同组成的部落制国家。作为离车族的都城,相当繁荣,南面隔着恒河与摩揭陀国相邻,时常发生冲突。是从南方的摩揭陀国到北方拘萨罗国等地的必经之路,释迦牟尼经常到此地过雨安居。释迦牟尼从巴特那来到毗舍离的途中患病较严重,阿难怕释迦牟尼这样离开,希望他留下遗言,然而释迦牟尼告诉阿难,他不是僧伽领导,没有必要留下什么遗嘱,出家人心持正法,不要依靠别人,修行成道靠自己。然后,魔王过来催释迦牟尼速入涅槃,离开人世,释迦牟尼说"佛自知时不久住也,是后三月,于本生处拘尸那竭娑罗园双树间,当取灭度"(《游行经》),约定3个月后入涅槃。来到毗舍离,将毗舍离一带的佛教信徒招致一起,讲授无常之理,预言自己3个月后入涅槃。

《大唐西域记》记载:"吠舍厘国周五千余里……好福重学,邪正杂信。伽蓝数百,多已圮坏,存者三五,僧徒稀少。天祠数十,异道杂居,露形之徒,寔繁其党。吠舍厘城已甚倾颓,其故基趾周六七十里,宫城周四五里,少有居人。"可见,原来的毗舍离城已经荒废了,但是这个地方气候较好,还有不少住民。往时的伽蓝大多已灰烬,只剩三五座,佛教的信徒也甚少。"露形之徒"应该指的是耆那教徒。耆那教是佛教所谓的六师外道之一,是与释迦牟尼同时代的大勇(或称大雄)所开创的宗教,毗舍离就是大勇诞生之地,也是耆那教徒的圣地。他们要遵守严格的戒律,最重要的戒律是不杀生、不偷盗、不邪淫、不撒谎、无所有。

耆那教的重要一派有裸行派,他们遵守无所有的戒律,连衣服都不带。玄奘看到的"露形之徒"应该就是耆那教的裸行派信徒。玄奘还说:"吠舍厘城内外周隍,圣迹繁多,难以具举。形胜故墟,鱼鳞间峙。岁月骤改,炎凉亟移,林既摧残,池亦枯涸,朽株余迹,其详验焉。"毗舍离有很多圣迹,但其大部分已经荒废了,曾经的辉煌一去不回,让人不禁感到凄凉。

毗舍离的"圣迹"大多与释迦牟尼最后的旅程有关,比较重要的遗迹有释迦牟尼决定放弃寿命之处,离车族人送别释迦牟尼处,释迦牟尼最后一眼看毗舍离城处等,这些与佛传有关的地方都建有佛塔。

除了佛传以外,还有本生系统的遗迹摩诃提婆王本生、千佛本生,还有后来成为代表毗舍离圣地图像的猕猴奉蜜本生等,都建有佛塔。据玄奘说,猕猴奉蜜处除了建佛塔以外,还有猕猴的造像。关于千佛本生的故事法显、玄奘都有记载,法显称"放弓仗"塔,玄奘说"千子见父母处",故事的大致内容是,某一个国王的夫人生了 1000 个孩子,但是国王说"不祥",把他们都扔在水中,后来,被其他国家的国王捡回去养大。长大之后,他们个个成为大勇士,养父国王靠他们征服周围国家,有一天终于来到生父生母的国家。母亲知道他们是自己的亲儿子,就一个人站在城门上告诉他们真相。孩子们不相信,于是,母亲双手按乳房,乳汁分流成 1000 条,都流入孩子们的口中,于是孩子们也知道了自己的身世,马上丢下兵器撤军。这 1000 个孩子就是"贤劫千佛"。贤劫千佛在大乘佛教艺术中非常重要,也是很常见的题材。

毗舍离是僧伽召开第二次结集的地方,法显说:"佛般泥洹后百年,有毗舍离比丘错行戒律,十事证言佛说如是。尔时诸罗汉及持戒律比丘凡夫者有七百僧,更检校律藏。后人于此起塔,今亦在。"玄奘记得比较详细:"城东南行十四五里,至大窣堵波,是七百贤圣重结集处。佛涅槃后百一十年,吠舍厘城有诸苾刍,远离佛法,谬行戒律……即召集诸苾刍,依毗奈耶,诃责制止,削除谬法,宣明圣教。"当时主持会议的长老们,都是阿难的弟子。

毗舍离城遗址在今天的比哈尔邦木扎法普尔县的巴塞尔。南北

481 米,东西 228 米,周围还保存着城壕和城墙,最高处约高 4.5 米。20 世纪初,经过考古发掘确认这里确实有城址,并命名为"毗舍离王的宫城"。

宫城遗址西北约 1.5 公里处发现有佛塔塔基,直径 8.7 米,上面盖水泥制成的保护棚。《大唐西域记》记载:"舍利子证果东南,有窣堵波,是吠舍厘王之所建也。佛涅槃后,此国先王分得舍利,式修崇建。"《印度记》曰:"此中旧有如来舍利一斛,无忧王开取九斗,惟留一斗。后有国王复欲开取,方事兴功,寻则地震,遂不敢开。"释迦牟尼被火化后,其骨灰,即舍利分给 8 个部落,毗舍离的离车族也争得了舍利,起塔供养佛舍利。后来阿育王从佛塔里取出舍利,再建八万四千塔。这里发现的佛塔遗址,出土了阿育王时期的舍利盒,可能是阿育王取舍利后放回去的。

城址的西北约 2 公里处有阿难舍利塔和阿育王石柱。《大唐西域记》记载:"其西北有窣堵波,无忧王之所建也。傍有石柱,高五六十尺,上作师子之像。石柱南有池,是群猕猴为佛穿也。"21 世纪以后做了全面的发掘调查,许多奉献塔等建筑遗迹被揭露出来。阿育王石柱高 14.5 米,柱头有一只蹲狮,面向阿难舍利塔。因为发现这个阿育王石柱的村落是耆那教创始人大勇的故乡,所以有的学者认为这座石柱不是阿育王为释迦牟尼建的所谓的阿育王石柱,可能是纪念大勇的石柱。不过,玄奘访问此地的时候,该石柱已经被认定为阿育王所建。

阿难舍利塔高约 4.6 米,直径 20 米,石柱和舍利塔周围建有很多奉献塔。石柱南面有猕猴池,传说猕猴将蜂蜜献给释迦牟尼的地方。

离开毗舍离的释迦牟尼,往拘尸那揭罗。毗舍离的离车族人听说释迦牟尼将入涅槃,都过来送行。他们爱慕释迦牟尼久久不肯离去,于是释迦牟尼发神力出现大河,留下佛钵为纪念,终于渡河而去。《大唐西域记》记载:"大城西北行五六十里,至大窣堵波,栗呫(昌叶反)婆子(旧云离车子,讹也)别如来处",这就是现在的克沙里雅的大佛塔。传说由摩揭陀国阿阇世王创建,后来经孔雀王朝、巽伽王朝、笈多王朝时期等历代扩建,到 12 世纪被毁坏。目前发掘佛塔的东面和北面,现高

45 米,分 9 层(未完全揭露),直径约 105 米,佛塔下层为圆形,中间部分做成像莲瓣形,塔顶为模仿鹿野苑答枚克佛塔的圆筒形佛塔,高 9.5 米,直径约 7 米。每层都开龛,里面有等身的塑像,有初转法轮、降魔、禅定等姿势。

2.2.9.3　拘尸那揭罗

释迦牟尼告别离车族人,来到末罗国的波伐村(亦译"婆瓦村"),接受了铁匠纯陀的招待,吃了菇茸(一说为猪肉),导致严重腹泻。勉强走到拘尸那揭罗的释迦牟尼,躺在娑罗双树下,最后留下"一切无常,勤修勿怠"之辞,鼓励阿难及其他僧伽完成修行得到正觉,然后入灭。法显来的时候拘尸那揭罗城已经人烟稀少,玄奘来到这里的时候"城郭颓毁,邑里萧条,故城砖基,周十余里。居人稀旷,闾巷荒芜",几乎成了废墟。法显对拘尸那揭罗的记述非常简短,"乃须跋最后得道处,以金棺供养世尊七日处,金刚力士放金杵处,八王分舍利处。诸处皆起塔,有僧伽蓝,今悉现在",可见,释迦牟尼入涅槃时发生的各种传说故事都建有佛塔纪念。玄奘的记录相对较详细。玄奘在释迦牟尼入涅槃的娑罗林看过涅槃像,"其大砖精舍中,作如来涅槃之像,北首而卧。傍有窣堵波。无忧王所建,基虽倾陷,尚高二百余尺。前建石柱,以记如来寂灭之事"。现在,这个地方没有发现玄奘所见到的石柱。

19 世纪以来,印度政府及国外研究机构在拘尸那揭罗进行发掘调查,发现 5 到 12 世纪寺院、祠堂、佛塔等遗迹,出土刻有"涅槃祠堂"的铜板,现在的拘尸那揭罗成为遗址公园。1876 年修建了涅槃堂,1956 年由印度政府重修,涅槃堂后面又建佛塔。涅槃堂周围发掘出土寺院的建筑基址。公园内还有由中国、缅甸、日本等国的佛教信徒建的寺院。涅槃堂内安置的涅槃像,长约 6 米,应该是 5 世纪笈多时期的造像,这尊造像 1876 年发掘时已破碎,后来人们把它修复并安置在涅槃堂内。佛教信徒在涅槃像上贴金箔,使其成为金像。有的学者认为,该像应该是玄奘讲过的涅槃像,这样的话法显来到拘尸那揭罗的时候还没有这尊涅槃像。

· 欧 · 亚 · 历 · 史 · 文 · 化 · 文 · 库 ·

3 印度的佛塔

　　释迦牟尼和他的教团主要活动在摩揭陀国和拘萨罗国境内,即现在印度东北部印度斯坦平原一带,所以与释迦牟尼有关的圣地也集中在这个地方。后来,随着佛教教团的发展,僧伽要走出去,向周围地区传播佛教。公元前 1 世纪的萨塔瓦哈纳王朝早期,佛教已经普及西印度和南印度。现在,印度各地留有很多佛教遗迹,包括佛塔、僧院、石窟以及造像,这些遗迹在一定程度上反映了当时佛教信徒对佛陀的理解。通过这些遗迹,我们能够了解到文献里没有表现出来的在家信徒的信仰问题。

　　佛塔在佛教伽蓝当中有特殊的含义,据佛经记载,八王分释迦牟尼的舍利骨回国后,起塔供奉舍利,可以说佛塔是佛教的标志性建筑。其实,塔不是佛教特有的建筑,佛教出现之前的印度已经有塔,一般认为,塔有两种功能,一个是墓葬,另一个是纪念物。释迦牟尼涅槃后,佛教信徒按照当时的习惯为他起塔。后来,阿育王时期在印度各地出现许多佛塔,有阿育王建八万四千塔的传说,虽然这个说法在数字上有些夸张,但可以推定阿育王时期建了大量的纪念佛陀的佛塔。不过,阿育王时期其他宗教也有建塔,耆那教及其他外道都建有属于自己宗教的塔。

　　关于佛塔,在佛教文献和现存的遗迹中有大量的资料。最早的佛塔就是上述的八座舍利塔,有的学者认为庇浦拉瓦的佛塔就是其中之一,还有部分学者认为庇浦拉瓦佛塔为阿育王所建,传说阿育王打开七座释迦牟尼舍利塔,取出在塔中供奉的舍利,然后在各地重建舍利塔,庇浦拉瓦佛塔就是这个时候建的。根据考古调查,创建能追溯到孔雀王朝时期的佛塔有中印度的桑奇佛塔、塔克西拉的法王塔、斯瓦特的布特卡拉第一号佛塔等。现存的印度佛塔大部分都经过多次重修,塔内部往往包含早期的佛塔,如果继续调查的话,将来肯定会发现更多的早期佛塔。

关于佛塔的两种功能,一般认为佛塔是佛陀的墓葬。塔内供奉释迦牟尼或者其他高僧的遗骨(舍利)的舍利塔,在形式上与墓葬类似,不过,值得注意的是古代印度几乎没有发现其他墓葬的例子,我们连阿育王的墓葬在哪里都不知道。中国有历代皇帝的陵墓,但印度没有发现像秦始皇陵或者西汉帝陵那样的大型墓葬,这可能与中国和印度的生死观念不同有一定的关系。古代中国相信人死了以后,到另一个世界继续生活,如上天思想、地府传说等都反映了这样的思想。所以,古代中国人想办法保存死者的身体,为死者准备死后生活的空间和条件,这就是中国的墓葬。古代印度流行的是轮回思想,人死了之后会转世投胎,开始全新的生活。在这样的思想背景下,死者的身体没有什么特殊意义,没有必要刻意去保留,缺乏建立墓葬的动机。所以,佛塔不完全是释迦牟尼的墓葬,佛塔的意义在于纪念释迦牟尼佛陀,即得到正觉的圣者。因此,佛塔的另一种功能就是纪念物。后来,随着佛教的发展,对佛陀的理解也产生了新的内容,据文献记载,阿育王建佛塔供养过去佛。这个时候,作为墓葬的佛塔的意义渐渐消失,反而强调了纪念一切诸佛陀的标志物的性质。此外,也有为高僧大德建的塔,塔内供奉这些高僧的舍利,这种塔一般规模不太大,建在纪念佛陀的大型佛塔周围或附属于精舍的建筑里。这种塔从大的意义上来看,也可以叫佛塔。我们在讲初转法轮故事的时候提过,因听了释迦牟尼说法,生了法眼,得到正觉的五比丘,与释迦牟尼一样成为阿罗汉,那么,这些纪念后世的高僧的塔,也可以认为是纪念一切诸佛陀(得到正觉者)的塔的一种。而这些奉献给高僧的塔供奉着他们的舍利,于是小型奉献塔的形式,又恢复了作为墓葬的性质。

3.1 佛塔的由来——stūpa 和 caitya

前面说过佛塔有两种功能,这一点从佛塔的名称方面也能够得到

·欧·亚·历·史·文·化·文·库·

证实。佛塔在梵文中叫 stūpa(巴利语叫 thūpa),佛教传到中国后,译经僧把 stūpa 翻译成"窣堵坡、卒塔婆、窣都婆、兜婆、瑜婆、塔婆"等,后来简称为"塔"。其实,stūpa 这一词并非佛教专用的术语,在吠陀时期的文献,如《梨俱吠陀》、《鹧鸪氏本集》等中已有出现,其意为"柱、树干、毛发、发髻、梁柱、顶"等,后来又指"土堆、土坟"等。巴利文《大般涅槃经》第五章有关于窣堵坡的记载,伺候释迦牟尼的弟子阿难问释迦牟尼,其遗体应该怎样处理。释迦牟尼告诉阿难:"阿难,如人处理转轮圣王的遗体,对如来的遗体亦应如此。"其具体做法是"以新布包裹转轮圣王的遗体,继以弹软的棉,再以新细布,如是一层布、一层棉,至各有五百层为止。然后将其安放在有油之铁棺内,复以另一铁棺盖之,用各种香薪做火葬场以焚烧转轮圣王的遗体。于十字街头为转轮圣王建窣堵坡(stūpa)"。释迦牟尼还告诉阿难说,对如来,即释迦牟尼的遗体也应该和转轮圣王的遗体一样处理,同时也要在十字街头为释迦牟尼建窣堵坡,如果有人对释迦牟尼的窣堵坡奉献花轮、香料、颜料等并做礼拜,此人将获得永久的福利和幸福。这里强调了作为墓葬的窣堵坡(佛塔)的功德。

佛塔的另一个语源是 caitya(巴利语为 cetiya),它在汉文佛经里被译成"支提、枝提、制底、制多、质地"等。caitya 这个词也可以追溯到吠陀时期,它源于吠陀时期婆罗门教的圣火坛(citi),也有的学者认为 caitya 一词由火葬堆(cita)派生而来。caitya 的本意是"圣树、火坛、祭坛"等,它也指为了纪念死者、药叉或天人等而修建的祠堂,除了佛教以外,耆那教徒也将其圣殿称为 caitya。在印度传统信仰当中,caitya 表示药叉或罗刹等树神的住所,即圣树。日本学者宫治昭先生认为这种印度传统的圣树崇拜影响了佛塔的形状及礼拜方式。首先,印度佛塔是在覆钵形的塔身顶部放有方形平头再插伞盖,这个平头和伞盖的结构有什么意义?宫治昭先生解释伞盖即圣树,平头就是栅栏。还有,佛塔里面往往发现贯通上下的中心柱,庇浦拉瓦的佛塔在塔内发现有圆筒形的陶管,它有没有实际功能还没有人解释清楚,宫治先生认为,这是连接天地的象征。在礼拜方式方面,根据婆罗门教吠陀文献和佛教本生故事等记载,礼拜佛塔与礼拜圣树的方式有很多相似的地方,如熏香、散花、涂油、燃灯、旗帜、宝盖、奏音乐、右绕礼拜等。如上几项内容都表明佛塔和圣树之间有密切的联系,也就是说,佛塔的形状是作为墓葬的土堆加圣树的结构,佛塔的礼拜方式也是从圣树礼拜传统发展而来的。

　　caitya 指的是值得纪念的重要场所,即圣地。圣树作为具体的礼拜对象,当然是圣地之一。前面我们说过,佛教信徒非常重视圣地,圣地巡礼是佛教信徒的主要信仰活动内容。从某种意义上讲,stūpa 代表圣遗骨崇拜,caitya 则代表圣地崇拜。四大圣地也叫 caitya。显而易见,遗骨是有限的,然而圣地可以无限扩张。我们可以推测,在早期佛教当中,供奉圣遗骨,即释迦牟尼舍利的地方就是圣地,两者之间没有太多矛盾。后来,对佛陀的理解的发展变化,使佛传故事的内容越来越充实,随之产生许多与佛陀有缘的"圣地"。圣地崇拜日益盛行,发展了菩提道场、过去佛成道的菩提树、定的圣地和不定的圣地等,以及许多有关圣地的信仰。各地的佛教信徒都希望自己的故乡有圣地,他们也创造了圣地。这样的圣地一定建有佛塔,与佛有缘的圣地,肯定少不了纪念佛陀的佛塔。于是,stūpa 和 caitya 都指佛塔。

　　但这两者之间仍然有一定的差别。在文献方面,根据在南印度的阿默拉沃蒂或龙树山等地发现的题记铭文,当地指佛塔的词多用 caitya,而很少用 stūpa,这暗示着一个问题。佛教传到释迦牟尼没去过的南印度的时候,当地当然没有与释迦牟尼直接有关系的遗迹,这里修建的佛塔也不可能供奉释迦牟尼的舍利,建佛塔不是为了供奉舍利而是为了纪念佛陀,因此,他们使用表示圣地的 caitya 这个词来命名他们的佛塔。此外,据东晋天竺三藏佛陀跋陀罗和法显共译的《摩诃僧祇律》卷 33,"有舍利者名塔。无舍利者名枝提。如佛生处、得道处、转法轮处、般泥洹处、菩萨像、辟支佛窟、佛脚迹。此诸枝提得安佛华盖供养具",就是说,塔(stūpa)藏有舍利,而枝提(caitya)没有舍利。有可能早期的佛教信徒把供奉释迦牟尼舍利的佛塔和纪念佛陀的佛塔分开考虑,后来,在佛教传播的过程中,这种差别意识越来越淡薄,最终窣堵坡

·欧·亚·历·史·文·化·文·库·

和支提都指一种佛塔。

3.2 佛塔起源传说

据《大般涅槃经》等记载,释迦牟尼入涅槃被火葬之后,有8个国家的国王为了得到释迦牟尼的遗骨(舍利)差点大动干戈,后来有一个婆罗门出面调解,8个国王平分舍利,各取一份回国建塔供奉。这是最早的关于佛塔的起源传说。现在,有些学者主张迦毗罗卫和毗舍离发现的佛塔就是释迦族和离车族分别建造的释迦牟尼舍利塔,但还没有成为定论。

据传说,孔雀王朝第三代王阿育王从七座释迦牟尼舍利塔中取出舍利进行再次分配,建造了八万四千座佛塔。目前,还没有发现当年阿育王建造的佛塔,不过桑奇第一塔、萨尔纳特法王塔、塔克西拉法王塔最早能够追溯到阿育王时期,阿育王建立的石柱也能够证明,阿育王支持佛教,在他的庇护下佛教有了飞跃性发展,扩大了僧伽集团的势力,在印度各地建立了作为礼拜对象的佛塔。一般认为,早期佛塔的塔门、栏楯等建筑材料主要是木结构,后来使用石雕的方法,形成桑奇大塔那样的佛塔形式。据佛经记载,佛塔除了供奉释迦牟尼舍利以外,其供奉对象还有过去佛舍利、高僧舍利、释迦族遗骨以及释迦牟尼的头发、指甲、牙齿等。佛塔信仰成为佛教集团的重要内容。

3.3 印度佛塔的历史

现存最早的佛塔是公元前2世纪的巽伽王朝时期的桑奇佛塔。早期佛塔的基本形态是由圆形基台、覆钵、平头、伞杆和伞盖组成。佛塔周围有栏楯,四面立有塔门,栏楯和佛塔之间设有礼拜道。梵文文献中把覆钵叫做"蛋"或"胎",意味着在里面藏着东西,也象征印度古代传说中的在宇宙开始时诞生的黄金蛋。关于伞盖,有在坟丘上盖的房子、贯通天地的柱子、圣树等看法。一般来讲,年代越晚的佛塔高度越高,在西北印度的石窟寺里的佛塔能比较清楚地看到这种变化。平头从原来的方形平头变成倒叠涩式平头。

贵霜王国时期也是佛教非常繁荣的时期,这个时期位于西北印度的犍陀罗地区出现很多佛塔。该地区佛塔的新特征为方形基台、佛塔上开龛供奉佛像、覆钵增高等。贵霜时期的佛塔中发现大量带有长篇铭文的舍利盒。从铭文来看,出家人供奉舍利的例子很少,主要是国王、妃子、刹帝利等在家信徒供奉舍利,这暗示着佛塔建设当中的在家信徒的地位。《大般涅槃经》等描写释迦牟尼涅槃的佛经,有释迦牟尼不让出家人参与处理遗体的记载,把释迦牟尼火化之后分舍利而建塔供养的,也都是国王等在家信徒。西北印度的舍利供养的对象,除了释迦牟尼的舍利以外,还有独觉、阿罗汉、声闻等高僧的遗骨。年代晚一点的铭文中有把供奉舍利和祖先崇拜混为一体的例子。

中印度和南印度的佛教,在公元前 1 世纪末至 3 世纪左右的萨塔瓦哈纳王朝时期和 3 至 4 世纪的伊克什瓦库王朝时期得到发展。南印度的阿默拉沃蒂和龙树山的佛塔是这个时期佛塔的代表,其特征为基台四面有突出部分,四面的突出部分上立五根柱子,在塔身和覆钵上都饰有多头蛇或佛陀像等装饰,把平头上的伞盖做成繁盛的树叶状等。

2 世纪以后,各地出现巨大的佛塔,贵霜王朝的伽腻色迦大塔的方形基台边长 87 米,帕拉王朝时期有更大的边长 100 米以上的大塔。毗舍离附近的柯萨利亚佛塔是摩揭陀国的阿阇世王创建的,后经孔雀王朝、巽伽王朝、笈多王朝的重建、扩改,现存高约 33 米,直径约 105 米。

1 世纪左右在犍陀罗和秣菟罗出现佛陀像以后,犍陀罗地区的佛塔在基台和塔身开龛雕佛像或刻佛传。南印度的阿默拉沃蒂佛塔也在佛塔表面贴浮雕佛陀像。石窟寺里的佛塔在塔身上设大型佛龛,与佛塔结合在一起。6 世纪的笈多王朝以后,在佛塔上表现佛陀像的情况非常普遍。

此外,菩提伽耶有方锥形大塔,这与传统的覆钵式佛塔形状完全不一样。实际上它不是窣堵坡,而是祠堂的一种。根据奉献板等图像资料来看,这种形式的高塔出现于笈多王朝时期,它虽然不是传统意义上的佛塔,却对后世的佛塔影响很大。例如,有的学者认为中国的楼阁式佛塔就是从高塔式祠堂发展而来的,13 世纪以后的东南亚佛塔中有很多模仿菩提伽耶大塔的例子。

　　印度的佛塔都受到不同程度的破坏,或经过后世的重建改修,很难复原当初的形式。其中,桑奇的佛塔保存状态相对较好,可作为公元 2 世纪中印度覆钵塔的代表。各地的佛塔中,有的虽然失去了佛塔的主体建筑,但留下很多建筑构件,其中包括有雕刻精美的浮雕。通过这些浮雕,可以了解当时佛教信徒的信仰内容。下面选择材料较丰富的桑奇、巴尔胡特、阿默拉沃蒂和龙树山的佛塔,介绍每个佛塔的基本情况,分析中印度和南印度从公元前 1 世纪至 4 世纪佛塔和浮雕故事内容的演变,了解当时佛教徒的信仰内容。

3.4　中印度的佛塔

　　巽伽王朝时期,华氏城和毗底沙是两大政治中心,毗底沙附近建造了许多佛塔,这些佛塔被统称为"比尔沙塔群",其中包括有名的桑奇和巴尔胡特的佛塔。巴尔胡特和桑奇都以精美的佛教艺术浮雕而闻名于世。这两座佛塔不仅在地理位置上比较靠近,在其年代上也比较接近。一般认为,巴尔胡特创建于公元前 2 世纪的巽伽王朝时期,桑奇开始修建最早建筑的年代也在距巴尔胡特不久的巽伽王朝晚期,而桑奇最著名第一塔的年代则是公元前 1 世纪左右的萨塔瓦哈纳王朝时期。因此,以往有些研究从佛教艺术发展的角度,强调它们之间的传承关系。不过,实际上巴尔胡特和桑奇在佛教艺术内容上存在很多不同之处,其题材、结构等各有自己的特点,不能简单地做对比。下面分别介绍一下巴尔胡特和桑奇的特点。因为巴尔胡特的佛塔已经不存在,只留下栏楯和塔门的一部分,桑奇佛塔相对保存比较好,有利于把握整体情况,因此虽然时间上有些前后颠倒,还是先看桑奇的佛塔。

3.4.1　桑奇

　　桑奇是位于印度中央邦首府博帕尔北 60 多公里的一个小村庄,这里有重要的古代佛教遗址,以三座大塔闻名于世。随着佛教的衰退,印度早期的佛教建筑大部分受人为破坏而消失。但桑奇的佛教遗址埋没在密林深处，被人们遗忘，公元前后的珍贵佛教建筑才得以保存至今。1818年，英国的一位军官意外地发现密林里的废墟，次年夏天，他在印度加尔各答的报纸上发表了桑奇踏查记，从此之后桑奇成为研究早期佛教遗址的重要对象。1912年至1919年，由当时的印度考古局局长约翰·马歇尔组织发掘，并出版了详细的发掘调查报告《A GUIDE TO SANCHI》，这是桑奇佛塔研究的基本文献。1989年，桑奇的佛教遗址被列入为"世界遗产名单"。

　　桑奇的佛教建筑分布在小丘陵上，除了三座佛塔以外，还有僧院、讲堂等50多处。当初，英国军官发现桑奇的时候，大塔（第一塔）周围的四个塔门中，除了南门已倒塌以外，其他三面塔门的保存状态较好。佛塔周围的栏楯及佛塔上的浮雕装饰等也比较完好。但是，桑奇佛塔的存在一经公布于世，大量游客、倒卖文物分子、所谓的考古爱好者等纷至沓来，桑奇佛塔丢失了不少浮雕装饰。出于保护佛塔的角度，当地政府组织一批人，开始挖掘大塔，不过由于这次发掘缺乏专家指导，发掘手法和过程极不科学，除了严重破坏佛塔以外，没有留下积极的成果。后来，英国和印度的学界认识到了事情的严重性和重要性，派出几位考古学者和佛教学者，分别进行几次小规模的发掘，都得到不同程度的成果。著名学者亚历山大·卡宁厄姆也在桑奇做过调查，并在欧洲发表调查记。当时的法国皇帝拿破仑三世看到这本书后，觉得非常震撼，计划把桑奇佛塔塔门运回法国。虽然，这个计划没有实现，但从这个故事我们知道，当时桑奇的佛教艺术在欧洲得到了很高的评价。1869年，第一塔东塔门的复制品问世，并分别收藏在巴黎、伦敦、柏林等地的博物馆，我们今天访问柏林的亚洲艺术博物馆就能够看到桑奇佛塔塔门的复制品，虽然它是复制品，但也已经有150年左右的历史。1881年，当时的古代纪念物管理局的官员H.H.科尔修复了被破坏的大塔和第三塔塔门。

　　时隔30多年之后的1912年，约翰·马歇尔开始了对桑奇的调查。他首先跟当时控制博帕尔地区的伊斯兰教势力沟通，得到他们的支持,然后拿到印度政府筹备的发掘资金,在这样的背景下,进行了大规模较全面的调查发掘。据马歇尔的调查报告,他们的调查分四步进行,第一步先清理佛塔周围的环境。当时桑奇遗址埋没在密林里,清理掉在遗址周围的树、草,确定遗址的确切范围。第二步,发掘清理大塔东部。第三步,调查 19 世纪发现以来被破坏的具体程度,点清剩下的遗物,尽量复原遗迹原貌,并进行加固。第四步,整理新出土文物,建立博物馆,同时治理遗址周围的环境,在不会对遗迹造成危害的范围内,重新种树,打造新的佛教圣地。我们现在看到的桑奇遗址,就是这个时候由马歇尔重建的桑奇。

3.4.1.1 桑奇的佛教建筑

桑奇的三座佛塔是代表桑奇佛教伽蓝的建筑,同时反映古代佛教建筑及艺术水平的珍贵实例。

桑奇佛塔分别被称为第一塔、第二塔和第三塔。其中第一塔规模最大,亦称桑奇大塔。

第一塔现存塔直径约 36.6 米,覆钵高约 16.5 米,上面有平头和伞盖,佛塔的东南西北四个方向都设有塔门,周围围绕着高 3.1 米的栏楯,气势宏伟,堪称印度佛塔的代表作。现存佛塔南侧有台阶,由此可以登上佛塔塔基,进行绕塔礼拜,塔基周围也做栏楯。现在我们看到的佛塔是巽伽王朝时期做的石塔,其实,它里面包裹着更早时期的佛塔。

根据发掘,原塔用砖砌筑,使用的砖的大小与外部结构的砖不一样,创建于公元前 3 世纪,即孔雀王朝阿育王时期。这个时期的佛塔直径只有现存塔的一半。阿育王时期佛塔的具体形状很难恢复其当时的原貌,根据奉献板等图像资料来推断,可能在佛塔周围有木结构的栏楯,塔顶放石质盘盖,结构简单,也没有装饰。

巽伽王朝时期,在原塔基础上扩建,地面上和塔基上的栏楯也是这个时期的作品。设有两个礼拜道,一个在佛塔外部的地面上,另一个在佛塔基座上面。有的学者认为上面的礼拜道供出家人使用,下面的礼拜道是在家信徒进行礼拜用的。第一塔的覆钵规模在中印度是最大的,塔内没有发现舍利。现在的佛塔外表没有任何装饰,但根据栏楯或塔门上的浮雕,当时应该有装饰。根据马歇尔调查,当初佛塔外表涂一层石灰层,现在已剥落,这个石灰层上面应该有彩绘或者贴塑等装饰。马歇尔调查时,佛塔顶部结构已完全无存。现在我们看到的平头和伞盖是马歇尔利用出土的石材复原的。他在平头下面放一个出土的石函,该石函发现时已经破损,也许大塔原来供奉有舍利,但早期被盗走了,现在无法知道真相,我们只能想象。

佛塔周围的地面发现有许多残断的石柱和柱头,根据风格来判断,大多数石柱属于笈多时期。其中,在南门外侧发现的石柱,为阿育王石柱,现已残断,残高 2.5 米。石柱上刻有铭文,其内容为要求僧伽和谐共存。柱头为四只背对背的狮子,现存于桑奇博物馆内。桑奇阿育王石柱本身除有很高的研究价值以外,对研究第一塔的年代也提供了重要线索。根据马歇尔报告,在距发掘当时的地平面 3.5 米左右的地下有柱础石,阿育王石柱立在这个柱础石上面,石柱底部表面处理比较粗糙,其周围用石板和石块来加固,在 2 米左右的高度开始打磨,马歇尔推测,石柱表面开始打磨的地方应该是当时的地面。以此为据,推断第一塔的创建年代为公元前 2 世纪中叶。

立在佛塔四面的塔门基本形式相同,每个塔门有两根方柱,方柱有浮雕柱头,再向上依次有三根横梁架在两根方柱之间。塔门上刻满了精美浮雕作为装饰。这四座塔门均为萨塔瓦哈纳王朝时期的作品。

第二塔是桑奇的三座佛塔中年代最早的塔,修建于公元前 2 世纪巽伽王朝时期。位于第一塔西约 320 米,在丘陵的山腰上。覆钵直径14.3 米,顶部被削平,但没有平头及伞盖。1851 年,印度考古局首任局长亚历山大·卡宁厄姆调查桑奇第二塔时,在塔内发现石质舍利函,上面刻有阿育王时期十个高僧的姓名。其中有参加过第三次结集的高僧和为了宣布结集结果被派到雪山地区的高僧。他们的舍利原来分别供奉在其他地方,到巽伽王朝时期,由于某种原因,把他们的舍利集中起来重新供奉于桑奇第二塔。佛塔周围有栏楯,其四方有缺口,但没有做塔门。栏楯浮雕是巽伽王朝时期的佛教雕刻作品,极为珍贵。主要由中间的圆形装饰图案和上下两段的半圆形图案组成,浮雕题材内容主要为莲花、卷草、满瓶等植物纹和大象、牛、鹿、马、狮子、孔雀、摩羯鱼、龙、有翼兽等动物纹,这些题材相结合,构成千变万化的吉祥图案。除此之外,还有佛塔、法轮、三宝标、菩提树等佛教象征性图案,因为这个时期还没有出现佛陀像,当时的人以这些象征物来表现释迦牟尼的存在。

第三塔位于第一塔之北约60米处,覆钵直径约15米,与第二塔规模相近。这座佛塔在早期被修复,与修复之前的照片比较,有了较大的改变,修复后的形制与第一塔相近。除了南边的塔门和部分栏楯外,其他大部分遗存已经被破坏。这座佛塔也是萨塔瓦哈纳王朝时期所建。在塔内小室发现有两个石质舍利盒,其上面刻有舍利弗和目犍连两个人的名字。舍利盒内放有人骨、水晶、珍珠等,发现者一度把这些物品带回英国,后来返还给印度,现在保存在桑奇丘陵上新建的寺院里。

除了以上三座佛塔以外,桑奇还保存有其他寺院建筑,为了解当时的伽蓝结构提供了珍贵的材料。我们今天能看到的寺院布局是笈多时期以后形成的,第17号寺院是5、6世纪印度石造寺院的典型,与当时的印度教寺院相似,在方形主室前面加开放式的前殿。第18号寺院是马蹄形平面,只保存建筑基址和9根列柱,其布局与印度石窟寺的支提窟相近,应该是供奉佛塔的塔殿。僧人过日常生活的僧院在桑奇发现有7处,位于第一塔西边的第51号僧院是比较典型的僧院,这也和石窟寺院的精舍窟的布局一样,中间有大厅,周围建僧房,第51号僧院共有22个僧房。

3.4.1.2　桑奇第一塔塔门浮雕

桑奇佛塔的栏楯和塔门上刻满精美雕刻,其内容非常丰富多彩,可以说是古代印度佛教艺术的杰作。除了上述的第二塔栏楯浮雕外,第一塔的栏楯及塔门雕刻保存较好,内容甚多,是桑奇佛教艺术的代表。

塔门上留下了许多铭文,我们通过这些铭文内容可以大致了解造塔过程。南门第一道横梁背面有铭文,其内容为"斯里·萨塔卡尔尼王的工匠首领,瓦士须提之子阿难陀供养"。文中的"斯里·萨塔卡尔尼王"是萨塔瓦哈纳王朝第三代国王萨塔卡尔尼一世,其在位时间为公元1世纪初。南门门柱上有一个铭文:"毗底沙的象牙雕刻师雕凿并奉献",这条铭文直接说明了毗底沙的居民积极参与桑奇寺院建设的事实。更有意思的是,由于这条铭文我们知道桑奇的精美石雕艺术是由象牙雕刻师所制造的。这些铭文表明,桑奇的塔门装饰并不是国王或贵族所捐赠的,而是许多工商阶层的佛教信徒共同修建的。

根据对塔门雕刻风格的分析,南门的年代最早,之后按北门、东门、西门的顺序建造,不过南门第二横梁和西门南柱上出现有同一个人的供养题记,东门南柱和西门北柱上也有同一个人的铭文题记,由此来看,最早的南门和最后的西门建造时间相差不会很大,其风格、形制、题材内容等方面也有许多共同点。关于佛塔形制,以保存状态最好的北门为例,两根方形立柱上承托着三根横梁,立柱的三面和横梁的正、背面刻满了浮雕。最上面的横梁上中央有由四头大象托着的法轮(已残缺),其两旁为持拂尘的守护神(右边的一身已残缺),其外面是象征着佛、法、僧的三宝标,最外端蹲着有翼狮子。上下横梁之间有三个方立柱,柱上刻有象征性图案或动植物纹装饰,方立柱之间有圆雕的骑马、骑象人物像。横梁两端有圆雕的蹲狮、大象等动物像。下面两根横梁的两端以及横梁和立柱之间的空隙表现印度传统树神药叉女的圆雕。塔门装饰非常华丽,甚至有些繁杂,具有很强的纪念性质。

浮雕题材中最流行的装饰图案是莲花纹。例如,东门南柱外侧面,最下端有一只摩羯鱼口吐莲茎,曲折成S形向上到最上部。内部填满盛开、半开的莲花和莲蕾,以及各种姿态的水禽。这种图案被称为"如意之蔓",富丽饱满的造型表现出生命力的爆发。西门南柱外侧将画面分成五部分,每一个部分在莲台上有左右对称的狮子、独角兽和有翼兽等。这两组不同风格的装饰,分别代表印度传统的装饰和受到西亚-希腊化传统影响的装饰。公元前3世纪的亚历山大大帝东征,将希腊及西亚的文化大量注入东方世界,印度孔雀王朝的创始者旃陀罗笈多(月护王)曾与继承亚历山大大帝东征事业的塞琉古一世交过手,后来双方达成了和约。印度通过建立在中亚的希腊人城市接触西亚-希腊化文化,阿育王石柱的造型,也被认为与西亚的波斯波利斯建筑有关系。

菩提树、台座、佛足迹、佛塔、三宝标、法轮等象征性图案也是在桑奇塔门浮雕上常见的题材。这些象征物有时候单独出现,塔门最上层放置着象征佛法(真理)的法轮和象征佛、法、僧三宝的三宝标。塔门浮雕上还表现有大量的佛传和本生故事等佛教故事题材。这些图像反映了公元1世纪的萨塔瓦哈纳王朝时期的桑奇佛教的内容。

桑奇流行佛传故事,在门柱上分几个方形区划表现佛传的各个场面,塔门的横梁上却没有分区,用一个大画面来表现故事内容。桑奇的佛传与后期的释迦牟尼八相图等不同,没有发现明显的组合关系。法国学者富歇在门柱和横梁之间的四个方形区划内发现关于四大圣地的图像。从整体来看,我们完全可以支持富歇的看法,但具体的图像安排,还是缺乏统一的组合关系,有的由两个佛塔、一个菩提树、一个灌水图像组合,有的由两个菩提树、两个满瓶莲花(非四大圣地)图像组合。由此可知,萨塔瓦哈纳王朝时期的桑奇还没有形成用图像来表现从释迦牟尼诞生到涅槃的做法。

塔门横梁上的浮雕画面比其他区划内的浮雕大,位置显著,其题材应该选一些具有代表性的,当时桑奇佛教信徒比较喜欢的故事内容,据此可以了解桑奇佛教信仰的一个方面。我们先看一下塔门横梁浮雕有哪些内容。南塔门横梁正面的图像有吉祥天、龙王护塔和药叉如意蔓,背面有过去七佛、六牙象本生、八王分舍利;北塔门横梁的图像题材为过去七佛、六牙象本生、降魔成道、毗输安呾啰太子本生(须大拿太子本生);东塔门横梁的图像题材有过去七佛、逾城出家、阿育王礼拜菩提伽耶精舍(或降魔成道)、动物供养菩提树、大象供养佛塔;西塔门横梁图像有过去七佛、初转法轮、供养菩提树、八王分舍利、降魔成道。

我们发现,每一座塔门上都有过去七佛的题材,而且在北塔门和东塔门上各有两幅,也就是说,桑奇第一塔塔门横梁浮雕上的过去七佛题材共有六幅。可见这个题材在当时的桑奇很受欢迎。桑奇的过去七佛图像主要由佛塔和菩提树组成,每一个佛塔或菩提树代表一位过去佛,一般在其两旁有合掌礼拜或持物供养的人物。南塔门的图像由三座佛塔和四棵菩提树组成,每棵菩提树的形状各异。北塔门在第一、二横梁正面各有过去七佛题材,分别由二塔五树和七棵菩提树组成。东塔门的过去七佛题材见于第一横梁的正面和背面,其结构与北塔门一样,有二塔五树和七棵菩提树的组合。西塔门的过去七佛题材在第一横梁正面,由四棵菩提树和三座佛塔组成。最近,有些学者根据文献记载来解读桑奇佛塔的过去七佛图像。首先分析图像所表现的菩提树的特征,总结出以下五个类型:树干上结果子、树干上表现几道刻线、树枝很直且叶端尖锐、树枝弯曲且叶端尖锐、从花朵或圆形物垂下叶子。然后结合文献记载来确定每一类菩提树所代表的过去佛。结果发现,桑奇的过去七佛图像在七佛的排列上非常随意,没有统一的排列顺序。不过这个时候过去佛和特定的菩提树之间已经有固定的关系。年代较晚的阿旃陀石窟也有过去七佛的图像,而且基本上按照过去佛出现时间的早晚来排列。

除了过去七佛题材以外,还有很多佛传故事类的题材。塔门横梁浮雕有逾城出家、降魔成道、初转法轮和八王分舍利等题材。

东塔门第二横梁正面的逾城出家,在画面左侧有城堡,就是迦毗罗卫。有一个人牵着马正准备出门,是悉达多太子的马夫车匿和太子的爱马犍陟,在马身侧有几个人用手托马的四只脚,马背上无人,因为早期印度佛教艺术里不能直接表现释迦牟尼的形象,所以用伞盖来表示悉达多太子的存在。重复出现四个同样的图像。在画面右端表现佛足,其前面有一个人跪拜,应为车匿和悉达多太子离别的场面。其下面表现往回走的车匿和犍陟,没有伞盖也没有人托马腿,表示释迦牟尼已经不在马背上了。

降魔成道也是比较流行的题材,塔门横梁上至少有两幅,门柱的方形区划内也多次出现。关于东塔门第三横梁正面的图像,富歇解释为阿育王礼拜菩提伽耶精舍的场面,以后学界基本上都接受这个说法。但宫治昭等学者主张该题材应该是降魔成道。在画面中央有菩提

·欧·亚·历·史·文·化·文·库·

树,树干周围建拥有立柱、明窗和阳台的建筑,表示菩提树在屋内。富歇认为这表示菩提伽耶的精舍。其前面有一对男女合掌礼拜,其右侧有三个人,即与合掌礼拜的男人同样形象的男人站在一边,有一女人面向男人把上身稍微靠过去,其脚下有小孩。男人身后有一只跪着的大象,男人就站在大象的后腿上。大象身后表现两个女人,分别拿伞盖和拂尘。他们就是魔王及其眷属。巴利文本生经佛传等有魔王被打败后其骑象跪下、魔军仓皇逃走的描述,图像表现的是魔王准备骑象逃跑的场面。大象前面有一支军队,手里都拿着兵器,也有骑马、骑象的士兵。菩提树的另一边有三排整齐的列队,应该是过来祝贺释迦牟尼成道的天神,手里拿着各种物品。

北塔门第二横梁背面的题材为降魔成道,这个说法没有人提出异议。在画面左端有一棵菩提树,树上有伞盖,其两边有半人半鸟的飞天。菩提树的左侧有一个门,一个女人手里提壶正走出来。她是给释迦牟尼供养乳糜的牧女。在菩提树右边有合掌礼拜的男人,其身后有一女人,脚下有一孩子,他们是魔王及其眷属。一男一女一孩子的组合与东塔门第三横梁正面图像的组合一样。南传系统的《经集》与《南传阿含经相应部》等早期佛经中,魔王并没有率魔军威胁释迦牟尼,魔王十分尊重释迦牟尼,通过与释迦牟尼对话,试图让他放弃成道。合掌礼拜的魔王,反映了这些经典的内容。其实,以菩提树来表示的释迦牟尼是该故事的主人公,但这个图像把最重要的菩提树放在画面最左端,在画面中央表现的是坐于靠椅上的魔王,坐姿自然,彰显王者风范。画面右半部分表现相貌怪异,鼓腹的药叉形象的魔军,他们头部较大,五官夸张。以大头鼓腹的药叉形象来表现魔军是南印度和中印度的传统。不过,奇怪的是他们没拿兵器,却拿各种乐器,有的还拿起杯子,好像饮宴场面。这样的降魔成道图像非常特别,其他地方几乎没有出现。

西塔门第三横梁背面的降魔成道图像在结构上与东塔门图像比较接近。画面中央有建筑,里面放菩提树。画面右侧为魔军,他们都是大头鼓腹的药叉形象,菩提树周围的魔军举起兵器,做鬼脸,做威胁状,但画面右侧的魔军已开始逃跑,有步兵、骑马、骑象、坐马车,有的跌倒在地,有的一边逃跑一边回头看后面,有的不顾一切向前冲,场面十分混乱。相反,画面左侧为非常整齐的两排天神列队,有合掌礼拜、奏乐、手持幡等。

西塔门第二横梁正面为初转法轮。画面中央为法轮,在方形台座上面有车轮状的大法轮,台座两旁各有一头鹿。左右画面都表现很多合掌礼拜的人和牛。这个图像上好像没有出现释迦牟尼初转法轮的对象,即五比丘的形象。

八王分舍利有三幅,南塔门第三横梁背面的八王分舍利是八王争夺舍利的场面。画面分为三个部分。中央为拘尸那揭罗城,在城墙外面有几个士兵,有的拿盾牌和枪面向城门,有的拉弓准备射箭,有的爬上城墙。城内有很多人,阳台上有人拉弓,城墙上面也有拿兵器的士兵,准备开战。左画面和右画面的前景为拿兵器的士兵和坐马车、骑象、骑马的人向拘尸那揭罗城进攻。远景为离开拘尸那揭罗城的场面,应是拿到舍利回国的国王。西塔门第一横梁背面和第二横梁背面分别表现八王运回舍利的场面和准备打战的场面。

以上,横梁上的佛传题材分别代表出家、成道、初转法轮和涅槃,这与四大圣地基本一致。前面已经说过,塔门门柱和横梁之间的四个方形区划内有四大圣地图像,不过,其中被认为代表诞生的图像,有的学者认为应该是吉祥天,与释迦牟尼的诞生无关。虽然如此,笔者还是坚持认为该图像代表诞生,而那四个图像表示四大圣地。但两头大象给一女人灌水的图像,确实与常见的诞生图像不一样,也许,这个时候还没有形成比较固定的代表诞生故事的图像。其实,桑奇也有一般代表释迦牟尼诞生的托胎灵梦图像。东塔门右侧门柱靠里面中段的方形区划,其左上方有一位妇女躺在宫殿建筑内,她的双腿上面表现大象。这个图像结构与常见的托胎灵梦差不多。不过,在这个画面中,该图像不是单独出现的,在托胎灵梦图像下面用大面积画面表现城堡和王者骑马带侍从出行的场面,富歇把这个图像内容解释为释迦牟尼回乡,城堡是迦毗罗卫,骑马的王者是净饭王。桑奇的托胎灵梦被表现为在迦毗罗卫发生的故事之一,没有单独代表释迦牟尼诞生的地方。

·欧·亚·历·史·文·化·文·库·

此外,代表出家的初转法轮的图像在横梁上只有一幅,而且出现在年代最晚的西塔门上。据此,可以初步判断公元1世纪左右在桑奇流行的佛传题材为降魔成道和八王分舍利。成道和涅槃,都代表修行的完成。过去佛崇拜的流行,也是桑奇佛教的特点。过去佛,即在过去完成修行成为佛陀的人,如果这样看的话,我们似乎可以这样判断:桑奇佛教比较重视修行的完成。这也反映桑奇的佛陀观,他们不太关心释迦牟尼个人的生涯,对桑奇佛教徒来讲,释迦牟尼是完成了修行而成为佛陀的人之一,所以,不太关心释迦牟尼个人的事迹,如诞生和出家等。虽然有能够代表释迦牟尼生涯的四大圣地图像,但完全无视了四个一组的组合关系。他们更重视修行的结果,即得到正觉成佛,解脱人生苦恼入涅槃。也许,因为桑奇与释迦牟尼没有直接关系,桑奇的佛教徒较冷静地对待"佛陀",早期的初转法轮故事强调,五比丘在释迦牟尼的引导下得到正觉之后,与释迦牟尼一样成佛。虽然佛经中并没有使用"成佛"这个词来描述五比丘的故事,但说他们成为阿罗汉,而且释迦牟尼也是阿罗汉之一。他们崇拜过去佛,制作有关成道和涅槃的图像,这都反映他们对成佛的期望。还有,各种动物供养菩提树和大象供养佛塔的图像,虽然具体的故事内容不清楚,但菩提树和佛塔分别代表成道和涅槃,这也应该是对修行完成者崇拜的一部分。

本生类有六牙象本生和毗输安呾啰太子本生。这两个本生故事是当时非常流行的本生题材。六牙象本生内容为:过去在雪山中的六牙湖畔大尼拘律陀树下生活着一群象,象群的首领是一头六牙白象。它有两个妃子,叫大善贤和小善贤。有一天,象王把一朵漂亮的莲花送给大善贤,小善贤看见就非常不满,它妒忌之余对象王怀恨。绝食自尽后转生为婆罗疱斯的王妃。有一天她回忆起前世的记忆,为了报仇从国内的猎人中挑选一个人,重金雇用,命令他杀死象王取回象牙。猎人到了象王它们生活的地方后,披着袈裟,躲在路边,等象王路过时用毒箭射它。被射中的象王很愤怒,正要把猎人踩死的时候看见他身披袈裟,心想僧人是宝不可杀,于是忍住心中的愤怒问猎人为什么要射它。猎人告诉象王这是婆罗疱斯的王妃指使他干的,于是象王就知道是小善贤要它的象牙,遂忍痛把象牙给了猎人。猎人回到宫中,将象牙献给婆罗疦斯的王妃。王妃看到象牙,想起过去与象王一起的日子,悲痛至极,撕心裂肺,当场死亡。这故事见于《六度集经》、《杂譬喻经》、《摩诃僧祇律》、《大智度论》等多部佛经,在佛教艺术上也是较常见的题材。南塔门横梁的六牙象本生在画面中央有尼拘律陀树,其周围表现象群,画面右侧有拉弓准备射象王的猎人,他前面有六牙象王。画面左侧也表现蹲着的六牙象王,有大象用鼻子拿伞盖和拂尘。

毗输安咀啰太子,也叫须大拿太子,这是佛教故事中最有名的题材。故事的主人公是身份高贵的太子,他平生乐于助人,只要有人请求帮助,就一定满足要求。有一天他把国宝大象布施给敌人,受到指责,被赶走。太子带着妻子和年幼的两个孩子,坐马车到处流浪。太子在路上把马和车等都给别人,甚至连两个孩子都布施给婆罗门。后来,太子的行为感动了天神,借天神的力量,不久太子与家人一起回宫。北塔门第三横梁用正面和背面表现这部长篇的本生故事内容。正面表现太子被赶出门外的场景,把马车布施给婆罗门,背面表现山里的生活,画面中央是太子领着两个孩子,把他们交给婆罗门的场面,画面左侧是回宫的场面。

以上两个本生故事的主人公都表现了强大的自我牺牲精神,宣传布施的重要性和功德。桑奇本生故事题材本来不多,有睒子本生、猴王本生等,这些题材基本上都强调自我牺牲。

在桑奇佛塔的栏楯、塔门等石雕上已确认有 600 多条石刻题记。从这些铭文内容来看,当时出资修建桑奇佛塔的除了皇亲国戚、王公贵族、达官显贵等社会高层以外,大多数是以商会、村镇或各种社会组织为单位的普通老百姓。桑奇东北约 9 公里处的毗底沙是古代印度重要的商业城市,阿育王王妃德维也是毗底沙富商的女儿。桑奇与释迦牟尼没有直接的关系,却有规模这么大的伽蓝发展,这主要依靠毗底沙商人的支持。他们为了纪念佛陀,出资修建佛塔和精舍。

从第一塔塔门和栏楯上的铭文来看,有很多比丘尼的奉献,这说明当时桑奇地区由女性出家人组成的比丘尼集团很发达,而且她们都

·欧·亚·历·史·文·化·文·库·

不是桑奇当地的僧伽,来自毗底沙的僧伽为最多。在家信徒的铭文也有很多,有的名字前面加"优婆塞、优婆夷"等称号,但大多数只记名字。家长、长者等代表一个家族或商人集团的人物比较多。此外,也有以村庄为单位的奉献。还有,以佛教信徒集团名义刻下的铭文,但是,铭文里提到部派名称的例子却没有发现。从时间上来看,创建第一塔塔门的公元1世纪左右已经形成了各个部派,然而在桑奇塔门铭文上没有反映部派的存在,那么,桑奇出现的"佛教信徒集团"是什么性质的组织呢? 主张大乘佛教起源于佛塔崇拜集团说的平川彰,在他的著作中虽然没有给出明确的说法,但他暗示着这些没有部派名的佛教信徒集团,有可能是佛塔崇拜集团的核心。

总之,桑奇第一塔塔门浮雕所反映的特点为:流行佛传故事,尤其与成道和涅槃有关的图像较多。本生故事种类不多,其内容以劝布施和自我牺牲的内容为多。可以说,桑奇第一塔的装饰内容主要是鼓励佛教信徒修行。

3.4.2　巴尔胡特

在桑奇的东北方向有巴尔胡特佛塔,比桑奇第一塔的年代较早,属于巽伽王朝时期,其佛塔浮雕装饰反映的内容与桑奇不一样。

巴尔胡特佛塔在1873年为亚历山大·卡宁厄姆所发现,他发现时佛塔覆钵部分已经完全破损,据他推测,佛塔主体为砖砌结构,直径约21米,佛塔周围有石质栏楯,东南西北四方立有塔门。现在,保存较好的栏楯和东塔门在加尔各答博物馆复原展示。塔门和栏楯的形制基本与桑奇佛塔一样。根据东塔门柱上的达那布提王的铭文,一般认为,巴尔胡特佛塔建于公元前2世纪中叶的巽伽王朝时期。

巴尔胡特佛塔的塔门和栏楯上刻满了许多浮雕,除了莲花、药叉等装饰以外,还有佛塔、菩提树、金刚座、法轮、佛足迹、三宝标等象征物。此外,有大量的佛传和本生等佛教故事。其中佛传类图像有托胎灵梦、二龙灌水、逾城出家、从三十三天降下、降魔成道、帝释窟说法、祇园精舍的布施、波斯匿王访问佛陀、阿阇世王礼佛等约15种。本生类图像有摩诃提王本生、婆罗门奏乐本生、须大拿太子本生、无双王子本生、独角仙人本生、善生本生、六牙象本生、九色鹿本生、猴王本生、羚羊本生、牛王本生、鸽王本生等约 32 种。多为以动物为主人公的寓言故事，这些故事可能是佛教信徒为了更好地传播佛教思想，利用当时流行的民间故事而产生的。

巴尔胡特浮雕图像大部分都有题铭，为图像内容的解读提供了珍贵资料，它的发现促进了早期印度佛教艺术题材的研究。巴尔胡特佛教故事图像是有确切年代的最早范例，除了在研究图像发展上有贡献以外，在研究佛教文献和思想发展上也有非常重要的意义。

巴尔胡特有很多礼拜菩提树的题材，但它们并不都表示释迦牟尼成道。据铭文，礼拜菩提树图像中，有不少表示过去佛崇拜的例子，目前发现的过去佛题铭有 5 例，这 5 个过去佛的名称和佛经中所讲述的过去七佛的名称基本一致，可以肯定建造巴尔胡特佛塔时，已经形成了过去七佛的说法。

佛传故事图像从托胎灵梦开始到涅槃，不包括释迦牟尼投胎前在兜率天观察下界和涅槃后的八王分舍利的内容。巴尔胡特的托胎灵梦图像已经具备了佛教艺术中最常见的形式，即画面中央表现侧身躺着休息的摩耶夫人，其上面有一只大象正在飞过来。这个形象成为代表释迦牟尼诞生的基本图像形式，在后世的佛教艺术中不分地区差异地被采用。但是桑奇第一塔浮雕图像的情况完全不一样，在桑奇，摩耶夫人和大象的组合只见一例，而且它不是画面的主要内容。这里也能看出桑奇和巴尔胡特的区别。

巴尔胡特的本生故事的内容基本上都与《巴利文本生经》的内容一致，这说明巴尔胡特制作本生故事浮雕的公元前 2 世纪中叶至前 1 世纪时，已经形成了本生经的基础内容。早期的汉译佛经中，也有与巴尔胡特本生故事相关的内容，如在 3 世纪后期翻译的《六度集经》，保留了故事的早期形态。

巴尔胡特的九色鹿本生图像的画面结构很有特点，作为早期佛教艺术图像结构的典型代表，具有较高的研究价值。故事内容见于《六度集经》卷 6 精进度无极章第四：

·欧·亚·历·史·文·化·文·库·

昔者菩萨，身为鹿王，名曰修凡，体毛九色睹世希有，江边游戏。睹有溺人，呼天求哀，鹿愍之曰："人命难得而当殒乎？吾宁投危以济彼矣。"即泅趣之曰："尔勿恐也，援吾角骑吾背，今自相济。"人即如之。鹿出人毕，息微殆绝。人活甚喜，绕鹿三匝，叩头陈曰："人道难遇，厥命惟重，大夫投危济吾重命，恩踰二仪，终始弗忘，愿为奴使供给所乏。"鹿曰："尔去，以吾躯命累汝终身。夫有索我，无云睹之。"溺人敬诺："没命不违。"——第一段

时，国王名摩因光，禀操淳和慈育黎庶。王之元后厥名和致，梦见鹿王身毛九色，其角逾犀。寐寤以闻："欲以鹿之皮角为衣为珥，若不获之妾必死矣。"王重曰："可。"晨向群臣说鹿体状，布命募求，获者封之一县，金钵满之银粟，银钵满之金粟。募之若斯，溺人悦焉，曰："吾获一县，金银满钵，终身之乐；鹿自殒命，余何豫哉？"即驰诣宫，如事陈闻启之。斯须面即生癞，口为朽臭，重曰："斯鹿有灵，王当率众乃获之耳。"王即兴兵渡江寻之。——第二段

鹿时与乌素结厚友。然其卧睡不知王来，乌曰："友乎！王来捕子。"鹿疲不闻，啄耳重云："王来杀尔。"鹿惊睹王弯弓向己，疾驰造前跪膝叩头曰："天王假吾漏刻之命，欲陈愚情。"王睹鹿然，即命息矢。鹿曰："王重元后劳躯副之，吾终不免矣。天王处深宫之内，焉知微虫之处斯乎？"王手指云："癞人启之。"鹿曰："吾寻美草食之，遥睹溺人呼天求哀，吾愍于穷，投危济之。其人上岸喜叩头曰：吾命且丧而君济之，愿给水草为终身奴。吾答之曰：尔去，自在所之，慎无向人云吾在斯。"鹿王又曰："宁出水中浮草木上着陆地，不出无反复人也。劫财杀主，其恶可原；受恩图逆，斯酷难陈。"王惊曰："斯何畜生而怀弘慈，没命济物不以为艰，斯必天也！"王善鹿之言，喜而进德，命国内曰："自今日后恣鹿所食，敢有犯者罪皆直死。"王还，元后闻王放之，恚盛心碎，死入太山。天帝释闻王建志崇仁，嘉其若兹，化为鹿类盈国食谷，诸谷苗稼扫土皆尽，以观其志。黎庶讼之。王曰："凶讹保国，不若守信之丧矣。"

释曰："王真信矣。"遣鹿各去，谷丰十倍，毒害消歇，诸患自灭。——第三段

故事可以分为三段，第一段是九色体毛的鹿王发现有人溺水，大声呼救，心生怜悯，于是跳进急流救他。九色鹿体力几乎耗尽，嘱咐溺水人回去后千万不要向任何人透露自己的存在。溺水人拿生命来担保绝不毁约。

第二段，国王摩因光的王妃梦见九色鹿，向国王要九色鹿的皮毛。国王重金悬赏寻求九色鹿的消息。溺水人听说国王悬重赏找九色鹿，违背当时的承诺马上进宫向国王告诉九色鹿的住处。国王带兵出发猎取九色鹿。

第三段，国王带兵来找九色鹿的时候，九色鹿正在睡觉。有一只小鸟是九色鹿的朋友，它向九色鹿发出警告，九色鹿醒过来时发现自己已经被包围了。鹿王问国王，国王在宫里，怎么知道自己在这里？国王指着那个溺水人。九色鹿知道自己被出卖了，就说："当初我吃水草的时候，看到有人溺水喊救命，我不顾危险下水救人。获救后那个人还说，为了报答救命之恩，愿意终身为奴供给水草。我劝他回家，且不要告诉别人我的行踪。杀人劫财还可以理解，恩将仇报，真没法说。"国王听完九色鹿的诉苦很受感动，把它放走了。

巴尔胡特的九色鹿本生图像在一个圆形画面中表现以上三个阶段的故事内容。画面近景有条河流，远景为三棵树，表示山中场面。河流中有一只鹿，背上托着一个人，这是第一段。画面右侧有人拉弓，准备射鹿王，射箭人的身后还有一个人，举右手指着九色鹿，他们分别是国王和溺水人，这是第二段。画面中央为合掌礼拜的国王，九色鹿跪在他面前，这是第三段。这个跪着的九色鹿表现两个不同的场面，一个是第二段国王射箭的对象，另一个是第三段跟国王说法的九色鹿。在同一个画面内表现不同时间发生的故事的手法是印度早期佛教艺术中比较常见的。该图像在画面中央刻出鹿的形象，很巧妙地让他代表两件在不同时间里发生的故事。同时，把整个故事的结局放在图像中间，成功地强调了故事内容。

猴王本生也见于《六度集经》卷6精进度无极章第四：

昔者菩萨，为猕猴王，常从五百猕猴游戏。时世枯旱，众果不丰。其国王城去山不远，隔以小水，猴王将其众入苑食果。苑司以闻。王曰："密守，无令得去。"猴王知之，怆然而曰："吾为众长，祸福所由，贪果济命而更误众。"勅其众曰："布行求藤。"众还藤至，竞各连续，以其一端缚大树枝。猴王自系腰登树投身，攀彼树枝，藤短身垂，勅其众曰："疾缘藤度。"众以过毕，两掖俱绝，堕水边岸，绝而复苏。国王晨往案行，获大猕猴，能为人语，叩头自陈云："野兽贪生恃泽附国，时旱果乏，干犯天苑，咎过在我。原赦其余，虫身朽肉，可供太官一朝之肴也。"王仰叹曰："虫兽之长，杀身济众，有古贤之弘仁。吾为人君，岂能如乎?"为之挥涕，命解其缚，扶着安土，勅一国中恣猴所食，有犯之者罪与贼同。还向皇后陈其仁泽："古贤之行未等于兹，吾仁丝发，彼逾昆仑矣。"后曰："善哉！奇矣斯虫也。王当恣其所食无令众害。"王曰："吾已命矣。"

过去，有个猕猴王，经常带着500个猴子出去游玩。当时正是大旱天气，山里的果子不够他们吃。离它们住的山不远处有个国家，隔一条河就能进入国王的园林，猴王带领猴子们去吃果子。园林的管理员发现后报告给国王，国王立刻下令严密把守，不让猴子们逃跑。猴王知道此事后，很悲伤地说："我是领导，所有责任由我来负，本来是想带你们过来填饱肚子的。"然后让猴子们四处去找藤条，将藤条连起来做成一条绳子，其一端绑在大树上。猴王把另一端系在腰间，从树上跳到河对岸的树上，因藤条不够长，猴王用身子为猴子们架桥，让它们逃到对岸。等猴子们过完桥，猴王的双臂已断裂，自己掉在水边昏迷，之后苏醒过来。国王早晨过来发现大猕猴，它懂人话，给国王磕头说明："因旱灾猴群挨饿，才过来偷吃园林，一切过错全在于我，请原谅其他猴子。如果您不嫌弃，把我吃了吧。"国王仰天叹道："野兽的领导都懂得舍身救众，具有古贤仁者风范，我作为人君，也应该这么做。"国王命人解去猴王身上的绳索，扶它起来。同时颁布命令，让猴子随便在国内觅食，违反者以贼论罪。

巴尔胡特的猴王本生图像,在圆形画面里分三个场面表现故事内容。画面两边各有大树,中间有一条河,在上面有一只猴子抓住右面的大树,其腿上绑着藤条,另一端绑在左面大树上,诸多猴子们从他身上过。这是猴王用身为猴群架桥的场面。其下面有两个人拿着方形布条,这是准备接猴王。最后,画面最前面表现国王与猴王对坐场面。

这些本生故事不一定直接讲述佛教的理论,其故事内容大多与道德、人品有关,具有一定的教育意义。假托这些故事来宣传佛教的思想,此外,把故事的主人公说成释迦牟尼的前世,宣传做善事积功德的重要性,同时也期待向没接触过佛教的人宣传和介绍佛教的效果。可以说,本生故事是巴尔胡特最有特点的浮雕图像内容。

巴尔胡特雕刻上发现有200多条铭文,其中有比丘、比丘尼的名字,还有被称为"持藏者"、"五尼柯耶者"、"讽诵者"等僧人,这是给精通经律或专门讽诵经文的僧人的称号,说明在巽伽王朝时期经藏、律藏两藏已经成立。讽诵者有"圣者"、"大德"等称号,可见他们在僧伽内部有较高的地位,他们的主要工作是讲述佛经的内容。早期佛教中,佛经的传承主要依靠口述,因此,能讲述佛经内容的讽诵者必须是"圣者"或"大德"。因为这些讽诵者所讲述的佛经,就是僧伽要保持和传承的"正法"。这种情况,在印度佛教中一直持续,5世纪到印度求学的法显说:"法显本求戒律,而北天竺诸国皆师师口传,无本可写,是以远步,乃至中天竺……复得一部抄律……亦皆师师口相传授,不书之于文字。"可见,从公元前到公元后5世纪,印度佛教主要依靠口传来发展,讽诵者应该一直居于比较重要的地位。

3.4.3 小结

从以上对巴尔胡特和桑奇的分析来看,两者之间有一定的共性,桑奇的佛教遗迹最早可追溯到阿育王时期,其后巽伽王朝、萨塔瓦哈纳王朝陆续兴建,经过约2个世纪的低迷之后,到了笈多王朝时期又迎来了建设热潮。在这样的发展过程中,肯定与周围其他佛教建筑有交流,也包括巴尔胡特佛塔。但从佛塔浮雕的题材内容来看,我们会发现许多不同的地方。桑奇第一塔浮雕的题材多选佛传故事,尤其与成道、涅槃有关的内容。本生故事也多采用宣传布施和自我牺牲精神内容的故事,这两项是在家信徒为得到"大福"而做的重要修行内容。让人感觉当时桑奇的僧伽和在家信徒对佛教教义已经有相当多的了解,修建桑奇佛塔的人们追求修行的完成,通过这些图像来鼓励大家修行,提醒包括出家人和在家信徒的修行者修行的功德。

然而,巴尔胡特的浮雕图像多采用本生故事题材,利用很多故事,反复介绍和强调佛教思想,具有教育意义,好像是向没接触过佛教的人或佛教的初学者介绍佛教教义的基本内容,引导他们信仰佛教。巴尔胡特浮雕在故事旁边刻有该故事的名称,这些说明牌使看这些浮雕故事的人更容易了解图像内容,19 世纪以来的佛教学者是通过这些题名解读了不少图像的。

这样看来,桑奇和巴尔胡特浮雕图像所设定的观众对象好像有一定的区别。当然,这些刻在塔门或栏楯等建筑上的浮雕故事只是佛塔的一部分,不能代表佛塔或整个地区的佛教信仰形式的趋向。不过,佛塔的建设对当时的佛教徒来讲肯定是一件大事,装饰这个佛塔的浮雕图像的内容不可能随便选择,它能够直观地反映当事人对佛陀的理解和对佛教的期待。桑奇和巴尔胡特之间,确实存在区别,这个事实不可忽视。这个区别到底有什么意义,目前还不能给出比较合理的答案,但我相信,在更多材料积累的基础上,将来会解释清楚。

3.5 南印度的佛塔

安达罗王国的萨塔瓦哈纳王朝是继孔雀王朝之后的印度古代王朝。公元 1 世纪以后,萨塔瓦哈纳王朝地区出现大量精美的佛教艺术,前面看过的桑奇大塔也是这个时期建造的。南印度也有萨塔瓦哈纳时期的佛教遗迹,其中较重要的是阿默拉沃蒂和龙树山(Nagarjunakonda)的佛塔。

3.5.1 阿默拉沃蒂

阿默拉沃蒂位于克里希纳河(基斯特纳河)南岸,离海约 100 多公里处。1797年,英国军人发现阿默拉沃蒂佛塔的时候,覆钵和塔身等都比较完整。但不久后当地的小国王为了新建自己的都城,破坏了这座大塔,刻满精妙雕刻的塔门、栏楯等石材或被断成几块用来当建筑材料,或直接被烧成石灰。英国考古学者发现佛塔受到严重损坏,即刻把7件浮雕送到加尔各答的博物馆,随后把160件带浮雕的栏楯送到英国,现存于大英博物馆。这是有关阿默拉沃蒂佛塔最早的资料。1881年,J. 巴基斯做发掘调查,确定佛塔的位置和规模,此次发掘中发现了400多件浮雕,现藏于马德拉斯博物馆。根据这些发掘成果和浮雕上的佛塔形象等,D. 巴列特复原了阿默拉沃蒂佛塔的原貌。据他的复原,佛塔基座为直径50米的圆形,东南西北4个方向各开一门,门内立有5根柱子。关于这5根柱子,《摩诃僧祇律》卷33有"作塔法者,下基四方周匝栏楯,圆起二重,方牙四出,上施盘盖、长表、轮相"的记载,一般认为这个"方牙"就是指阿默拉沃蒂佛塔发现的5根柱子。基座外有宽4米的礼拜道,外面做高约3.5米的栏楯。根据现存的情况来看,栏楯外侧浮雕多为装饰性题材,里面,即面对佛塔那一面则以本生、佛传等佛教故事为主,此外,在佛塔塔身上也贴着刻有浮雕的方形石板。

关于阿默拉沃蒂浮雕制作的年代,主要有两个观点,一是公元前2世纪说,以西瓦拉马穆尔蒂为代表,另一个是巴列特主张的2世纪后半叶说。部分浮雕可能早到公元前,不过大部分浮雕还是制造于公元2世纪左右。巴列特做过阿默拉沃蒂浮雕的分期,他将阿默拉沃蒂浮雕制作年代定在大约125年至240年之间,分为三期:早期为2世纪中叶,主要是莲花和卷草纹等简单的装饰;中期是2世纪后半叶,出现大量的佛教故事题材;后期为2世纪末至3世纪前半叶,题材内容与上一期一样,不过在雕刻手法上更繁琐。他的这个分期,具体年代暂且不论,分三期的做法应该可以接受。

装饰图案以植物纹和动物纹的组合为最多,莲花的花瓣、卷草的叶子等表现得非常细致,动物形象颇有动感。阿默拉沃蒂仍然使用以菩提树、法轮、佛塔等表现释迦牟尼存在的手法,不过中期以后也出现佛陀像,在阿默拉沃蒂这种标志物和佛陀像共存。

阿默拉沃蒂发现大量刻有佛塔的浮雕板,已发表的佛塔浮雕板共有40多例,为复原佛塔原貌提供了可贵的资料。这些佛塔塔身较高,表面刻满各种图案,由此推测,当时的佛塔上布满装饰,根据桑奇佛塔的调查,第一塔的塔身上有一层石灰的痕迹,有可能在这个石灰层上面绘画或者贴塑装饰。浮雕佛塔周围表现塔门和栏楯,塔门里面表现佛陀、法轮、佛足石、龙王等形象。

佛教故事题材有佛传类和本生类,从现存的情况来看,佛传的数量较多。早期佛传故事图像中,用象征物来表现佛陀,除了菩提树、佛足、佛塔等桑奇和巴尔胡特常见的标志物以外,阿默拉沃蒂还以火柱来代表佛陀。以迦毗罗卫说法为例,画面中央放宝座、佛足和火柱,以此为界,把画面分为3部分,最前面有侍女做合掌礼拜,画面右侧为比丘,左侧是妇女。宝座的左下角有一个小沙弥,一般认为他是释迦牟尼的儿子罗睺罗。桑奇和巴尔胡特浮雕上不见比丘的形象,可以说,阿默拉沃蒂的这个图像是无佛陀形象时代到有佛陀形象时代的过渡形式。

佛传图像的表现方式,除了传统的一个画面一个故事以外,出现把画面分成3个或4个部分由几种故事组合的结构,主要有由成道、初转法轮、涅槃组成的三相图和由出家、成道、初转法轮、涅槃组成的四相图。这与传统的四大圣地的图案不同,三相图缺诞生,四相图以出家代替诞生的位置。与前面看过的桑奇浮雕一样,佛传故事组合中,好像诞生的地位还没有固定。《长阿含经》卷4《游行经》曰:"八日如来生,八日佛出家,八日成菩提,八日取灭度",这个组合为诞生、出家、成道、涅槃,缺了初转法轮,而加了出家。由此推断,早期的佛传故事组合还没有完全固定,可能存在几种不同的组合,阿默拉沃蒂佛塔的出家、成道、初转法轮、涅槃组合和《游行经》的诞生、出家、成道、涅槃的组合,还有传统的诞生、成道、初转法轮、涅槃的组合,反映了对佛陀的不同理解。四大圣地形成之后,又分成定的圣地和不定的圣地,诞生归到不定的圣地,这可能说明佛教信徒对属于释迦牟尼个人的事情相对不太重视,他们更需要贯通过去和未来的"佛陀"。诞生是不管什么人都会发生的，没有太特别的意义。但是，出家、成道、初转法轮是佛教信徒才有的特殊内容。出了家才有可能成道，成道成佛就有责任传法，因为有人传法，才可能有人出家，最后，达到涅槃。这一切只属于佛教信徒，这才是佛教信徒值得纪念、尊重的事情。阿默拉沃蒂佛塔的出家、成道、初转法轮、涅槃的组合，是不是表达了这样的佛陀观？

虽说如此，阿默拉沃蒂也有不少表现释迦牟尼诞生的图像，主要还是以托胎灵梦图像来代表诞生，但是阿默拉沃蒂的托胎灵梦图像，画面中大象表现得很小，或者根本不出现。巴尔胡特的托胎灵梦，大象比摩耶夫人还大，在后世的托胎灵梦图像中，大象也是不可缺少的图像。因为，大象飞来表示释迦牟尼从天界下降，入摩耶夫人胎内，准备出世。佛传故事讲述的是释迦牟尼一生的事迹，每个佛传故事的主人公都是释迦牟尼，那么，佛传图像中，应该表现故事的主人公——释迦牟尼。在托胎灵梦图像中，大象就是释迦牟尼，但是，阿默拉沃蒂托胎灵梦图像的中心是生释迦牟尼的摩耶夫人，而不是即将出生的释迦牟尼本人。除了单独的托胎灵梦图像以外，还有图像组合的形式，其中有兜率天观察下界、白象降下、托胎灵梦的组合，这个组合里把白象下降和摩耶夫人分开表现。这样，与托胎灵梦分开表现的白象降下图像在阿默拉沃蒂浮雕中比较常见，这样的表现形式是南印度佛教艺术的特点，也许这就是阿默拉沃蒂托胎灵梦图像中不表现大象的原因，它们分别代表释迦牟尼的下界入胎和摩耶夫人梦见怀胎两个场面。这样，在阿默拉沃蒂有关诞生的图像很多，而且往往以组合图像形式表现释迦牟尼的诞生。因此，虽然在四大圣地组合中没有诞生图像，也不能说阿默拉沃蒂的佛教信徒不重视释迦牟尼的诞生。或许，我们可以这样理解，阿默拉沃蒂的佛教信徒纪念佛教的创始人释迦牟尼的诞生，但他们纪念佛陀的时候，选择了更能够体现修行功德的图像。身为释迦牟尼的只有释迦牟尼本人，但是通过出家修行成佛陀，一切众生皆有可能。换言之，阿默拉沃蒂佛塔所反映的佛教信仰内容，不是对佛陀本人的崇拜，而是崇拜成为佛陀的可能性，即对"法"的崇拜。作为教法和传法之主，释迦牟尼当然受到该有的尊重，所以阿默拉沃蒂佛塔也

·欧·亚·历·史·文·化·文·库·

做了大量的纪念释迦牟尼诞生的图像。同时,佛教信徒也要通过自己的修行得到正觉、入涅槃。出家、成道、初转法轮、涅槃的图像组合表达了他们的这个意愿。

佛陀像的出现,好像改变了这样的情况。一般认为,阿默拉沃蒂的佛陀像出现于 2 世纪末。这个时期的浮雕中同时出现象征物和佛陀像,据观察发现,佛陀像的出现并不是简单地代替了象征物的位置,他成为画面的中心,同时他又是故事外面的存在。佛传故事图像中的佛陀像有两种形式,一种是坐像,另一种是立像。不管坐像还是立像,佛陀像的体积比故事中的其他人物都大,而且佛陀像都是以静态来表现,坐像一般结跏趺坐于台座上,右手举在肩膀,左手或放在腹前或在胸前持衣角;看正面,立像也是面向正面,右手举起,左手持衣角。总之佛陀像缺乏动感,这与佛陀像周围的颇有动感的人物像形成明显的对比。我在这里再次强调,佛传故事是讲述释迦牟尼一生事迹的内容,故事的主人公释迦牟尼出现在画面中理所当然,但是,阿默拉沃蒂佛传故事中的佛陀像感觉脱离了故事情节,没有参与到故事的发展中去。不管周围发生什么,他静静地坐在中间,在静态的佛陀周围,故事的配角演绎着各种故事。这是因为佛陀像一出现就是礼拜对象,他不能与佛传故事中出现的其他人物一样。为了表现佛陀的特殊性,后来还创造了三十二相八十种好等说法。可以说,佛陀像的出现促进了佛陀的神化。

阿默拉沃蒂的本生故事能确认的有 20 多种,其中有兔王本生、六牙象本生、尸毗王本生、须大拿太子本生等宣传布施和自我牺牲精神的故事,龙本生、受马那沙王子本生、孔雀本生等宣传持戒的故事,使者本生、顶生王本生、弥兰本生等教导克制欲望的故事等。有些故事只见于南传系统的本生经。另外一个特点是,阿默拉沃蒂本生故事的主人公多选龙或者蛇,现在的南印度还普遍存在崇拜蛇或龙的民间信仰,这些以龙或蛇作为主人公的本生故事,应该是佛教信徒为了向当地居民宣扬佛教思想,吸收当地的民间传说神话而创造的。

见于《六度集经》的槃达龙王本生出现在阿默拉沃蒂本生浮雕中。

故事主人公是龙王槃达。说的是过去,拘深国有一个叫抑迦达的国王,其国广大,人民炽盛,国王治国以正,不辜负国民。他有两个孩子,一男一女,儿子名须达,女儿叫安阇难。他非常疼爱他的两个孩子,为他们用黄金做池子。他们两个在池子里玩水时,有一只乌龟也在水里,男孩触碰了它吓得大喊。国王问怎么回事,孩子说:"池子里有什么东西碰到我了,好恐怖!"国王很愤怒地说:"这个池子是专门为孩子们造的,到底什么东西吓着我的孩子呢?"他下令,无论它是什么妖怪,一定要抓住它,弄了半天渔夫抓住一只乌龟。国王问怎么处置它,群臣有的说"斩首",有的说"火刑",有的说"干脆炖了它吃了得了",有一个大臣说:"杀死它,太便宜它了,不如把它扔到大海里去,这是最残酷的。"乌龟跟着说:"的确很残酷啊!"国王按他说的去做,把乌龟扔到大海里。乌龟很高兴地游到龙王那里,它告诉龙王:"人王抑迦达有个女儿,皓齿蛾眉,美似天女。人王想把她许配给您。"龙王问:"此话当真?"乌龟说:"那是当然。"龙王为乌龟办了一场丰盛的宴会,乌龟说:"请尽快派使臣落实,我的国王还等着好消息呢。"于是,龙王派16个贤臣,跟着乌龟来到王城的护城河。乌龟让使臣们在这里等候,说自己先通知国王,然后它溜走就再也不回来了。16个贤臣非常纳闷,就自己走进城里见国王。国王问他们找自己有什么事情,他们跟国王说:"感谢大王接见我们,听说大王要把您的女儿许配给我们龙王做妻子,因此龙王派我们过来迎接。"听了使臣们的这番话,国王大怒,说:"哪儿有把人王的女儿给蛇龙做妻子的?"龙回答说:"这不是大王您自己派神龟来通知我们的吗?我们过来这可不是闹着玩的。"国王不答应,诸龙施法术,将宫里所有东西统统变成龙,逼迫国王。国王吓得大喊大叫,群臣惊愕,纷纷跑过来问个究竟。国王向他们说明情况后,群臣异口同声地说:"您难道要因为一个女孩子而亡国吗?"国王实在没办法,只好和群臣一起把女儿送到水边,做了龙王的王妃。抑迦达王的女儿为龙王生了一男一女,男孩的名字叫槃达,龙王死了之后他继承了王位。他希望舍弃俗世的荣华富贵,修高尚品行。但他有许多妻妾,不管他到哪里都跟着过来,他想找个清静地方,也很不容易。有一天他登上了岸,在私

·欧·亚·历·史·文·化·文·库·

梨树下隐形变为蛇身,盘起来卧在那里。这个地方夜里有几十盏灯火,白天有各种花,他觉得非常美好。

以上是这部佛经的前半部分,介绍了故事的主人公龙王槃达的身世,接下来的后半部分才是故事的重点。

> 国人有能厌龙者,名陂图,入山求龙欲以行乞,睹牧牛儿问其有无。儿曰:"吾见一蛇,盘屈而卧于斯树下,夜树上有数十灯火,光明耀晔,华下若雪,色耀香美其为难喻,吾以身附之,亦无贼害之心。"术士曰:"善哉!获吾愿矣。"则以毒药涂龙牙齿,牙齿皆落,以杖捶之,皮伤骨折。术士自首至尾以手捋之,其痛无量,亦无怨心,自咎宿行不朽乃致斯祸,誓愿曰:"令吾得佛,拯济群生都使安隐,莫如我今也。"

> 术士取龙着小箧中,荷负以行乞匄。每所至国,辄令龙舞,诸国群臣兆民靡不惧之。术士曰:"乞金银各千斤,奴婢各千人,象马牛车众畜事各千数。"每至诸国,所获皆然。转入龙王祖父之国,其母及龙兄弟,皆于陆地求之,化为飞鸟依偟王宫。术士至,龙王化为五头,适欲出舞而见其母兄妹,羞鄙逆缩不复出舞。术士呼之五六,龙遂顿伏。母复为人形,与王相见,陈其本末。王及臣民莫不兴哀,王欲杀术士,龙请之曰:"吾宿行所种,今当受报,无宜杀之以益后怨,从其所求以施与之。弘慈如斯,佛道可得也。"王即以异国为例,具其所好悉以赐之。

> 术士得斯重宝,喜以出国,于他国界逢贼,身见菹醢,财物索尽。龙母子与王诀别:"若大王念我呼名,吾则来,无憔悴矣。"王逮臣民临渚送之,一国哀恸靡不躃踊者也。

> 佛告诸比丘:"槃达龙王者,吾身是也。抑迦达国王者,阿难是也。母者,今吾母是也。男弟者,鹙鹭子是也。女妹者,青莲华除馑女是也。时,酷龙人者,调达是也。菩萨弘慈度无极行忍辱如是。"(《六度集经》卷5忍辱度无极章第三)

这个国家有个训龙师,叫陂图。他踏进山里寻找龙。一个放牛的孩子告诉他龙王槃达的藏身之处。陂图用毒液拔掉他的牙,用棍棒在身上乱打，他身上没有一处是好的，皮伤骨折。然后陂图从槃达的头部到尾巴用手使劲儿捋，他虽然痛得要死，但没有怨恨之心，自认倒霉，立下誓愿："如果我成佛了，拯救众生让他们得到安稳，绝对不要我这样的下场。"

陂图把槃达放在小筐里背着到处走。每到一个国家，表演龙舞，各国人民看了很害怕，陂图趁机索要钱财，金、银各 1000 斤，奴婢各 1000 人，象、马、牛、车各 1000。每个国家都给他。他们来到了龙王的外祖父的国家，龙王的母亲和兄弟都来到陆地上找他，他们变成飞鸟在王宫屋顶上休息。陂图过来让槃达出来表演，槃达变成五头龙，刚要出来跳舞，就看见母亲和兄弟姐妹，感到非常羞愧就缩回去不敢出来。陂图喊他五六次，槃达才爬出来。母亲变人形去见国王，告诉国王事情的来龙去脉。国王和臣民都非常伤心，国王想杀陂图，但槃达请求国王说："我现在受这个罪，都是因为前世的报应。您要是杀了他，就是种恶因结孽缘，会遭到恶报。还不如满足他的愿望，他要什么就给什么吧。只要弘扬宽容仁慈，就可以得到佛道。"于是，国王按照其他国家的先例，把金、银各 1000 斤，奴婢各 1000 人，象、马、牛、车各 1000 赐给陂图。

陂图拿到了大量的钱财，很高兴地走了。刚到边界就遇到土匪，身上的钱财被抢得一干二净，他自己被剁成肉酱。龙母子告别国王时说："大王您需要我们的时候，只要喊我的名字，我会立刻过来看您，请不要太难过。"国王和臣民都过来送他们。

这个"弘慈度无极行忍辱"的龙王槃达是佛陀的前身，欺负龙王的陂图就是提婆达多的前身。类似的故事，还见于《杂宝藏经》：

> 佛在王舍城，告提婆达多言："汝莫于如来生过患心，自取减损，得不安事，自受其苦。"诸比丘言："希有世尊！提婆达多于如来所，常生恶心；世尊长夜，慈心怜愍，柔软共语。"佛言："不但今日，乃往过去，迦尸之国，波罗榇城，有大龙王，名为瞻卜，常降时雨，使谷成熟，十四日十五日时，化作人形，受持五戒，布施听法。时南天竺国，有咒师来，竖箭结咒，取瞻卜龙王。"时天神语迦尸王言："有咒师将瞻卜龙王去迦尸国。"王即出军众而往逐之，彼婆罗

门，便复结咒，使王军众都不能动。王大出钱财，赎取龙王。婆罗门，第二更来咒取龙王，诸龙眷属兴云降雨，雷电霹雳，欲杀婆罗门。龙王慈心语诸龙众："莫害彼命，善好慰喻，令彼还去。"第三复来，时诸龙等即欲杀之。龙王遮护，不听令杀，即放使去。尔时龙王，今我身是也。尔时咒师者，提婆达多是也。我为龙时，尚能慈心，数数救济，况于今日，而当不慈。（《杂宝藏经》卷3提婆达多欲毁伤佛因缘）

这个故事也是提婆达多和释迦牟尼的前世因缘。释迦牟尼在王舍城的时候，对提婆达多说："你不要起恶心想害我，遮掩做只能自作自受。"诸比丘说："提婆达多常怀害人之心，您每次宽容以待，很亲切地教导他，很难得啊！"释迦牟尼说，不仅是现在，过去还是这样。然后给他们讲前世的故事。过去，迦尸之国的波罗栋城有大龙王，名叫瞻卜。他每月十四十五日的布萨时，变成人形，受持五戒，布施听法，过在家信徒的修行生活。当时，南印度有个婆罗门的咒师，想抓龙王瞻卜。天神告知迦尸之国王龙王瞻卜有危险，国王马上出兵想赶走这个婆罗门，但婆罗门会使法术，他一念咒语，国王的军队就不能动了。国王只好用重金赎回龙王。这个婆罗门又过来抓龙王，这次龙的眷属乘云而来，想打雷劈死他。但龙王说："千万不要害他，就原谅他，让他回去吧。"但这个婆罗门一点都不领情，第三次过来害龙王，这次诸龙二话不说直接杀过来，不过，龙王护着婆罗门不让它们杀害，又把他放走了。释迦牟尼说："那时候的龙王就是我，那个婆罗门就是提婆达多。我做龙王的时候还有慈悲之心，多次救他的命呢。何况我现在已经成佛，这点事不算什么。"

这个故事也是宣传仁慈宽容和忍辱之心。南传巴利文大藏经中收录的有关龙王或蛇的本生经更多，例如，龙王放弃龙宫的荣华富贵，到人间苦修的故事，人类的王子被冤枉跑到龙王的国家，得到龙王的帮助回来当国王的故事等。这些本生故事可能在南印度产生之后，传到北方地区，所以以《六度集经》或《杂宝藏经》等都收录了相关的故事内容。这些故事的存在生动地反映了在佛教发展过程中，与当地信仰融合而产生新的内容的情况。这就是佛教生命力之所在。

此外，阿默拉沃蒂还发现燃灯佛的故事。燃灯佛是释迦牟尼上一任佛陀，释迦牟尼在前世供养燃灯佛而受到佛陀的印记，燃灯佛预言称他就是下一任佛陀。这是过去佛崇拜中比较重要的故事。而且，燃灯佛崇拜和过去七佛不是一个系统的故事，目前，哪里最早出现燃灯佛崇拜尚不清楚，但巴尔胡特和桑奇有大量的过去七佛图像，阿默拉沃蒂则出现燃灯佛的题材，西北印度的犍陀罗地区的浮雕上也有大量的燃灯佛故事题材。这个现象很有意思。

阿默拉沃蒂佛塔上能确认的铭文有160多条，大多属于2、3世纪。萨塔瓦哈纳王朝普鲁马伊王时期，有普利长者的儿女们造大塔法轮并献给制多山部的铭文，其他铭文也提到制多山部的名字，可见当时阿默拉沃蒂和制多山部有较密切的关系。关于出家人的铭文，除了比丘、比丘尼、沙门、沙门尼等以外，还有"比丘尼及女儿"、"出家女及出家的女儿"等内容，这可能是结婚生子以后出家的人，带着自己家人一起奉献的内容。出家人本应该离开家人，加入僧伽，但从阿默拉沃蒂的铭文来看，有些出家人出家以后仍然与家人来往，这种情况在巴尔胡特和桑奇等北方的铭文中看不到。

3.5.2　龙树山

龙树山佛塔也是代表南印度早期佛教的遗址之一。发现于1926年，后来因为在当地修建水坝，做了抢救性发掘。龙树山所在地区为萨塔瓦哈纳王朝之后的伊克什瓦库王朝的国都，从3世纪后半期至4世纪，这个地方盛行佛教，4世纪末伊克什瓦库王朝灭亡之后，南印度的佛教发展基本停止了。龙树山遗址就是伊克什瓦库王朝时期的佛教遗迹代表。遗址有佛塔、佛殿、僧房等30多处遗迹。

龙树山大塔是伊克什瓦库王朝的第二代毗罗普鲁沙达多王所建。直径27.7米，其平面结构较为特殊，塔身由三层车轮状的构造物组成，这种车轮结构在南印度的佛塔中较常见，也见于西北印度白沙瓦郊区的伽腻色迦大塔（Shah-ji-kiDheri）。佛塔周围围绕栏楯，四面有突出塔门，其上面立5根柱子，这个结构基本上与阿默拉沃蒂佛塔一样。栏楯上的浮雕的种类也与阿默拉沃蒂佛塔差不多,不过浮雕人物动作更为夸张。

　　根据出土铭文,龙树山是由几个不同部派组成的伽蓝。主要的奉献者是伊克什瓦库王朝的妇女,龙树山铭文中有三代家族留下的铭文,这实属罕见,根据这个铭文,可以复原伊克什瓦库王朝的家谱。这里还保存了较完整的信仰告白的形式,表白皈依佛陀的内容,有较高的文学价值。据铭文,龙树山伽蓝的各部派都有属于自己的僧院,这个情况以前很少见。可能3世纪末至4世纪时期,部派之间的分歧越来越大,开始分开生活。

3.6　佛塔反映的佛陀观

　　阿默拉沃蒂和龙树山反映了南印度独特的佛教信仰形式。阿默拉沃蒂佛塔具有方牙等北方佛塔所没有的特点。不过这些特点反映在《摩诃僧祇律》等北传系统的佛经中,这为研究北传佛经的成立过程提供了珍贵材料。

　　从浮雕图像题材的种类来看,阿默拉沃蒂的佛陀信仰,主要是对佛陀所讲的"法"的信仰,不过佛陀像出现之后,这个情况好像有所改变。本生故事的内容以有关龙或者蛇的故事为主,这说明了佛教的当地化。佛教信徒为了传教方便,利用当地的传说故事创造佛陀的前世故事,即本生故事,介绍佛教思想。

　　阿默拉沃蒂和龙树山发现有许多刻有佛塔的浮雕板,这与桑奇和巴尔胡特发现的佛塔浮雕不太一样,桑奇和巴尔胡特的佛塔浮雕主要是涅槃的象征,有的表示对过去佛的崇拜。但是阿默拉沃蒂和龙树山的佛塔浮雕好像不是涅槃的象征,浮雕的佛塔非常写实,它表现的应该是对佛塔本身的崇拜。阿默拉沃蒂佛塔浮雕的铭文反映,阿默拉沃蒂佛塔有很多小规模的布施,很多在家信徒奉献一块石板或两个栏楯等,很少有大规模的布施。

　　巴尔胡特、桑奇、阿默拉沃蒂和龙树山,它们都是覆钵塔,栏楯和塔门等基本形式没有太大的改变。主要的区别在于浮雕图像的内容和表现方式。巴尔胡特图像以本生故事为主,桑奇则佛传故事图像较多,阿默拉沃蒂佛传故事较多,也有具有地方特点的本生故事。巴尔胡特和桑奇有明显的过去七佛崇拜,然而阿默拉沃蒂出现燃灯佛的故事。佛传故事方面,桑奇有四大圣地,即诞生、成道、初转法轮以及涅槃的组合,然而阿默拉沃蒂浮雕中以出家图像代替诞生,在桑奇和阿默拉沃蒂佛塔浮雕的圣地组合中,诞生的地位比较低。巴尔胡特有丰富的本生故事,阿默拉沃蒂有具有地方特色的本生故事,这些图像起着对观众宣传佛法的作用。桑奇的浮雕却以佛传为主,好像鼓励观众修行成道。这些区别,不是由于时间或者地区的差异而产生的,应该反映了造塔者对佛教的态度,我们通过这些浮雕图像内容分析,能够了解当时佛教信徒的佛陀观。

4 印度的石窟

根据早期佛经或法显、玄奘等留印僧人的游记来看,印度应该存在大量的佛教寺院,其伽蓝规模也不小,但由于自然和人为因素,大部分佛教寺院早已毁灭,文献里提到的名寺古刹已无踪影可觅。虽然,印度各地发现有佛教寺院的早期遗址,但全面了解早期伽蓝的具体情况,目前还有一定的困难。现有条件下,比较可靠的材料是石窟寺院。石窟是利用岩石山体而建的一种建筑形式,一般选择在石质较坚硬的地方开凿洞窟,其结构比较坚固,一旦形成之后不容易发生改变,因此石窟保存了建筑、艺术等方面的珍贵信息。对印度石窟的研究,对了解公元前后的印度建筑结构、装饰内容及其浮雕或壁画上所反映的风俗等方面起到了很重要的帮助。

目前,能够确认最初期的印度石窟为比哈尔邦的巴拉巴尔山和那伽峻尼山开凿的石窟。其中,巴拉巴尔山的石窟有阿育王第十二年和阿育王第十九年的题记,这些石窟是六师外道当中的邪命外道开凿的。带有阿育王第十二年纪年的苏达玛窟由直径 5.76 米的圆形主室和长 10 米、宽 6 米的方形前室组成,主室和前室之间以约 1 米长的甬道连接,主室顶部为穹隆顶,窟内壁面光滑如镜。阿育王第十九年窟的平面为长 10 米、宽 4.2 米的长方形,顶部为纵券顶。虽然它们不是佛教的石窟寺,但实际上释迦牟尼在世时已有僧人住在自然山洞里或凿山为室,这些洞窟大多规模不会很大,结构也比较简单。印度东部的奥里萨邦的肯达基里和乌达亚吉里两座小山丘上也有早期石窟群,这群石窟属于耆那教,结构比较简单,多数带有前廊,里面开几个小石屋,这类形式也在佛教石窟中比较常见。上述地区都发现有阿育王法敕,由此可以推测,印度早期石窟寺的营建活动与阿育王以后的孔雀王朝的扩张政策有一定的联系。众所周知,阿育王支持佛教,那么,当时阿育王也开凿过佛教石窟寺并非不可能，只是目前还没有发现具体洞窟。印度石窟中，有 3/4 是属于佛教的，其他还有耆那教、印度教等的石窟。可见佛教对印度石窟的发展起到了重要的作用。

印度石窟一出现就有兼具圆形主室和长方形前室的平面结构，这类平面布置成为印度佛教石窟的重要形式之一。后来，佛教石窟发展成为体积庞大、结构复杂、内容丰富的石窟群，除了比丘生活、修行场所的功能之外，增加了纪念性质、礼拜场所的功能。从其结构上看，这些石窟受到阿契美尼德王朝帝陵的影响。位于阿契美尼德王朝首都波斯波利斯以北约 10 公里处的纳克希·鲁斯坦有 4 座阿契美尼德王朝皇帝的陵墓。那些帝陵就是在悬崖上开凿的，而且外壁面的仿木结构浮雕和洞窟开口部位的结构与后来的印度石窟有相似之处。一般认为，随着亚历山大大帝东征，波斯帝国的帝陵建筑形式传至印度，对印度石窟的造型产生了一定的影响。

目前，印度发现的石窟寺有 1200 多座，其中，90% 以上集中在西印度的德干高原，马哈拉施特拉邦。德干高原集中分布石窟寺院的原因，一是其自然环境，首先该地区的石质比较适合开凿石窟，此外其地形也适合建造石窟，南北走向的西高止山脉纵穿马哈拉施特拉邦，面临阿拉伯海的西部地区和内陆之间的交通很早就打通了，萨塔瓦哈纳王朝时期，连接港口和内陆城市的这条古道曾经是非常重要的贸易路线。当时西印度与外界的贸易活动日益增长，这为石窟开凿在经济上提供了有利条件。这些商人是早期佛教的主要支持者，在王朝高层的支持和这些商人的资助下，佛教集团在各地建造石窟。

印度的很多石窟没有留下纪年题记，其具体的建造年代不明确，因此只能根据石窟建筑的形式变化进行分期，目前最普遍的观点是，忠实反映木结构建筑而平面较简单的石窟年代较早，这一观点的前提是最初的石窟建筑由地面上的木质建筑发展而成，后来逐渐形成石窟特有的装饰和结构。根据以往研究，石窟营建时间可分为两期，即前期（公元前 2 世纪至公元 3 世纪）和后期（公元 5 世纪至 8 世纪）。前期的石窟大多数属于佛教的石窟寺院，后来开凿活动一度进入低潮期。

·欧·亚·历·史·文·化·文·库·

到公元 5 世纪左右,在笈多王朝的支持下,开凿活动迎来了第二次兴盛期,造窟活动一直延续到 8 世纪。后期石窟除了佛教石窟寺以外,还大量出现属于印度教或耆那教的大型石窟,佛教石窟本身也增加了内容。而且,埃罗拉石窟或奥兰伽巴德石窟等后期石窟中存在不同宗教石窟共存的现象。

4.1 印度佛教石窟的主要类型

印度的佛教石窟从功能和形式上可以分为两大类,即支提窟和毗诃罗窟。支提为 Chaitya,毗诃罗是 Vihāra 的音译。《摩诃僧祇律》说,"有舍利者名塔。无舍利者名枝提",枝提即支提,就是说,供养舍利的佛塔叫"塔"(窣堵坡),没有供奉舍利的佛塔为"支提"。支提窟就是供奉作为礼拜对象的佛塔的洞窟,亦称塔庙窟。一般支提窟的平面呈马蹄形、顶部为纵券顶,窟内空间以列柱分为主室和侧廊,主室后部呈半圆形,其中央雕出佛塔。

毗诃罗窟亦称精舍窟,为供僧人生活起居的洞窟。精舍窟平面多为方形、顶部为平顶,洞窟主体是方形大厅,大厅的左、右、后壁上凿出小石室。印度佛教石窟寺院一般都具备支提窟和精舍窟,通常是围绕一个支提窟建多个精舍窟,这是石窟伽蓝的一个完整组合。这符合佛教文献所记载的塔地和僧地的关系,可以说石窟伽蓝的结构在一定程度上反映了砖木结构地面佛寺的伽蓝结构。

4.1.1 前期石窟

安得拉邦的贡土巴利,在狭隘的崖壁上排列有约 12 座大大小小的石窟,由一座支提窟和大小不同的几座精舍窟组成。据研究,其开凿年代约为公元前 2 世纪,是目前发现的最早期的佛教石窟。石窟外立面是无装饰的尖楣圆拱形,由圆形主室和前室组成,主室为穹隆顶,顶部刻出椽子,内部供奉一座佛塔。从在外立面留下的痕迹来看,原来应该有木结构建筑。贡土巴利石窟的支提窟应该模仿了供奉佛塔的地面建筑,但其形状并不是佛教特有的建筑形式,尤其是拱门,它是印度宗教建筑,包括佛教、耆那教、印度教以及后来的伊斯兰教等都采用的常见装饰形式。

西印度贡迪维蒂的支提窟平面与巴拉巴尔山的苏达玛窟类似,在圆形主室前面加了长方形前室,整个洞窟的平面呈马蹄形。这可以理解为安置佛塔的圆形佛堂和进行祭祀活动的长方形礼堂的结合形式。

印度支提窟最常见的形式是后壁为半圆形,窟内最里面雕出佛塔,沿着左右侧壁和后壁做出列柱,形成回廊的马蹄形平面。有些学者认为这形式是由贡迪维蒂支提窟演变而来,把圆形佛堂和长方形礼堂之间的隔墙取掉就成为马蹄形平面。19世纪末调查印度石窟的欧洲学者看到这种支提窟的结构,发现它与欧洲的基督教教堂的布置结构惊人地相似。早期支提窟的列柱向内倾斜,有的石窟在顶部还安装了另做的木结构部件,门口现在是敞开的,原来应该有木质门扉,其结构确实像是在岩石内安装的木结构建筑。年代较晚的支提窟取消了这种木结构的表现效果。

支提窟的规模逐渐变大,坎黑里、卡尔拉石窟的支提窟可谓前期支提窟的精华,不仅规模大,其造型内容方面也有了很大的发展,具有很高的艺术水平,由在窟内留下的很多铭文来看,这些大型支提窟的开凿有王公贵族、富商等的参与。开凿这些大型支提窟的年代正处于萨塔瓦哈纳王朝的鼎盛期。

精舍窟的结构比较稳定,一般在方形或长方形平顶主室的左、右、后壁三面开凿多个小室,即僧房。马哈拉施特拉邦的巴伽石窟精舍窟,主室面积较小,僧房数量也不多,其平面布置也缺乏统一性。巴伽石窟第十九窟还带前廊,这种形式的精舍窟比较罕见。早期精舍窟在僧房门上都刻出拱门和栏楯,一般窟内装饰比较简单。有时候在僧房两侧刻门神等浮雕,如巴伽石窟第十九窟前廊右壁刻出因陀罗和苏里耶。年代稍晚的阿旃陀石窟、皮塔尔阔拉石窟等的精舍窟都有面积较大的主室,其三面开凿多个僧房。僧房内凿出一个或两个较低的台子,是供僧人休息的床。巴伽石窟和皮塔尔阔拉石窟,有的在屋顶表现出木结构的房梁等,根据在僧房门框上留下的痕迹来判断,原来安装有木质的门扉。精舍窟和支提窟一样,开始出现时模仿地面上的木结构的建筑,后来木结构因素越来越少。

前期最晚阶段,公元2世纪中叶至3世纪左右出现小型支提窟,因没有凿出列柱,主室不存在回廊,顶部多为平顶,窟内装饰简化,也出现支提窟和精舍窟的混合类型。除个别石窟以外,整个石窟群也有小规模化的趋势,这与在2世纪以后,萨塔瓦哈纳王朝走向衰落的历史同步。

前期的代表性石窟有:巴伽石窟、纳西克石窟、阿旃陀石窟、皮塔尔阔拉石窟、坎黑里石窟、卡尔拉石窟、奥兰伽巴德石窟等。

4.1.2 后期石窟

前期的石窟开凿活动大概在公元3世纪结束,之后的2个世纪基本上没有大规模的石窟开凿活动。到了5世纪,再次迎来了开凿活动的活跃期。后期石窟也集中在西印度,除了前期已出现的阿旃陀、奥兰伽巴德等石窟以外,在埃罗拉等地区也有新的开凿活动。后期石窟的开凿年代大约从5世纪至8世纪左右,是笈多王朝时期。

支提窟和精舍窟两种窟形继续流行,石窟群的基本结构没有太大变化,但支提窟的数量减少,精舍窟增多,有的石窟群甚至没有支提窟,只有精舍窟。

后期精舍窟一般规模较大,后壁有供奉佛像的佛堂。窟内装饰有壁画或浮雕等,也有带前廊的精舍窟。前期的精舍窟只有供僧侣修行、生活起居的功能,而后期,精舍窟不再是单纯的僧房,变成具有礼拜和生活两个功能区的完整伽蓝。7世纪以后的埃罗拉石窟,出现了平面形式,与精舍窟一样,但没有凿出僧房,在窟内安置佛像。

后期支提窟的平面及布局等与前期差别不大,窟内的佛塔正面都刻出佛陀立像或坐像,佛塔和佛像结合在一起。

后期石窟中,将原来供僧人修行的空间变成供奉佛像的空间;石窟内的礼拜对象,前期的单纯的佛塔崇拜也被佛像礼拜所替代。马哈拉施特拉邦的阿旃陀石窟是后期石窟群的典型代表。

4.2　主要石窟寺院

4.2.1　巴伽石窟

巴伽石窟位于马哈拉施特拉邦的首府孟买东约130公里。现在石窟所在的山上没有能够通车的路,上石窟只能走狭窄的石台阶路。这座石窟已成为旅游景点。

属于前期的重要石窟,将印度佛教石窟最初期的情况保存至今。开凿活动大约从公元前2世纪开始到公元1世纪左右结束。由1个支提窟和20个左右的精舍窟组成。第12窟为支提窟,是最早的标准马蹄形平面支提窟的例子。窟内宽(最宽处)7.9米,进深18米,窟门敞开,入口处为尖拱圆楣形,拱楣两侧垂直下垂,在拱门部位的地上有槽,当初应安装有木质门扉。窟内列柱向内倾斜,上下端没有柱头和柱础的素面八角形柱。主室顶部为拱券顶,在顶部弯曲面还保留有木质的梁。窟内最里面凿出佛塔,只有一层台基,其上建低矮的半球形覆钵,没有伞盖。佛塔表面被打磨得非常光滑,窟壁和石柱表面比较粗糙。该洞窟的开凿年代大约为公元前2世纪至公元前1世纪。

精舍窟规模较大,也有上下两层的精舍窟。洞窟结构简单,在方形或长方形主室的周壁上开凿僧房,有些精舍窟窟内无任何装饰,窟壁也没有经过打磨,壁上留有凿痕。第13窟和第19窟等精舍窟窟内做简单装饰,一般在僧房的门上面雕成尖拱圆楣形,有的还在门的两侧做小龛,可以放一些东西或者用于安置佛像。第19窟窟门外建有前廊,在前廊左右壁也开凿僧房。

在石窟群的右手边还有小规模的佛塔群,佛塔形状与第12窟窟内佛塔形状接近,因部分山体已崩塌,原来的情况不太清楚。

4.2.2　皮塔尔阔拉石窟

皮塔尔阔拉石窟位于奥兰伽巴德西北约80公里,由12个洞窟组成,有4座支提窟和8座精舍窟。由于山体崩塌,都受到不同程度的破坏,洞窟入口部分基本上都坍塌。第3窟为支提窟,窟门敞开,马蹄形布局,窟内列柱为八角形素面,没有柱础和柱头。窟内原先应该有佛塔,但现在佛塔已经不见了。洞窟开凿年代应在公元前 2 世纪至前 1 世纪左右。后来,到 6 世纪以后在列柱等窟内画纹饰。

第 4 窟为精舍窟,主室前半部已坍塌,保存有后壁和左右侧壁后面的僧房,以及窟外浮雕,窟内无装饰。

4.2.3　纳西克石窟

纳西克石窟位于孟买以北约 150 公里,共有 24 个洞窟,其中支提窟只有 1 个,即第 18 窟,也是纳西克石窟最早期的洞窟。该窟主室前壁可分为上下两部分,下面正中开一个门道,门上做圆拱形门楣,窟门两侧有高浮雕门神。其上为明窗,尖拱圆楣形,拱楣两侧端向内略弯曲。明窗外侧有浮雕栏楯、列柱、盲窗等装饰。窟内列柱直立,八角形素面,除了在佛塔周围的 5 个列柱没有柱础以外,其他列柱都带有壶形柱础。佛塔塔身高度增高,已超过了覆钵的高度。纳西克第 18 窟的窟门结构与窟门敞开、后安装木质门扉的支提窟有一定区别。在第 18 窟窟门外两侧有向上的楼梯通往支提窟两侧的精舍窟。

纳西克石窟的精舍窟一般在主室外面有带廊柱的前廊。廊柱有钟形柱头和壶形柱础。柱头上有多重倒叠涩式托板,托板上为动物雕刻,窟内一般无装饰。第 3 窟有宽大的前廊,前廊列柱上有浮雕装饰,在列柱前面做一道栏楯,栏楯由石雕夜叉支撑,窟门装饰华丽。可以说,该窟是早期精舍窟中最发达的形式。

纳西克石窟的开凿时间大约在公元前 1 世纪至公元 1 世纪,到了后期(6 至 7 世纪)对个别洞窟进行重修。纳西克石窟前期洞窟修建时,正好是印度与罗马地区贸易往来频繁的时期,希腊的文献中也提到纳西克石窟。

纳西克石窟保存了大量长篇铭文,它记录了除国王、商人、比丘等人的布施以外,还有很多官称、职业、地名等信息,也记录了战争的情况等,为印度史和佛教史的研究提供了重要材料。从铭文里我们知道,当时在家信徒给僧伽布施的内容有村庄、金钱、衣服、石窟、土地等。属于僧伽的村庄享受免税特权。金钱布施不直接给僧伽,先交给世俗的商会管理,纳西克有交给纺织业商会的例子,交给商会的布施钱产生利息,商会负责每个季度从这个利息中提取一定的金额供养僧伽,这有点像今天的信托投资。可见,当时的印度有相当发达的经济体系。

4.2.4 贝德萨石窟

贝德萨石窟位于孟买以东约 140 公里处的一座山上,参观该石窟要爬上 400 多级台阶。上石窟的台阶和石窟前面的地面铺有石板,方便游人参观,但这座石窟好像没有常住的管理人员,也不收门票。

贝德萨石窟主要有支提窟和精舍窟各一个。支提窟主室外面有带四根廊柱的前廊。廊柱有柱头和柱础。柱头由几部分组成,最下面为钟形覆莲,其上有多重方形托板,托板上有人骑乘的四只背靠背的马、大象等动物。柱础为壶形。前廊两侧壁刻满拱门、阳台等建筑浮雕。主室前壁上层开一个巨大明窗,下层开三个门道,窟内列柱为向内倾斜的素面八角形柱,没有柱头和柱础。佛塔的塔基有两层,增加了佛塔的高度。覆钵上面置平头,其上面保留有伞盖的主杆,伞没有保存下来。

精舍窟主室平面比较特殊,呈马蹄形,顶部为拱券顶,这与支提窟的结构很相似,这类精舍窟非常罕见。

4.2.5 卡尔拉石窟

卡尔拉石窟位于孟买以东约 130 公里,以西印度最大最豪华的支提窟而闻名。卡尔拉石窟的南面,隔着平原地带能看到有巴伽石窟的山脉。

卡尔拉石窟有十来个洞窟,其中支提窟只有一个。这座支提窟在同类型支提窟中规模最大,最宽 13.9 米,进深 7.9 米,窟内结构非常完美。窟前建有印度教的祭祀堂,为后世建筑。石窟前面立着一根十六角形柱,柱头刻有四只背靠背的狮子,其形状类似于阿育王石柱。主室前面加前廊,前廊正面立柱为素面八角形柱,中间有一横梁,分为上下两层。前廊左右侧壁刻满装饰浮雕,最下面有三只大象,其上面刻有拱门、阳台、盲窗等内容共分为四层。石窟正面正中上层为拱形明窗,下面开有三个门道,分别通向主室正厅和两侧廊,门道两侧各雕有一对

·欧·亚·历·史·文·化·文库·

男女供养人像。窟内空间高大,内部列柱为八角形素面,除了佛塔周围的石柱没有柱头和柱础以外,都有壶形柱础和钟形柱头。柱头上有四层倒叠涩式托板,托板上为一群男女骑乘的四只背靠背动物雕刻。有的柱子上面刻有铭文和表示佛塔或阿育王石柱等的浮雕。顶部还保存有木质的梁椽。主室最里面有佛塔,佛塔有两层台基,覆钵上有平头,在上面保存早期的木质伞盖。在窟门上方刻有题记,记有供养人的名字,他与纳西克第 10 窟的供养人是同一人。从建筑形制和装饰手法来判断,卡尔拉的支提窟晚于纳西克第 10 窟,其年代大约在公元 1 世纪晚期至 2 世纪上半叶。

精舍窟有两层或三层结构,凿出楼梯作为连接上下层的通道。窟内基本没有装饰,窟壁也没有经过打磨。

卡尔拉石窟的支提窟内有许多铭文,其中有称为"世界最大石窟"的铭文,可见当初营建石窟的时候就有要建最大支提窟的想法。奉献石窟的人有贵族、商人、医生、各种工匠、比丘等,还有不少希腊人的名字。他们大多来自 dhenukākaṭā,亚历山大·卡宁厄姆考证此地应该是《大唐西域记》里的驮那羯磔迦国,不过学界不太支持这个说法,一般认为此地是离卡尔拉石窟不远的阿拉伯海沿岸的贸易城市,来自这里的商人非常多。比丘有大德、长老、说法师等,也有比丘尼的题铭。值得注意的是,铭文中记录了村庄的布施,国王为大众部僧伽的生活,布施了一个村庄,这个村庄享受免税特权。

4.2.6　坎黑里石窟

坎黑里石窟位于孟买北郊约 40 公里的国立公园内。坎黑里石窟共有 100 多个洞窟,石窟开凿活动从公元 2 世纪一直延续至 9 世纪,大多数洞窟属于后期。石窟以小型洞窟为多,但从洞窟数量来看是全印度最大的。

第 3 窟是早期最后阶段支提窟的代表,其结构和装饰与卡尔拉石窟相近,但在雕凿技术和造型方面有衰退迹象。洞窟带前廊,前廊正面做出上下两层的列柱,左右两侧各立石柱。洞窟门口左右雕有男女供养人像。内部结构也与卡尔拉石窟基本相同,但雕凿手法比较粗糙。

根据窟内留下的供养人题记,该洞窟为萨塔瓦哈纳王朝的雅纳斯里·萨塔卡尔尼统治时期(174—203 年左右)建造。外立面和前廊部分都有后刻的佛像。

此外,坎黑里石窟的密教题材雕像非常重要。坎黑里石窟许多小型洞窟属于后期较晚段,窟内一般都有雕像,除佛说法图、三尊像、千佛及立佛等题材以外,还有观音救八难、多罗(度母)像等早期密教造像,其中第 41 窟的十一面观音像是印度稀有的作品。坎黑里石窟的后期小型洞窟是研究早期密教造像的珍贵实例。

坎黑里石窟保存了大量的有关布施的铭文,国王、贵族、商人等布施土地、金钱、衣服和石窟等。有的题铭中还记录了具体负责修建石窟的人的身份和名字,为研究寺院建筑制度史提供了珍贵资料。

4.2.7　阿旃陀石窟

阿旃陀石窟位于马哈拉施特拉邦北部,孟买北方,距奥兰伽巴德37 公里,沿着瓦古尔纳河谷的崖面开凿有大小 30 个洞窟。阿旃陀石窟是印度佛教石窟的代表,1983 年被列为世界文化遗产。阿旃陀石窟的发现,是一个富有传奇色彩的故事。1819 年,英国马德拉斯军团的军官约翰·史密斯参加海得拉巴藩王国的尼扎姆(藩王)组织的狩猎活动。这位英国军官在狩猎过程中受到一只巨大的老虎袭击而逃到深山密林中。躲在瓦古尔纳河谷中的史密斯已经精疲力竭,为确保安全,环顾四周时他发现了在岩石上雕刻的精美建筑群,这就是阿旃陀石窟。这些石窟沿瓦古尔纳河的弯曲处,呈圆弧形排列在长 550 米、高76 米的断崖上。史密斯发现石窟时已经很久没有人迹,洞窟已成为蝙蝠的巢穴。史密斯赶走蝙蝠进入洞窟,并在石窟里刻上自己的名字,现在第 10 窟保留有当年史密斯留下的签名。当时欧洲学界对东方世界充满好奇心,英国军官在印度密林中发现巨大古代建筑的消息传到了英国之后,很多学者及游人访问这一神秘的古代石窟建筑。1839 年,一位英国游客来到阿旃陀石窟,他叫詹姆斯·弗格森(James Fergusson)。原来在孟加拉经营农场的他迷上印度古代遗址,到印度各地参观佛教、印度教、伊斯兰教等建筑遗址。后来,对石窟建筑产生兴趣,前后调查了阿旃陀、埃罗拉、坎黑里等石窟。1843 年,他在皇家亚洲学会做报告并发表了论文,题为《印度石窟寺院》("Rock-Cut Temples in India")。这篇论文中,弗格森将阿旃陀石窟的开凿年代推定为公元前 200 年至公元 650 年左右。这次报告引起了英国艺术界、考古界的极大兴趣,在弗格森的提议下,英国学界开始做印度石窟寺院的档案。对印度石窟寺院的科学研究,从此正式开始。从这个意义上讲,阿旃陀石窟也是具有纪念意义的石窟寺院。

阿旃陀石窟的开凿活动延续时间较长,前后两期都有不同规模的造窟活动。其中,前期洞窟有支提窟第 9、10 窟和精舍窟第 12、13、15A 窟。后期洞窟中第 19、26、29 窟是支提窟,其他都是精舍窟。

前期诸石窟群一般只有一座支提窟,因为石窟寺是一个完整的伽蓝,供僧人居住和修行用的精舍窟因具体需要决定开凿僧房的数量,但作为礼拜场所的支提窟不需要太多,一座寺院,即一处石窟群只需要一座支提窟。然而阿旃陀石窟前期支提窟有两座,而且这两座支提窟挨着建造,这种情况在印度石窟中比较罕见。

前期两座支提窟中,第 10 窟保留了早期支提窟的结构,洞窟门口敞开,窟内列柱向内倾斜,没有柱头和柱础,这些特点与巴伽石窟支提窟相似。不过第 10 窟窟内的佛塔有两层台基,其高度与覆钵差不多,这是比较晚期的佛塔特征。再者,早阶段的支提窟规模都比较小,然而阿旃陀第 10 窟的规模仅次于卡尔拉的支提窟,是印度第二大支提窟。根据上述情况来推定第 10 窟的开凿年代,应该比巴伽石窟和皮塔尔阔拉石窟年代要晚,接近卡尔拉石窟的年代,大约在公元前 1 世纪后半叶至公元 1 世纪之间。

第 9 窟在窟门上做巨大的明窗,拱楣两侧翼下端略向内收,明窗下面有三个门道,窟内列柱几乎直立,侧廊的顶部呈平顶。这些建筑特征与纳西克或贝德萨石窟相近,其开凿年代大约在公元前 1 世纪至公元 1 世纪。一般认为第 10 窟的创建年代早于第 9 窟。

第 12 窟是前期精舍窟,在方形主室的左、右、后三壁面上各开 4 个僧房,共 12 个,僧房内基本上都有两个石床,各僧房门口上方雕有尖拱圆楣形拱门。右壁和后壁的僧房之间开有方形小龛。

阿旃陀石窟是后期印度石窟的代表,不但规模最大,其开凿时间也最早。后期的代表性洞窟有:支提窟第19、26窟,保留精美壁画的第1、2、16、17窟等。后期的支提窟,结构与前期相似,平面呈马蹄形,窟内有列柱和佛塔。阿旃陀后期支提窟在前廊部分面积扩大成为前庭,洞窟内外雕刻出很多佛像,佛塔塔基增高,正面开龛,龛内刻有佛像,佛塔和佛像连为一体,整个洞窟刻满各种佛像,这是前期支提窟所没有的特点。后期石窟的主要礼拜对象由原来的佛塔变为佛像,这个变化反映了印度佛教的内容和性质的演变。

第19窟的建筑及装饰雕刻手法非常高雅,窟外前廊、门上、主室廊柱、壁面和壁龛等都刻有不同题材的佛教造像和图案,在佛塔塔基正面开大龛,龛内刻出立佛。平头以上部分又高又大,平头上有三层伞盖,直到窟顶。第26窟也刻满了佛像,主室侧壁雕出说法、降魔成道和涅槃等佛教故事图。佛塔正面大龛内刻有倚坐佛像,可惜佛塔伞盖已缺。这两座支提窟佛塔上的佛像均穿贴身袈裟,头部为螺发,这些特征符合笈多时期佛像的特点。第26窟门外有铭文,铭文的作者是高僧"阿折罗"。后来,学者们发现7世纪来到印度的唐代高僧玄奘在他的《大唐西域记》里记录了"阿折罗"的名字和他所建立的伽蓝。《大唐西域记》云:"国东境有大山。叠岭连嶂,重峦绝巘。爰有伽蓝,基于幽谷,高堂邃宇,疏崖枕峰;重阁层台,背岩面壑,阿折罗(唐言所行)阿罗汉所建……伽蓝大精舍,高百余尺。中有石佛像。高七十余尺,上有石盖七重,虚悬无缀,盖间相去各三尺余。闻诸先志曰:斯乃罗汉愿力之所持也。或曰神通之力,或曰药术之功。考厥实录,未详其致。精舍四周雕镂石壁,作如来在昔修菩萨行诸因地事。证圣果之祯祥,入寂灭之灵应,巨细无遗,备尽镌镂。伽蓝门外南北左右,各一石象。"(《大唐西域记》卷11),这应该是关于阿旃陀石窟的最早记录。因窟内佛塔伞盖已缺,是否"石盖七重"已经不可得知了,但"精舍四周雕镂石壁,作如来在昔修菩萨行诸因地事。证圣果之祯祥,入寂灭之灵应,巨细无遗,备尽镌镂",似乎符合第26窟主室侧壁所雕刻的佛教故事。

·欧·亚·历·史·文·化·文·库·

　　阿旃陀石窟后期精舍窟有 21 座,其主要特点是在主室后壁正中增开一间专门供奉佛像的佛堂。佛堂通常分成前、后室,在后室有佛像,一般是带两胁侍的三尊形式。主室内部四周有列柱,形成回廊。这样,后期的精舍窟与前期不同,不是简单的僧人生活和修行的场所,而在精舍窟内部供奉佛像,具备了礼拜场所的功能。

　　精舍窟的主尊佛像及洞窟内外所雕刻的大量佛像所穿的袈裟,都没有表现衣纹,紧贴身体,透过衣服能够看见身体曲线,这与萨尔纳特佛像相似。不过阿旃陀造像雕凿技术较为平庸,佛像缺乏表现力,有些造像感觉比较笨重。但也有部分造像造型优美,如第 19 窟正壁的龙王夫妻像和守护神像,第 26 窟侧壁的佛教故事像,第 16 窟顶部飞天等。第 19 窟的龙王夫妻像,龙王以自然舒适的姿态与王妃背靠背坐在台座上,他头上有 7 条蛇,将右腿放在座上,是阿旃陀石窟最为杰出的雕刻作品。第 26 窟主室左侧壁有长达 7 米多的涅槃像,是印度最大的涅槃像。佛陀面带微笑,表现出超脱人间苦难的喜悦之情。涅槃台上用浮雕表现弟子、供养人和菩萨等形象,上面有飞天,脚边刻有娑罗双树。因画面太大,从正面观看涅槃像的时候,窟内列柱挡住了观众的视线,但这并不影响观赏效果,反而有助于增添几分神秘感。

　　此外,浮雕纹饰种类很多,遍布窟内外,如正壁门道周围、列柱表面、侧壁和顶部之间等。题材有蔓草、花卉、枝叶、宝珠、波浪、莲花及其他植物纹等,组合几种不同题材形成华丽而生动的纹饰。这也与前期无装饰的精舍窟完全不一样。

　　阿旃陀石窟除雕刻以外,还有大量的美丽壁画。石窟壁画是保留到现在的印度古代绘画的实例,因此非常珍贵。而且,阿旃陀石窟的壁画数量很大,内容上也有很多种类,可称为印度古代绘画的宝库。阿旃陀石窟保存壁画的洞窟有 12 个,即第 1、2、4、6、7、9、10、11、16、17、22 和 26 窟。其中,第 9、10 窟为前期洞窟,然而窟内留下的壁画大部分属于后期(6 世纪以后)。后期在前期洞窟重绘壁画,因此大面积的壁面及列柱等被后期壁画所覆盖,有些保存状态较差的地方很难判断壁画的年代,但经过研究,发现在窟内保存有公元前后的早期作品。第 9 窟的前期壁画分布在窟内前壁、左右侧壁、侧廊顶部和左侧列柱上。壁画大多漫漶不清,受到严重破坏,很难复原壁画题材。从现存情况来看,能确认的图案有佛塔、飞天、供养人、金翅鸟、龙、有翼兽等。第10窟的前期壁画保存在左右侧廊,左侧壁画为佛传故事,将释迦牟尼的生平事迹从入口到里面按时间顺序描绘,目前能辨认的内容有成道、初转法轮、涅槃、分舍利等部分。这些壁画里,释迦牟尼没有用具体的人物形象来表现,而都以象征物来表示他的存在。右侧壁最外面画有第10窟的外观和男女供养人,他们被视为国王和他的妃子们。其后面画有本生故事图,能够确认的内容有睒子本生和六牙象本生等。前期壁画色彩种类较少,线条呆板,比较单调,人物形象和画面结构等与桑奇和巴尔胡特浮雕有相似之处。

阿旃陀壁画的精华是在后期洞窟壁画,尤其是第1、2、16、17窟的壁画最为重要。第16、17窟内留下了伐卡塔卡王朝诃梨西那王(在位475—500年)时期的题记,由此可见,阿旃陀石窟后期壁画的制作时间大约在5世纪中叶至6世纪,伐卡塔卡王朝对阿旃陀石窟后期洞窟的开凿及制作壁画给予了巨大的帮助。虽然部分壁画有脱落,但是在窟内侧壁、顶部和列柱等都绘有色彩鲜艳的壁画。伐卡塔卡王朝与笈多王朝有联姻关系,后来成为笈多王朝的一个藩国,在艺术史上阿旃陀后期壁画归为笈多艺术。

壁画先在壁面上涂两层草泥,里层较粗厚,外层较细薄,再涂白灰,然后绘壁画。颜料用白土、铁红、黄土、绿土、煤等,也使用了从阿富汗运过来的青金石。壁画题材有佛、菩萨、供养人等人物像,佛传、本生等佛教故事图以及各种动植物纹和几何纹。

第16窟壁画年代较早,壁画脱落比较严重,现在能够确认几幅本生故事和佛传故事里的诞生至出家前的悉达多太子的宫中生活等场面,左侧壁的《难陀出家》故事图保存较好。难陀是释迦牟尼的异母弟,本来要继承释迦族的王位,但释迦牟尼成道回乡时被释迦牟尼说服,决定出家为佛教弟子。壁画里的难陀已经剃发,身穿僧衣,独自坐在角落,右手托脸,貌似心中忧烦。他虽然跟从释迦牟尼出家,但还不能克服对妻子和家人的思念。看他忧伤的表情,观众就能够知道出家并非一件快乐而轻松的事情,而是非常严肃的决定。画面的另一端,有一位女性倒在靠椅上,身边有几个侍女扶持她。她是难陀的妻子,听到夫君弃她而出家的消息,全身没有力气要倒下了。画师没让她大哭,只是静静地靠上座椅,默默地垂头。她背后有一位侍女扶着她的手,前面有一位侍女好像劝她说什么,另一个侍女拿扇子给她扇风,还有几个男性过来看她。画面右上方,在难陀妻子的房间外面有几个妇女好像在议论此事。悲伤妻子的静态和周围其他人的动态呈现出鲜明的对比,很好地表现出被抛弃的妻子心中的凄凉。壁画色彩比较深暗,采用晕染法,强调色彩明暗对比,笔致工细,已有相当水平。

第17窟是壁画保存最好的洞窟。整个窟内画满壁画,本生故事和譬喻故事题材有须大拿太子本生、尸毗王本生、须陀苏摩王本生、六牙象本生、大猿本生、雁王本生、水牛本生、象王本生、僧伽罗(执师子)故事等,佛传故事题材可以确认的有从三十三天降下、舍卫城神变、调伏醉象、罗睺罗见佛陀等。这些佛教故事画不是按照故事发生的时间顺序来展开的,而是在同一个画面上表现若干情节和场面,把不同时间不同地点发生的故事用树木、山、建筑、门庭等分隔开。

六牙象本生已见于前期的第10窟壁画,桑奇和巴尔胡特的浮雕上也有同类内容。这个故事说的是,喜马拉雅山中有一只象王,率领象群共同生活在森林里。象王通体白色,长有六根长牙。象王有两个配偶,第二夫人因嫉妒第一夫人,誓死报复无情的象王,最终绝食而死,后来脱胎为某国的王妃。王妃请求国王夺取象王的六牙。猎人进山到处寻找象王,象王得知猎人来意后,自己拔下六根象牙施舍给猎人,然后死亡。王妃看到象王的象牙后顿时想起前世的记忆,悔过自己的所作所为悲痛而亡。该壁画在一个画面中画有宫殿、猎人山中设陷阱、象群生活的森林、象王拔牙给猎人的岩山等不同场面。

第17窟有两个不同版本的大猿本生画。一个大猿本生画在前廊左壁上,猴王率500猕猴到国王御苑采果,国王下令追捕,御苑外有小河环绕,众猴走投无路,猴王以自己的身体悬空做桥,使众猴得以逃脱活命,但猴王却因劳累过度摔入崖下,国王被猴王的无私行为感动了,令人拿布接住猴王。另一版本画在主室左壁,有一个农夫不小心摔下悬崖无法上去,大猿背他爬上崖壁救他出来。但是又饿又渴的农夫拿石头砸伤救他命的大猿要吃它的肉。这两个故事里的大猿都是释迦牟尼的前身。六牙象本生和大猿本生显示了自我牺牲和利他行为的重要性。

须陀苏摩王本生是某一个国王和雌狮生下男孩,雌狮带孩子到王宫找他父亲,但因为这个孩子要吃人肉,被赶出国。后来他决定吃掉100个国王,吃了99个国王后,最后第100个准备吃须陀苏摩王。须陀苏摩王给吃人狮讲法,于是吃人狮得到解脱。须陀苏摩王就是释迦牟尼的前世。壁画里表现雌狮带小狮子进城的场面,大街两边有商户,路人用好奇的眼光看这两只狮子。他们上身赤裸,将长发用花布包起来披在背后,盘腿而坐,这种穿着打扮反映了当时印度的风俗。

右壁上用大画面表现僧伽罗故事。有个富商的儿子僧伽罗,不听父亲的劝阻与500个商人一起出海,结果漂到一个岛,岛上有吃人的罗刹女,她们变成美女把僧伽罗和他的500个伙伴骗到岛上的铁城,关进牢里。僧伽罗骑着会飞的马逃回家乡。罗刹女追僧伽罗到他的国家,变成美女进宫,以美色迷住了国王及宫里的男人后将他们统统吃掉,然后溜之大吉。僧伽罗在众人推荐下成为国王,率兵攻打罗刹女岛,打败她们并建立新的国家,这就是锡兰岛,即现在的斯里兰卡。罗刹女变的美女和商人们的交欢场面、罗刹女露出真面目吃人的恐怖场面等表现得很生动,僧伽罗王的军队出征场面非常气派。大画面壁画往往出现风格不同的绘画或图案,这应该是几个画工同时作业所导致的结果。

从三十三天降下是印度早期浮雕或壁画常见的佛传故事题材。释迦牟尼在某年的雨安居时上三十三天为已故母亲摩耶夫人说法。后期壁画中释迦牟尼以人物形象表现,身穿偏袒右肩袈裟,有肉髻。这幅壁画分为三个场面,最上层为在三十三天说法的释迦牟尼,他身边有一位妇女,应是摩耶夫人。天人和菩萨坐在两侧听释迦牟尼说法。中层为释迦牟尼下凡的场景,释迦牟尼两边有梵天和帝释天扶持。最

·欧·亚·历·史·文·化·文·库·

下层是已经回到下界,释迦牟尼倚坐,说法印。头部两侧各有童子形象的飞天。释迦牟尼的左侧是剃发、穿袈裟的弟子们,右侧有在家信徒在听说法。在家信徒有各种打扮,不同面孔的人们,这些壁画应该反映当时佛教的支持者,即来自各地区的商人。

第1窟的壁画保存状态较好,壁画色彩鲜艳,笔致舒畅,人物形态传神逼真,可以说是阿旃陀壁画的代表。主室后壁佛堂左侧的莲花手菩萨是最著名的壁画,菩萨皮肤较白,头戴宝冠,连珠首饰,双臂系饰带,上身赤裸戴璎珞,下身穿裙,表情庄重。他所佩戴的饰物多为珍珠等宝石,几乎没有使用金银。右手用大拇指和食指捏莲花,将头部、胸部和臀部向相反的方向扭动的"三屈法"来表现人体柔软优美的曲线。三屈法的表现方式后来影响到中国唐代的菩萨像。佛堂右侧有金刚手菩萨,皮肤较黑,头上戴的宝冠、耳环、项链、璎珞、臂钏、手镯等饰物多用金属器,右手捏金刚石。莲花手菩萨和金刚手菩萨壁画体现了5至6世纪印度绘画艺术的最高境界。

主室左侧有大画面的摩诃伽那迦本生。画面中展开摩诃伽那迦王幼年时的遭遇,长大后回乡娶王女为妻当国王,后来决定出家的故事内容,摩诃伽那迦和王女结婚场面里,舞蹈和奏乐的侍女们的表情和各种动作形象生动地表现了欢乐的气氛,给人一种栩栩如生的感觉。然后摩诃伽那迦出家的场面里,摩诃伽那迦出家求道之心已定,面露解脱的喜悦,王妃和舞女们知道已经无法挽留,表现得非常绝望。阿旃陀的画工们用人物的动作来表现这两个完全相反的场面,很好地把握了肢体语言,这也是印度古代壁画的特点。

前廊左侧壁画有尸毗王本生,大部分已经脱落,只剩下宫廷场面和尸毗王准备上秤盘等场面。壁画里的建筑装饰辉煌,人物佩戴着各种金银宝珠,色彩鲜艳,画面很大,如果保存完整的话一定是一幅华丽而气派的壁画。

顶部还画有动物和人物的壁画。飞天有男有女,经常成对出现。值得注意的是人物画里出现有非印度式打扮的人物,似为款待或宴会的场面,中间画有头戴圆顶帽、穿长袖上衣、下身穿裤、系腰带、佩长剑的人物,他右手拿酒杯在胸前,其形象与粟特壁画或突厥石人相似。他肯定是从国外到印度来做买卖的商人。这些壁画好像说明了当时阿旃陀石窟以及西印度石窟寺建造的原因和支持者的身份。前面说过,印度的石窟寺院主要是沿着当时的贸易路线而建立,壁画里出现的外国商人也经常走这条路线,很有可能他们也提供资金支持建造石窟寺。

第2窟的壁画属于阿旃陀最晚期。以佛传故事和本生故事等内容为主,左壁上的释迦牟尼诞生的场面尤为优美,画面分为四个场面,左上是托胎灵梦,右上是摩耶夫人思念未出生的孩子,左下是诞生,右下为七步生莲。释迦牟尼的母亲摩耶夫人在黑皮肤上穿戴各种金银珠宝装饰物,很好地体现了她的高贵气质和美丽神色。诞生场面,摩耶夫人右手举起,释迦牟尼从腋下出生,旁边有帝释天和梵天,三眼的帝释天手接刚出生的释迦牟尼,梵天拿伞盖为其遮挡。以暖色为主,使用多种颜色,明暗对比强烈。顶部画有蔓草纹、动物纹、人物画及几何纹图案。与第1窟一样,也出现外国商人。

阿旃陀石窟保存大量铭文,其中包括不少长篇文章,基本上都是国王的题铭。铭文中详细记载王统传承的历史,可以说这是研究印度史的重要材料。有意思的是,有的铭文中,将佛陀与吠陀时期神话故事的主人公做对比,赞颂佛教的正确性和功德。

4.2.8　奥兰伽巴德石窟

位于孟买东北 350 公里的奥兰伽巴德市是前往阿旃陀石窟和埃罗拉石窟的起点城市。这个奥兰伽巴德市北郊约 3 公里的山里也有石窟寺院,即奥兰伽巴德石窟,分为东西两个部分,西部为第 1 至 4 窟,东部有第 5 至 10 窟。游客一般只参观东部窟群。第 4 窟属于前期洞窟,其他都是后期开凿。

唯一的前期洞窟第 4 窟是支提窟。洞窟前半部分已经坍塌,窟口原形无从可知,窟内列柱也都被破坏,现在窟内留下的列柱为后世补建的。佛塔塔身高度高于覆钵,平头上部已破损。

第 3 窟的布局和形制与阿旃陀石窟精舍窟较为相近,只是规模较小。列柱上的浮雕装饰也和阿旃陀石窟第 24、26 窟等列柱装饰接近。

值得注意的是佛堂内主尊佛像的右侧壁上有供养人像,面向主尊,双手合十。阿旃陀石窟雕像没有表现供养人形象,这是奥兰伽巴德石窟出现的新现象。

第1窟是奥兰伽巴德石窟中规模最大的洞窟。前廊、主室壁面和列柱上都有造像,一佛二菩萨的三尊像和夜叉像为最多,南壁还有七佛像。佛像分布缺乏统一感。

第2窟和第7窟的洞窟结构有进一步发展。主室中央留方柱作为佛堂,佛堂和周壁之间形成环形的礼拜道,这种洞窟结构可能是在供奉佛像的佛堂加上绕塔礼拜功能的新形式。第7窟的雕像比较完整,可以代表后笈多时期的造像水平。前廊门口两侧各有造像,右侧为观音菩萨救八难像,观音菩萨直立,肩部宽厚、胸部饱满、右手举起、左手自然下垂,左侧从上而下有火、陷阱、盗和水四难,右侧从上而下有狮子、毒蛇、大象和罗刹女四难,这个构图与坎黑里石窟的观音救八难造像基本相同,可能是同时期的作品。左侧的菩萨像采用三屈法,头部两侧有飞天,带胁侍像。他们已经不是简单的门神,完全可以作为独立的礼拜对象。

主室左右两壁各凿龛,龛内有三尊形式的女神像。中间的女神体型较大,采用三屈法强调胸部和臀部,站在莲台上,应为多罗像。

佛堂内壁有伎乐舞蹈的女神像,用高浮雕手法表现丰满身材和妖媚姿态,是奥兰伽巴德石窟中最著名的造像。左脚着地,右脚抬起,提臀扭腰,双手挥舞的舞姿,有点像印度教的湿婆神。

与这些内容丰富、颇有动感的造像相比,佛堂内的主尊像显得非常简朴。主尊为倚坐说法印,除了双脚踩莲台外无任何装饰。观众从前廊到佛堂内一路看到动作较大的各种造像,进入佛堂内看到这尊佛像突然停止动作,会深深感受到佛陀的宁静和安稳。第2窟主尊和埃罗拉石窟第10窟佛塔正面造像也是倚坐说法印佛像,可能是当时流行的佛像形式。它继承了阿旃陀造像传统,但佛像躯体比较饱满。第7窟这些造像反映了早期密教思想,是研究印度密教思想的珍贵实例。

4.2.9 埃罗拉石窟

埃罗拉石窟位于奥兰伽巴德市西北约 25 公里处,丘陵的缓坡上分布着佛教、印度教及耆那教的石窟,成为古代印度宗教的博览会场,与阿旃陀石窟一起代表印度的石窟寺院,1983 年被列入世界文化遗产名单。埃罗拉石窟共有 34 个洞窟,位于最南面的第 1 窟至第 12 窟属于佛教,开凿于 7—8 世纪,埃罗拉石窟的佛教石窟是印度佛教石窟最后阶段的典型代表,其规模也相当大。第 13 窟至第 29 窟为印度教洞窟,主要建立于 7—9 世纪,第 16 窟是印度最大的石造建筑,也是埃罗拉石窟的标志性建筑。最北端的第 30 窟至第 34 窟是耆那教洞窟,开凿时间最晚,建于 8—10 世纪。

佛教洞窟中,第 10 窟为支提窟,开口宽 13.1 米、进深 26.2 米,体量庞大。前庭部分分为上下两层,下层三面立列柱形成回廊,正壁开三个门道。上层正面做成阳台,正壁开门道和明窗,前庭两侧壁都开凿有僧房,窟内布满了浮雕造像及装饰。主室平面呈马蹄形,窟内有列柱形成回廊,其结构与阿旃陀石窟第 26 窟主室相近,佛塔塔身部分大大增高,覆钵呈卵形,平头以上部分已残缺,残高约 8 米。佛塔前面做出大龛像,龛内凿出三尊像,主尊为倚坐说法印佛,两侧各立胁侍菩萨,龛楣上有飞天浮雕。主尊高 3.3 米,螺发,薄衣透体,面部五官较大,与奥兰伽巴德第 7 窟主尊相近。龛高约 5 米,已经不刻在佛塔塔身上,成为独立的三尊像佛龛,佛塔成为佛像的背景,说明佛像地位提高,再也不是佛塔的附属物。现在,埃罗拉第 10 窟被视为建筑或工艺的神殿,受到印度手工业者的崇拜。

除第 10 窟以外其他洞窟都是精舍窟,基本结构与其他后期精舍窟相同,在主室周壁上开僧房。第 5 窟主室内三面立有列柱形成回廊,左右两侧壁中部向外扩大,回廊里面的地面凿出两条长条形的台子,据说是供僧人们上课用的学习桌。第 11 窟和第 12 窟都是三层结构的精舍窟,这两座石窟是挨着的,其外观也非常相似,都没有浮雕等装饰,看上去都非常简朴而厚实,不过第 11 窟内部结构比较简单,没有宽大的主室,前廊后壁直接做佛堂,而第 12 窟窟内规模大,内容丰富。第 12

窟前廊部分没有装饰,只有方形列柱,而主室里面每层都刻有丰富的浮雕造像。第一层左、右、后三壁都开僧房,后壁中间再凿出一个空间,其正壁开凿佛堂。壁面凿龛,刻有一佛二菩萨像、菩萨三尊像,以及千佛等题材。第二层的结构与第一层基本相同,只是佛堂前面的空间面积缩小。主室左壁的菩萨三尊像保存较好,中间菩萨头戴宝冠,冠正面有坐姿的化佛,上身赤裸,戴耳坠、项链、璎珞、臂钏、手镯等装饰,头部向右倾斜,耸左肩,右手掌心向前放在右膝,左手在左膝持物,左腿横盘,右腿自然下垂踏莲花。第三层主室没有造僧房,内部共有5列40根列柱,左右壁上凿有三尊像龛共9个,有结跏趺坐和倚坐两种,手印多为禅定印和说法印。后壁有2座七佛龛,一组是结跏趺坐禅定印,另一组为结跏趺坐说法印,一般认为是过去七佛。此外,第11窟和第12窟都有菩萨群像,它们的组合有八尊菩萨立像、十尊菩萨立像和八尊菩萨坐像。据研究这些菩萨群像是在《大日经》等里出现的八大菩萨,它们由观音、金刚手、弥勒、文殊、虚空藏、地藏、除盖障、普贤组成。埃罗拉石窟的造像中有很多密教题材作品,这为早期印度密教的研究提供了珍贵资料。

4.2.10 默哈德石窟群

默哈德位于孟买南偏东约110公里,在连接孟买和南方城市果阿的主干线上。以默哈德为中心的康坎地区发现几处石窟群,这些石窟群的知名度远不如阿旃陀、埃罗拉、巴伽、卡尔拉等石窟,不过康坎地区的石窟具有非常独特的建筑特点,在研究印度石窟发展的过程中不可忽视。

位于默哈德市西北约1.2公里处的默哈德石窟群规模较大,内容较清楚,共有29个洞窟。第9、15、21窟都有奉献佛塔,但第15窟实际上是在小龛内雕出佛塔浮雕的佛龛,第21窟虽然有一定的空间,但其规模相当有限,有可能是整个石窟群的附属建筑。因此,可以认为第9窟是默哈德石窟群唯一的支提窟。第9窟主室正面立两根方柱(已残),在左、右、后三面各开三个小室,后壁正中的小室内有佛塔,但塔身已经不存在,只是在顶部留下伞盖的一部分。第9窟有铭文,其内容为:"格纳婆迦·毗湿奴巴里塔王子施舍了支提窟和八个房室的建筑物,还有窟院两侧的两个水槽和通往窟院的小路。"这条铭文说明,默哈德第9窟就是由供奉佛塔的支提窟和僧房组成的新式石窟。支提窟和精舍窟的复合式石窟见于康坎地区的瓦伊石窟、格拉德石窟和浦那北郊的谢拉尔瓦迪石窟等。

默哈德石窟群最大规模的洞窟是第1窟。前廊正面立6根立柱,其中右边4根是方形柱,柱头部分向左右展开。最左边的一根是十六角形柱,柱础和柱头为方形。前廊后壁开3个门道。主室左壁开4个房室,后壁开3个房室(门道开5个),而右壁没有开凿。后壁中央的3个门道都通往佛堂,佛堂中央为方形石柱,正面雕有佛坐像,两侧各有胁侍菩萨,台座上表现鹿和法轮。方柱左侧为金刚手菩萨,右侧是莲花手菩萨,背面也有佛坐像但未完工。

一般认为,默哈德第9窟的形制是从前期支提窟到后期支提窟的过渡形式。铭文中出现"格纳婆迦·毗湿奴巴里塔"王子的名字,由此可知当时控制默哈德地区的是拥有"格纳婆迦"称号的地方势力。"婆迦"的称号出现于萨塔瓦哈纳王朝时期康坎地区,康坎地区北部有"摩诃婆迦(大封侯)","格纳婆迦"应该是"婆迦"系统的一种称号。这样,可以肯定默哈德第9窟是萨塔瓦哈纳王朝时期开凿的,应该在公元2世纪以后。

4.3　印度佛教石窟寺所反映的几个问题

凿山而建的石窟寺院,因其结构坚固,即使受到破坏也不会完全消失,与地面建筑相比保存相对完整,而且石窟寺一般开凿在地处偏远的山里,长年没人知道它的存在,免遭人为破坏。目前已发现佛教石窟有将近1000座,其规模相当可观,延续时间也比较长,为研究印度佛教,尤其是西印度地区佛教的发展过程提供了不可多得的实物资料。石窟里面的雕刻和壁画也能够代表当时的艺术水平,

4.3.1　石窟的演变

前文已述,印度佛教石窟寺由支提窟和精舍窟组成,支提窟是礼

拜空间,而精舍窟主要是僧人们的生活空间。精舍窟的结构比较简单,在面积较大的主室周壁上开凿僧房。然而支提窟在其规模和形制上可以分为几种不同的类型。通过对支提窟洞窟形制的研究和比较,可以得知支提窟之间相对的早晚关系。支提窟是石窟群的中心,印度前期石窟中,一般一个石窟群只有一个支提窟,因此通过支提窟的编排,能够反映出整个石窟群之间的发展演变关系。

早期石窟中,一般作为礼拜窟的支提窟规模都不是很大,而且一个寺院只有一座,精舍窟则有多座。从这种结构来看,石窟的主要功能是僧人住在窟里进行修行生活的场所。而且,生活场所和礼拜的场所是分开的。后来,支提窟越来越大,窟内也出现各种装饰性题材。出现佛陀像以后,在僧伽生活修行的精舍内专门开辟供奉佛陀像的房间,佛陀搬到精舍,换句话说,把生活场所和礼拜场所合在一起,精舍的功能发生了质的变化。

支提窟大致可以分为以下几个类型。第一类是将内部空间分为两个部分,平面圆形的祠堂里安置佛塔,前面加长方形的礼拜空间,构成平面呈马蹄形的类型,这是支提窟最基本的形式。巴伽、奥兰伽巴德、阿旃陀、皮塔尔阔拉等的支提窟均为此类型,主要分布于印度西部阿拉伯海沿海地区和北部地区。第二类是基本形式加前廊类型,往往规模较大,如坎黑里、卡尔拉等,其分布地区与第一类基本一致。第三类是马蹄形平面类型,但窟内不做列柱。除了北部的皮塔尔阔拉等以外,还见于前面两个类型的石窟没有出现的南部地区。第四类是长方形平面平顶类型,第三类和第四类的体积都较小,窟内外的装饰也简单,主要分布于中部和南部。第五类是方形或外面宽里面窄的近似方形,一般设在精舍窟最里面,是与精舍窟结合的形式。其中,第一类和第二类的发展关系比较清楚,第二类是大型支提窟最发达的阶段。第三类明显不属于马蹄形支提窟的系统,它放弃了传统的圆形,却采用了方形,这个礼拜空间形制的变化值得重视。还有,顶部形制也从纵券顶变成平顶,原来支提窟的顶部是模仿木结构建筑的形式,有时还用雕刻表现梁等建筑构件,但第三类完全放弃这种做法。它的结构更适用于石窟。我们知道,凿石头的时候,做直面比曲面相对容易,像第一类和第二类那样的马蹄形凿起来比较费工夫,也需要较高的技术水平。从分布地区的情况来看,第一类和第二类主要集中在西海岸和北部,第三、四、五类除了北部以外,南部也有不少。从年代上看,第一、二类石窟早于其他类型。由此我们可以推断,石窟的初创期,开窟者追求的是与已有的地面建筑相同的礼拜空间,把佛教伽蓝搬到山洞里。他们不去多想建木结构建筑和凿山为石室的技术性差别,于是,产生了仿木结构的石窟。后来在此基础上利用石头的特性,开始修建超大型的华丽殿堂,也应该有不少优秀工匠参加开凿活动。久而久之,石窟寺本身产生了价值,它不再是模仿地面上的木结构的礼拜空间,石窟成为独立的建筑形式,而这个凿山为石室的伽蓝形式传到以前没有石窟传统的南方地区。南方地区的石窟,一开始就接受在山里挖洞的想法。他们没有必要去模仿木结构建筑的形式,于是采取最简便的方法,开凿规模较小的方形支提窟。从石窟里发现的题铭来看,大型马蹄形支提窟有很多国王家族或贵族的奉献铭,可见这些大型洞窟依靠强大的政治、经济实力的支持才能完成。洞窟结构的简单化说明,可能开凿洞窟的时候找不到贵族或富商等具有经济实力的支持者,但这不意味着佛教集团的衰退。前文已述,从分布地区的情况来看,方形平面平顶窟是出现在没有造石窟传统的地区,这恰恰反映了佛教的发展。南部地区形成的新形势,后来反过来影响到流行马蹄形支提窟的地区,完全替代了其石窟伽蓝中的中心地位。到了5世纪笈多王朝时期,国王和贵族及富商们开始出资修建大型石窟寺,但这个时候他们不再选择马蹄形的仿木结构洞窟,而是方形平面平顶与精舍窟结合的礼拜窟。

4.3.2　供奉对象

支提窟本来是为了礼拜佛塔而建的,这说明当时的僧伽已经有了佛塔供养的传统。早期石窟都是由一座支提窟和多座精舍窟组成,虽然根据文献很难复原僧伽具体的礼拜活动情况,但根据各地发现的佛塔及石窟伽蓝组成的情况,绕塔礼拜是僧伽的重要活动之一。开始的时候洞窟内外没有任何装饰,但坎黑里、卡尔拉等大型支提窟在石窟壁面上做一些装饰,同时在列柱、明窗等部位上面的浮雕雕刻种类增多。

出现佛陀像以后,这个情况更加严重。洞窟里里外外刻满了各种佛陀、菩萨及人物像,阿旃陀等石窟还画有佛传、本生等佛教故事题材的壁画。最大的变化是在佛塔前面造佛像。原来礼拜的对象只有佛塔,现在佛塔前面造佛陀像,与佛塔一起被礼拜。这种塔像结合可以说是从佛塔信仰到佛像信仰的过渡形式。佛塔从供奉和礼拜的对象逐渐变成表现佛陀像的载体之一。后期石窟中,出现很多精舍窟和礼拜窟的结合形式,在精舍窟内造的礼拜空间供奉的是佛像,佛塔再也不出现。推测有几种可能性:一种推测是因为佛塔和精舍本是属于两个不同的存在,不方便放在一起。前面我们看过,精舍属于僧物,佛塔则属于佛物,僧伽不能随便干涉佛塔。现在,在精舍里面造一个礼拜场所的时候,还是回避把"佛物"佛塔搬到精舍里面。另一种推测是佛塔信仰本身的衰落。佛塔是佛的象征,佛教信徒供养或礼拜佛塔的目的是通过佛塔来缅怀释迦牟尼,礼拜的对象其实是佛陀。那么,出现了佛陀像之后,佛塔的这种功能越来越少,佛陀像完全可以替代其地位。因此,新建石窟寺的时候,把佛陀像作为礼拜对象,而不采用佛塔。不过佛塔也没有完全消失,在晚期石窟群往往造有很多小型单体佛塔,这反映了信仰方式的变化。

5 新的圣地

20世纪以后,随着印度境内考古发掘的不断增加,不少印度佛教寺院遗址被发现。2003年5月,《印度时报》报道了一座佛教寺院遗址的发掘情况,就是恰蒂斯加尔邦的希尔浦尔遗址。根据报道,希尔浦尔遗址的规模是著名的那烂陀佛寺的四倍以上,由上百座僧院组成,年代约在6世纪以后。这个时期正好处于佛教和印度教并存的时代。

希尔浦尔位于恰蒂斯加尔邦的首府赖普尔以东约85公里,其发掘始于20世纪50年代,当时发现了几座佛寺遗址和青铜造像等遗物,但之后很长一段时间没有做调查。直到1999年,当时印度考古局的A. K.莎尔玛重新对希尔浦尔进行调查发掘。目前为止,发现建筑基址180处以上,发掘了30多处,其中被确认为佛教遗址的有将近10处。

根据遗址的地理位置和出土情况,有学者将希尔浦尔比定为南拘萨罗国的国都。《大唐西域记》说:

> 憍萨罗国(南拘萨罗国)周六千余里,山岭周境,林薮连接。国大都城周四十余里。土壤膏腴,地利滋盛。邑里相望,人户殷实。其形伟,其色黑,风俗刚猛,人性勇烈,邪正兼信,学艺高明。王,刹帝利也,崇敬佛法,仁慈深远。伽蓝百余所,僧徒减万人,并皆习学大乘法教。天祠七十余所,异道杂居。(《大唐西域记》卷第10)

文中清楚地反映了佛教和外道并存而且势力相当的情况,这确实符合希尔浦尔遗址佛教寺院和印度教寺院混杂的情况。这种佛教和印度教混杂的结构见于埃罗拉石窟等笈多时期以后的石窟寺中。

20世纪50年代发掘的一座寺院中发现"阿难陀普拉布比丘"的铭文,由此将其命名为阿难陀普拉布精舍。这座寺院由南北约25米、东西约19米的主体建筑和南北约19.5米、东西约16米的附属建筑组

·欧·亚·历·史·文·化·文·库·

成,主体建筑门朝北,中间有庭院,围绕庭院四周排列僧房,南壁中央为祠堂。祠堂的主尊为石造触地印如来像,现存只有一尊胁侍菩萨,原来应该是一佛二菩萨的三尊像结构。菩萨背光上刻有大象和狮子,台座下部左右两侧都雕出狮子。主体建筑的西北角有台阶,据此推测原来是两层以上的建筑。这样的伽蓝结构为希尔浦尔的佛教寺院的基本形式。

1999 年以后发掘的第五号僧院的结构与阿难陀普拉布精舍基本相同,由主体建筑和附属建筑组成僧院,门朝西。主体建筑中间有庭院,围绕庭院四周排列僧房,东壁中央设有祠堂,还发现有台阶。第五号僧院保存大量的浮雕作品。在门口两侧和门上都雕刻有各种人物像,门两侧的壁面可以各分为三个区域,从里到外又各分为三、二、一个画面,雕刻内容基本为左右对称的关系。最外面的区域为单独的女性像,头部稍微向前倾斜,双手均受到不同程度的破坏,上身赤裸或穿很薄的贴身衣,带三重璎珞、臂钏等装饰,乳房呈球状,腰部较细且位置较高,腰间系有华丽的带子,重心放在一条腿上,另一条腿交叉在膝盖后面,脚尖触地。面部为卵形,高发髻,戴宝冠。表情祥和,杏仁形的双眼似乎直视前方,嘴唇肥厚。从鼻梁到眉间画有细长的眉毛。这些特征与 2 世纪左右的秣菟罗造像相似,可以说是中印度传统的造像风格。

印度教的寺院,在门口两侧往往立有恒河女神像,她们一般站在乌龟或摩羯鱼等标志性动物上,也同时雕有水禽和水流等与水有关的内容。希尔浦尔第五号僧院的女性像没有这些特征,有可能是树神。但在门口两侧安排女性像的结构,暗示着与印度教寺院在建筑艺术上有一定的交流。

其他的画面雕刻着摆出各种姿态的男女像,一般女性像靠在男性像身上,有的双目对视,有的在接吻。男性体格魁伟,女性体态丰满,身上戴各种装饰,雕刻技法细致,尤其是双手的表现非常巧妙,每根手指都很用心,能够流露出许多情感。每组造像都非常性感,有一对男女像是女性像背靠男性像,仰面目视男性,身体曲线比较夸张,双腿站在男性像的脚上。男性像面朝正面,双脚抓地,有顶天立地的男子汉气概,右手轻抚女性像的下巴。有的造像姿态更为大胆，男性像从背后拥抱女性像，女性像把整个身体靠在男性像身上，女性仰脸，男性低头亲吻。男性像的右手抚摸女性像的右乳房，左手放在大腿上。女性举手搂抱男性的双肩。

僧院里面的周壁上也雕有各种佛教故事，在后壁中央的祠堂里有带背光的触地印如来像和两尊胁侍菩萨像。

希尔浦尔遗址中出土有各种佛、菩萨和佛塔等造像。佛塔造像高约 10 厘米左右，有泥塑和青铜两种材质。菩萨像高约 10 到 20 厘米，有泥塑、青铜和石造，除了观音、文殊等大乘佛教系统菩萨以外，还有四臂观音或如意轮观音等密教系统的菩萨像。在这些造像的背光或头光上，有时候刻有铭文，其内容有两种：陀罗尼和缘起法颂。

陀罗尼是佛教的一种咒文，原本是帮助修行者记忆佛教的教法的短文，后来与印度本土固有的各种咒文结合在一起，变成神咒，佛教信徒相信书写或念陀罗尼就能够得到功德。在佛塔内安置陀罗尼的做法还见于中国的辽代佛塔中。辽庆州白塔的天宫里发现刻有《无垢净光陀罗尼》的金属板。虽然中国佛塔和印度佛塔形状迥异，但刻陀罗尼供奉佛塔的传统一直保持着。

缘起法颂与舍利弗和目犍连的皈依传说有密切的关系。据传说舍利弗和目犍连原来在王舍城附近修行，师从于六师外道之一的删若梵志。有一天在城内遇到佛弟子阿湿卑，问他的师傅和所学的内容。阿湿卑回答说："如来说因缘生法，亦说因缘灭法。若法所因生，如来说是因，若法所因灭。"这就是缘起法颂，用简短几句说明了佛教最主要的中心思想。舍利弗和目犍连因为听了阿湿卑的偈颂，决定皈依释迦牟尼，加入僧伽。

刻缘起法颂的做法能够追溯到 3 至 4 世纪的萨尔纳特，安置在一座佛塔中的石板上刻有缘起法颂。此外，坎黑里石窟的支提窟前廊外壁的小塔浮雕上也有缘起法颂的刻文。中天竺的地婆诃罗译的《佛说造像功德经》说，将"诸法因缘生，我说是因缘，因缘尽故灭，我作如是说"的缘起法颂作为法舍利安置在佛塔内，便可以死后再生到梵天

·欧·亚·历·史·文·化·文·库·

世界。

希尔浦尔发现刻有缘起法颂的陶质圆盘,虽然希尔浦尔目前没有发现佛塔,但发现伞盖等佛塔部件,可以推定这些刻缘起法颂的圆盘原来是安置在佛塔里的。

希尔浦尔佛教伽蓝的情况暗示着密教的盛行,7世纪印度的善无畏和金刚智等僧人来到长安,此后密教被中国佛教接受并得到新的发展。

《印度时报》的报道称,恰蒂斯加尔邦旅游局局长因为希尔浦尔遗址的发掘和发现感到非常兴奋,他还说,这个新的佛教遗址将来必成为旅游胜地。正如他所言,当地政府准备将希尔浦尔建成历史遗址公园。遗址区域内出现许多新建的印度教寺院,有的直接在过去的寺院上扩建。上述的佛教伽蓝遗址也受到不同程度的影响。这种现象从考古遗址的保护层面来讲是非常不利的,可以说是二次破坏。不过在原有的建筑上面扩建或改建寺庙并非无先例。现存的桑奇第一塔,也是在其塔身里藏有更早时期的佛塔。菩提伽耶等圣地也是经过多次这样改建和重建的。希尔浦尔的发掘,也许使此地将来成为现代的佛教圣地。

6　圣地巡礼

　　公元前 6 至前 4 世纪左右,欧亚大陆出现 3 位伟大的思想家,即中国的孔子、希腊的苏格拉底和印度的释迦牟尼。他们的思想超越了时间和空间的限制,影响到不同的民族和地区的文化。孔子的儒教和释迦牟尼的佛教对亚洲地区各文化的形成和发展有决定性作用。

　　传说在汉代佛教已经传入中国,中国人一开始接触的佛教并非是来自印度的,而是来自西域地区。在五胡十六国时期大量的胡僧从事译经活动,在中国佛教史上有巨大贡献的鸠摩罗什于 5 世纪初来到长安,他翻译的《法华经》、《维摩经》、《阿弥陀经》等对中国佛教的发展影响很大。北方鲜卑族建立的北魏在中国化的过程中接触佛教,形成由国家主导的、护国利民思想的国家佛教。在北魏皇家的大力支持下,开凿了山西大同云冈石窟、河南洛阳龙门石窟等大型佛教石窟寺院。南朝也非常流行佛教思想,梁武帝皈依佛门,积极造寺译经等,此时来自印度的高僧菩提达摩传授禅修。南北朝时期以后,隋文帝统一中国,他在全国各地建佛塔,推进了中国的舍利信仰。唐朝建立时,中国佛家已经形成自己特有的信仰内容和体系。南朝陈的高僧智顗,以鸠摩罗什译的《法华经》为表达佛陀的真意的经典,结合龙树的《中论》的思想,开创了"天台宗"。他的佛陀观建立在中国传统思想和对汉译佛经理解的结合和整理之上。天台宗一出现,其他僧人纷纷建立了三论宗、华严宗、法相宗、禅宗、净土宗等各种宗派。这种宗派是中国佛教特有的佛教组织,与印度佛教的部派不太一样。

　　佛教在中国发展、成熟的过程中,有些在中国出家的中国僧人发现中国的佛教虽然博大精深,但具体的中国佛教信仰方式与佛经所讲述的内容有时候不相符,有些教义上的问题也解释不清。正如《大唐西域记》记载说:"法教流渐,多历年所,始自炎汉,迄于圣代。传译盛业,流美联晖。玄道未摅,真宗犹昧。"

于是,他们决定,亲自到佛教的发源地印度,探究他们心目中的正式的佛教。法显、玄奘、义净、宋云、慧超、悟空等高僧到印度取经,留下了珍贵的文字材料。历代中国高僧感觉到中国佛教和印度佛教有不同之处,这应该是反映了印度和中国对佛陀的理解的不同。中国佛教有独特的佛陀观,大乘佛教的佛经里出现的佛陀是神通广大、救世主般的佛陀。中国佛教的另一个重要的特点就是翻译佛经。早期从事译经的康僧、鸠摩罗什等高僧从印度或西域地区把梵文或其他语言的佛经带到中国来,然后做翻译。法显、玄奘等中国僧人,也从印度带回来了大量的梵文原书。例如,玄奘从印度辛辛苦苦带回来大量经典:大乘经 224 部;大乘论 192 部;上座部经律论 14 部;大众部经律论 15 部;三弥底部经律论 15 部;弥沙塞部经律论 22 部;迦叶臂耶部经律论 17 部;法密部经律论 42 部;说一切有部经律论 67 部;《因论》36 部;《声论》13部;凡 520 夹,总 657 部,这些他们所带来的大量梵文或其他语言的经典在中国国内基本没有留下来。这说明一种态度:中国接受的佛教是根据中国僧人的需要,对佛教原典进行选择,然后按照他们的理解重新结合而成的。法显、玄奘等高僧到印度取回来的佛经充实了中国佛教的内容,可以说,印度佛教作为佛教发源地的佛教,始终是世界的佛教徒向往的圣地。

佛教,顾名思义就是佛陀的宗教。佛教的内容,就是佛陀所悟到的和所传授的思想。这个佛陀就是公元前 4 世纪左右在印度生活的乔达摩·悉达多,尊称释迦牟尼。他出生前的印度流行一种思想,即来自欧亚草原的雅利安人所创的吠陀思想。在吠陀思想的影响下,当时印度的思想界出现很多思想家,气氛非常活跃。生在印度东北部一个小国的太子乔达摩·悉达多,在这样的环境下出家修行,最后得到正法成为佛陀。其实,佛陀不是佛教的专用词,也不是专指释迦牟尼。佛陀的意思是"觉者",悟到正法的人就是佛陀。释迦牟尼成佛陀之后开始传教,他善于使用比喻,用简单易懂的故事来教导初学者,通过对话激发对方的思考,帮助其他人得到正觉成道成佛。他主要活动在摩揭陀国王舍城和拘萨罗国舍卫城等地。他在世的时候,他的集团已经有相当大的规模。

释迦牟尼去世后,他的弟子们召开了一次会议,制定戒律,整理教法内容,使佛教形成了较为统一的体系。出家信徒坚守释迦牟尼的教法,组织僧伽,为共同修行生活,在各地建立伽蓝。与此同时,在家信徒做纪念释迦牟尼的活动,起塔供养释迦牟尼的舍利。后来,佛教信徒特别重视与释迦牟尼生涯相关的地方,形成圣地思想。最早把释迦牟尼诞生、成道、初转法轮、涅槃之地作为四大圣地,后来发展成八大圣地,编写专门的佛经来宣传圣地和圣地巡礼的功德。《大般涅槃经》介绍四大圣地时说:"比丘、比丘尼、优婆塞、优婆夷,于我灭后,能故发心,往我四处,所获功德不可称计,所生之处,常在人天,受乐果报,无有穷尽。……若比丘、比丘尼、优婆塞、优婆夷,并及余人外道徒众,发心欲往到彼礼拜,所获功德,悉如上说。"如果有人诚心往四大圣地巡礼,将获得很大的功德,死后生在天界,而且这样的功德不限制于比丘、比丘尼、优婆塞、优婆夷等佛教信徒,其他非佛教信徒的外道等人都同样可以获得功德。孔雀王朝的阿育王有圣地巡礼的传说,在印度各地发现的他所建立的石柱和摩崖石刻等也证明了阿育王进行巡礼为史实。圣地巡礼的主要目的是巡礼者亲自到释迦牟尼生涯中发生重要事迹的地方,缅怀佛祖释迦牟尼,鼓励他自己的宗教心。为了满足这些巡礼者,圣地需要礼拜对象,各个圣地一般都修建佛塔作为代表圣地的礼拜对象。因此,原来表示纪念物或圣地的 caitya,后来也指佛塔。圣地思想的发展,说明佛陀的神格化。当初,圣地因与释迦牟尼有关才有圣地的价值,但后来佛教信徒认为圣地本身具有神秘的力量,即因为圣地有特别的意义,所以释迦牟尼选择这个圣地做各种活动。这样,对圣地认识的改变,反映佛教信徒的佛陀观的变化。

随着佛教势力的扩大,佛教传播到释迦牟尼没有到过的西印度、北印度和南印度等地。每个地区组织新的僧伽,修建由佛塔和僧院组成的伽蓝,这些伽蓝成为当地佛教传教的中心。佛塔也成为佛教信仰的重要内容,从某种意义上来讲,佛塔崇拜的流行可以理解为圣地的扩大。佛塔的主要功能是供奉舍利的容器。前面说过,佛教信徒相信圣地巡礼功德无量,不过因为释迦牟尼没去过南、北、西印度,所以这些地方不存在与释迦牟尼相关的圣地。没有圣地就不能进行巡礼,也没有机会得到巨大的功德。对在家信徒而言,圣地巡礼是今生得到圣果,来世上生于天界的最有保证的信仰行为,所以,他们需要圣地。圣地是与释迦牟尼相关的地方,那么,供奉释迦牟尼舍利的佛塔,也可以视为圣地。宣传圣地巡礼的功德的佛教,在佛教思想传播的同时,也需要把圣地搬过去,这就是佛塔。

佛教在每个地区、每个时代都有不同的发展,不断丰富着自身的内容。究其原因是释迦牟尼的教法有一定的普遍性,虽然佛教与其他任何思想、宗教一样产生于特定时期的特定地方,但佛教最终成为世界性宗教是因为它在变化。许多佛教圣地已变成遗迹,但实际上这也是圣地历史中的一个过程而已,我们看到圣地还在变化。中国、泰国、缅甸、斯里兰卡、日本等地的佛教信徒纷纷到圣地进行各种活动,包括发掘、建寺造塔、重建精舍、进行法事等。对佛塔的研究,各国学者发表的研究成果给我们带来新的佛陀观。圣地的佛塔和伽蓝等建筑经过多次重修、破坏、重建,改变了其面貌,对佛陀的理解也有许多不同的内容,这些现象正反映了佛教教法,即"诸行无常,是生灭法,生灭灭已,寂灭为乐"。

参考文献

本文中所引用的佛经均采自以下文献：

小野玄妙,编修.大正新脩大藏経.高楠順次郎,渡辺海旭,都監.東京:大藏出版株式会社,1924—1934.

中文

〔东晋〕沙门释法显.法显传校注.章巽,校注.北京:中华书局,2008.

〔南朝梁〕释慧皎.高僧传.汤用彤,校注.北京:中华书局,1992.

〔南朝梁〕释僧佑.出三藏记集.苏晋仁,萧链子,点校.北京:中华书局,1995.

〔北魏〕杨衒之.洛阳伽蓝记.范祥雍,校注.上海:上海古籍出版社,1978.

〔唐〕玄奘,辩机.大唐西域记校注.季羡林,等,校注.北京:中华书局,2000.

〔唐〕义净.大唐西域求法高僧传校注.王邦维,校注.北京:中华书局,1988.

〔唐〕义净.南海寄归内法传.王邦维,校注.北京:中华书局,1995.

〔唐〕慧超.往五天竺国传.张毅,笺释.北京:中华书局,1994.

〔唐〕慧立,彦悰.大慈恩寺三藏法师传.孙毓棠,谢方,点校.北京:中华书局,2000.

〔法〕阿·福歇.佛教艺术的早期阶段.王先平,魏文捷,译.王冀青,审校.兰州:甘肃人民出版社,2008.

〔澳〕A.L.巴沙姆.印度文化史.闵光沛,陶笑红,庄万友,等,译.北

·欧·亚·历·史·文·化·文·库·

京:商务印书馆,1997.

巴宙.南传大般涅槃经.台北:慧炬出版社,1971.

常任侠.印度与东南亚美术发展史.合肥:安徽教育出版社,2006

晁华山.佛陀之光:印度与中亚佛教胜迹.北京:文物出版社,2001.

〔印〕D.D.高善必.印度古代文化与文明史纲.王树英,王维,练性乾,译.北京:商务印书馆,1998.

〔法〕戈岱司.希腊拉丁作家远东古文献辑录.耿昇,译.北京:中华书局,1987.

郭良鋆.佛陀和原始佛教思想.北京:中国社会科学出版社,1997.

黄心川.印度哲学史.北京:商务印书馆,1989.

季羡林.印度古代语言论集.北京:中国社会科学出版社,1982.

季羡林.中印文化关系史论文集.北京:生活·读书·新知三联书店,1982.

季羡林.佛教与中印文化交流.南昌:江西人民出版社,1990.

贾应逸,祁小山.印度到中国新疆的佛教艺术.兰州:甘肃教育出版社,2002.

李崇峰.中印佛教石窟寺比较研究:以塔庙窟为中心.北京:北京大学出版社,2003.

〔日〕山田龙城.梵语佛典导论.许洋主,译.台北:华宇出版社,1988.

汤用彤,选编.印度佛教汉文资料选编.李建欣,强昱,点校.北京:北京大学出版社,2010.

王镛.印度美术史话.北京:人民美术出版社,1999.

〔英〕渥德尔.印度佛教史.王世安译.北京:商务印书馆,1987.

萧默.天竺建筑行纪.北京:三联书店,2007

杨惠南.印度哲学史.台北:东大图书股份有限公司,1995.

〔日〕佐佐木教悟,高崎直道,井野口泰淳,等.印度佛教史概说.杨曾文,姚长寿,译.上海:复旦大学出版社,1989.

日文

網干善教,高橋隆博.マヘート遺跡発掘調査概報 1991—1999 年度.大阪:関西大学文学部考古学研究室,2000.

天野信.Mahapadanasuttantaにおける過去仏の成道記事//佛教學研究第 62,63 号(故百濟康義教授追悼記念).京都:龍谷大学,2007:B132 – B148.

アルフレッド・フーシェ.仏陀の前生.門脇輝夫,訳.東京:東方出版,1993.

アルフレド・フシェ.佛教美術研究.日佛會館,編.東京:大雄閣,1928.

逸見梅栄,高田修.印度美術史.東京:創芸社,1944.

伊東照司.エローラ石窟寺院の仏教図像//仏教芸術第 134 号.東京:毎日新聞社,1981:84 – 119.

井上綾瀬.過去七仏が悟りをひらいた木//龍谷大学大学院文学研究科紀要第 31 巻.京都:龍谷大学,2009:1 – 19.

井上綾瀬.過去七仏が悟りをひらいた木:サーンチー編//龍谷大学大学院文学研究科紀要第 32 巻.京都:龍谷大学,2010:1 – 14.

岩井昌悟.「半座を分かつ」伝承について//中央学術研究所紀要モノグラフ篇 No.9 原始仏教聖典資料による釈尊伝の研究 9 個別研究篇Ⅰ.東京:中央学術研究所,2004

岩田朋子.出家者の修行場所―『根本説一切有部毘奈耶臥坐具事』Sayanasanavastuの和訳(1)―//インド学チベット学研究第 15 巻.京都:インド哲学研究会.2011.97 – 133.

宇井伯壽.印度哲学史.東京:岩波書店,1932.

宇井伯壽.印度哲学研究 1 – 6.東京:岩波書店,1965.

上坂悟.マヤ堂の解体事業に伴う考古学調査の報告.東京:全日本仏教会,1995.

上野照夫.インドの美術.東京:中央公論美術出版,1964.

岡野潔.仏陀が永劫回帰する場所への信仰――古代インドの仏

蹟巡礼の思想//論集第 26 号. 仙台:印度学宗教学会,1999:77 - 92.

　　岡野潔. 仏陀の永劫回帰信仰//論集第 17 号. 仙台:印度学宗教学会,1990:1 - 17.

　　岡本健資. Divyavadana 第 27 章におけるアショーカの仏跡巡拝伝説について//印度學佛教學研究第 52 巻第 2 号. 東京:日本印度学仏教学会 2004:872 - 869.

　　金倉圓照. インド哲学史. 京都:平楽寺書店,1982.

　　関西大学日印共同学術調査団. 祇園精舎——サヘート遺跡発掘調査報告書. 大阪:関西大学出版部,1997.

　　佐々木教悟,高崎直道,井ノ口泰淳,塚本啓祥. 仏教史概説. 京都:平楽寺書店,1966.

　　定方晟. アショーカ王伝. 京都:法蔵館,1982.

　　佐藤則元. Thupavamsaにおける塔について//駒澤大学佛教学部論集第 17 号. 東京:駒澤大学,1986:554 - 538.

　　佐和隆研. インドの美術. 東京:美術出版社, 1978.

　　清水洋平. ヴィパッシー仏の菩提樹について//印度學佛教學研究第 52 巻第 1 号. 東京:日本印度学仏教学会,2003:309 - 307.

　　清水洋平. シキン仏の菩提樹プンダリーカについて//パーリ学仏教文化学第 15 巻. 東京:パーリ学仏教文化学,2001:111 - 120.

　　シャルマ,R S. 古代インドの歴史. 山崎利男,山崎元一,译. 東京:山川出版社,1985.

　　杉本卓洲. インド仏塔の研究. 京都:平楽寺書店,1984.

　　杉本卓洲. ブッダと仏塔の物語. 東京:大法輪閣,2007.

　　高田修. 仏教の説話と美術. 東京:講談社学術文庫,2004.

　　高田修. 仏像の起源. 東京:岩波書店,1967.

　　高田修,上野照夫. インドの美術. 東京:日本経済新聞社,1965.

　　ダッシュ,S R. シルプール(Sirpur)における僧院・尼僧院の発掘状況//仏教学セミナー. 京都:大谷大学仏教学会,2006:39 - 48.

　　塚本啓祥. インド仏教碑銘の研究第 I 巻. 京都:平楽寺書

店,1996.

　塚本啓祥.ルンミンデーイーのアショーカ石柱刻文再考∥ルンビニー マヤ堂の考古学調査 1992 – 1995. 東京:全日本仏教会,2005、法華文化研究第 30 号:1 – 29.

　友松圓諦. 阿含経入門. 東京:講談社学術文庫,1981.

　友松圓諦. 法句経. 東京: 講談社学術文庫,1985.

　友松圓諦. 法句経講義. 東京:講談社学術文庫,1981.

　友松圓諦. 法句経講話五十選―友松圓諦生誕百年記念. 東京:大法輪閣,1995.

　中村瑞隆.釈迦の故城を探る 推定カピラ城跡の発掘. 東京:雄山閣出版,2000.

　中村瑞隆,坂詰秀一,久保常晴.立正大学ネパール考古学調査報告書ティラウラコット. 第Ⅰ冊図版編・第Ⅱ冊本文編. 東京:雄山閣出版,1978,2000.

　中村元.インド思想史(第二版)東京: 岩波全書,1968.

　中村元.ブッダ最後の旅 大パリニッバーナ経,東京:岩波文庫,1980.

　中村元.ブッダの真理のことば・感興のことば. 東京:岩波文庫,1978.

　中村元,監修補注.矢島道彦,安藤嘉則,渡辺研二,羽矢辰夫,奥田清明,大西美保,訳.ジャータカ全集:春秋社,1991.

　那須真裕美.「中インド新発掘仏教遺跡の総合的研究」中間報告∥種智院大学研究紀要 9. 京都:種智院大学,2008:30 – 44.

　那須真裕美.縁起法頌から見る中インド・シルプル遺跡――テラコッタ製銘文を手がかりに――∥印度仏教学研究第 57 巻第 1 号.東京:日本印度学仏教学会,2008:405 – 399.

　樋口隆康.インドの聖域.東京:講談社,1988.

　平岡三保子.西インドの石窟寺院∥肥塚隆,宮治昭,編.世界美術大全集東洋編第十三巻インド(–).東京:小学館,2000:257 – 272.

平川彰.インド仏教史上巻.東京:春秋社,1974.

森章司.「釈尊のサンガ」論//中央学術研究所紀要モノグラフ篇 No.13 原始仏教聖典資料による釈尊伝の研究 13 基礎研究篇Ⅳ.東京:中央学術研究所,2008.

森章司.「仏を上首とするサンガ」と「仏弟子を上首とするサンガ」//中央学術研究所紀要モノグラフ篇 No.13 原始仏教聖典資料による釈尊伝の研究 13 基礎研究篇Ⅳ.東京:中央学術研究所,2008.

森章司.遊行と僧院の建設とサンガの形成//中央学術研究所紀要モノグラフ篇 No.14 原始仏教聖典資料による釈尊伝の研究 14 基礎研究篇Ⅴ.東京:中央学術研究所,2009.

森章司,本澤綱夫.コーサンビーの仏教//中央学術研究所紀要モノグラフ篇 No.14 原始仏教聖典資料による釈尊伝の研究 14 基礎研究篇Ⅴ.東京:中央学術研究所,2009.

森章司,本澤綱夫,岩井昌悟.仏伝諸経典および仏伝関係諸資料のエピソード別出典要覧//中央学術研究所紀要モノグラフ篇 No.3 原始仏教聖典資料による釈尊伝の研究 3 資料集篇Ⅱ.東京:中央学術研究所,2000:1 – 72.

森雅秀.インド密教における聖地と巡礼//東洋文化研究所紀要第 146 号.東京:東京大学東洋文化研究所.2004:176 – 151.

宮治昭.インド美術史.東京:吉川弘文館,1981.

宮治昭.インド仏教美術史論.東京:中央公論美術出版,2010.

宮治昭.涅槃と弥勒の図像学.東京:吉川弘文館,1992.

宮治昭.仏教美術のイコノロジー.東京:吉川弘文館,1999.

山崎 元一,小西 正捷 ,編.南アジア史〈1〉先史・古代(世界歴史大系).東京:山川出版社,2007.

山本智教.インド美術史大観.東京:毎日新聞社,1990.

米田文孝,豊山亜希,森下真企,松並真帆.インド共和国西デカン地方における 小規模仏教石窟群の踏査(1)//関西大学博物館紀要 14,2008:1 – 23.

頼富本宏. 中インド・シルプル遺跡の仏教美術 // 仏教芸術 191. 東京:毎日新聞社,1991:40 - 57.

立正大学博物館. 第二回特別展 釈迦の故郷. 埼玉:立正大学博物館,2004.

柳宗玄,宮治昭. アジャンター窟院. 東京:講談社,1981.

ルンビニー マヤ堂の考古学調査 1992—1995. 東京:全日本仏教会,2005.

渡辺照宏. 仏教 第 2 版. 東京:岩波新書,1974.

西文

Agrawala V S. Gupta Art: A History of Indian Art in the Gupta Period 300—600 A. D. Varanasi: Prithivi Prakashan,1977.

Agrawala V S. Sārnāth. New Delhi: Archaeological Survey of India, 1984.

Barrett D. A Guide to Kārle Caves. Bombay: Bhulabhai Memorial Institute, 1957.

Barrett D. A Guide to the Buddhist Caves of Aurangābād. Bombay: Bhulabhai Memorial Institute,1957.

Barrett D, Gray B. Indian Painting: Treasures of Asia. London: MaCmillan London Ltd,1978.

Barua B. Barhut. Calcutta: Indian Research Institute Publications, 1934—1937, 3 vols. rep. Patna: Indological Book Corporation,1979.

Barua B. Gayā and Buddha-Gayā: Early History of the Holy Land. Calcutta: Chuckervertty Chatterjee,1931—1934.

Basham A L. The Wonder that was India, A Survey of the Culture of the Indian Subcontinent before the Coming of the Muslims. Grove Press, New York,1954.

Burgess J. Ancient Monuments, Temples, and Sculpture of India. London: W. Griggs,1897—1911.

213

欧・亚・历・史・文・化・文・库・

Burgess J. Notes on the Buddha Rock Temples of Ajaṇṭā: Their Paintings and Sculptures. Bombay: Archaeological Survey of Western India, vol. 9. Government Central Press, 1879.

Burgess J. Report on the Buddhist Cave-temples and their Inscriptions: being part of the results of the fourth, fifth, and sixth seasons' operations of the Archaeological Survey of the Western India, 1876—1877, 1877—1878, 1878—1879. London: Trübner, 1883. Archaeological Survey of Western India. vol. 4. Supplementary to "The Cave Temples of India". rep. Varanasi, Indological Book House, 1964.

Burgess J. Report on the Elurā Cave-temples and the Brāhmanical and Jaina Caves in Western India: completing the results of the fifth, sixth, and seventh seasons' operations of the Archaeological Survey, 1877—1878, 1878—1879, 1879—1880. London: Trübner Co. , 1883. Archaeological Survey of Western India. vol. 5. Supplementary to "The Cave Temples of India". rep. Varanasi: Indological Book House, 1970.

Burgess J. The Buddhist Stūpas of Amarāvatī and Jaggayyapeṭa in the Krishna District, Madras Presidency, surveyed in 1882 . London: Trübner Co. , 1887. rep. Varanasi: Indological Book House, 1970.

Burgess J, Indraji B P. Inscriptions from the Cave-temples of Western India . Archaeological Survey of Western India. vol. 10. Bombay: Government Central Press, 1881.

Cunningham A. Mahābodh: or The Great Buddhist Temple under the Bodhi Tree at Buddha Gayā . London: W. H. Allen & Co. , 1892.

Cunningham A. The Ancient Geography of India: The Buddhist Period. London: Trübner Co. , 1871. rep. Varanasi: Indological Book House, 1963.

Cunningham A. The Stūpa of Bhārhut: A Buddhist Monument ornamented with numerous sculptures illustrated of Buddhist legend and history in third century B. C. . London: W. H. Allan & Co. , 1879

Cunningham A. Ancient Geography of India: 1871, London: Revised ed. by Surendranath Majumdar Sastri, 1924, Chuckervertty Chattterjee & Co. Calcutta,

Cunningham A. REPORTS OF THE ARCHAEOLOGICAL SURVEY OF INDIA, 1872—1987, Varanasi Indological Book House,1966—1972.

Dash S R. Recently Excavated Buddhist Vihara at Sirpur, Chattisgarh. Tokyo: indo kokogaku kenkyu28,2006:11 – 22.

Dehejia V. Discourse in Early Buddhist Art, Visual Narratives of India : Munshiram Manoharlal, New Delhi, 1997.

Fergusson J,Burgess J. The Cave Temples of India . London: W. H. Allen & Co. , 1880 . rep . Delhi: Munshiram Manoharlal Publishers Pvt. Ltd. , 1988

Foucher A. The Beginnings of Buddhist Art and other Essays in Indian and Central Asian Archaeology . tr. by L. A. & F. W. Thomas . Paris: P. Geuthner / London: H. Milford,1917.

Ghosh A . Nālandā . 6th ed . New Delhi: Archaeological Survey of India, 1986.

Gupta R S, Mahajan B D. Ajaṇṭā, Ellorā and Aurangābād Caves . Bombay: D. B. Taraporevala Sons & Co. Pvt Ltd,1962.

Knox R. Amarāvatī: Buddhist Sculpture from the Great Stūpa . London: British Museum Press,1992.

Longhurst A H. The Buddhist Antiquities of Nāgārjunakonda, Madras Presidency . Delhi:Manager of Publications,1938.

Marshall J H, Foucher A. The Monuments of Sāñchī . Calcutta: Manager of Publications,1940. 3vols. rep. Delhi,1982

Marshall J H. A Guide to Sāñchī . 3rd ed . Delhi: Manager of Publications, 1955.

Marshall J H,et al . The Bagh Caves in the Gwalior State . London: The Indian Society,1927.

Rajan K V S . Cave Temples of the Deccan . New Delhi: Archaeological Survey of India, 1981.

Ramaswami N S. Indian Monuments . New Delhi: Abhinav Publicatiojns, 1979.

Vidya Dehejia. Royal Patrons and Great Temple Art. Bombay: Marg Publications, 1988.

Sankalia H D. The University of Nālandā. 2nd rev. & enl. ed. Delhi: Oriental Publishers, 1972.

Sarkar H, Misra B N. Nāgārjunakonda . 3rd ed. New Delhi: Archaeological Survey of India, 1980.

Sarkar H, Nainar S P. Amarāvatī . 2nd ed . New Delhi: Archaeological Survey of India, 1980.

Sewell R. Report on the Amarāvatī Tope and Excavations on its Site in 1877 . London: G. E. Eyre&W. Spottiswoode, 1880.

Spink W M . Ajaṇṭā: A Brief History and Guide. Michigan: Asian Art Archives, 1990.

Srivastava K M. Excavations at Piprahwa and Ganwaria. New Delhi: Government of India, 1996.

Wauchope R S . Buddhhist Cave Temples of India . Calcutta: Calcutta General Printing Co. , 1933.

索 引

A

阿阇世王
8，9，16，39，67，123，124，126，
133，136，143，156

阿默拉沃蒂
48，49，61，141，143，144，162－
166，171－173

阿难
16－18，21，23－26，37，45，51，
55，56，111，113，117，118，125，
126，133－137，140，168

阿育王
2，12，17，18，39－43，49，51，53，
54，56－58，61，75，76，88－90，
98，114，115，121，133，136，138，
139，142，146，147，150，151，
155，161，174，205

阿育王法敕
18，40，41，56，89，174

阿育王石柱
42，58，76－79，81，95，98，99，
101，115，121，136，147，150，
181，182

阿旃陀石窟
151，177，178，183－187，
191－193

埃罗拉石窟
176，178，191－194，199

奥兰伽巴德石窟
176，178，191，192

奥义书　　5－7

B

八大圣地
68－70，72，126，205

八王分舍利
137，150，151，153，154，157

八正道　　15，19，96，97

巴尔胡特
49，144，156，157，159，161，162，
164，165，171－173，187，188

巴伽石窟　　177－179，181，184

本生故事
2，7，8，99，127，140，150，154－
157，161，162，166，170，172，
173，187，188，191

庇浦拉瓦　　81－87，138，140

欧亚历史文化文库

已经出版

林悟殊著:《中古夷教华化丛考》　　　　　　　定价:66.00 元

赵俪生著:《弇兹集》　　　　　　　　　　　　定价:69.00 元

华喆著:《阴山鸣镝——匈奴在北方草原上的兴衰》　定价:48.00 元

杨军编著:《走向陌生的地方——内陆欧亚移民史话》　定价:38.00 元

贺菊莲著:《天山家宴——西域饮食文化纵横谈》　定价:64.00 元

陈鹏著:《路途漫漫丝貂情——明清东北亚丝绸之路研究》

　　　　　　　　　　　　　　　　　　　　　定价:62.00 元

王颋著:《内陆亚洲史地求索》　　　　　　　　定价:83.00 元

〔日〕堀敏一著,韩昇、刘建英编译:《隋唐帝国与东亚》　定价:38.00 元

〔印度〕艾哈默得·辛哈著,周翔翼译,徐百永校:《入藏四年》

　　　　　　　　　　　　　　　　　　　　　定价:35.00 元

〔意〕伯戴克著,张云译:《中部西藏与蒙古人

　　——元代西藏历史》(增订本)　　　　　　定价:38.00 元

陈高华著:《元朝史事新证》　　　　　　　　　定价:74.00 元

王永兴著:《唐代经营西北研究》　　　　　　　定价:94.00 元

王炳华著:《西域考古文存》　　　　　　　　　定价:108.00 元

李健才著:《东北亚史地论集》　　　　　　　　定价:73.00 元

孟凡人著:《新疆考古论集》　　　　　　　　　定价:98.00 元

周伟洲著:《藏史论考》　　　　　　　　　　　定价:55.00 元

刘文锁著:《丝绸之路——内陆欧亚考古与历史》　定价:88.00 元

张博泉著:《甫白文存》　　　　　　　　　　　定价:62.00 元

孙玉良著:《史林遗痕》　　　　　　　　　　　定价:85.00 元

马健著:《匈奴葬仪的考古学探索》　　　　　　定价:76.00 元

〔俄〕柯兹洛夫著,王希隆、丁淑琴译:

　《蒙古、安多和死城哈喇浩特》(完整版)　　定价:82.00 元

乌云高娃著:《元朝与高丽关系研究》　　　　　定价:67.00 元

杨军著:《夫余史研究》　　　　　　　　　　　定价:40.00 元

梁俊艳著:《英国与中国西藏(1774—1904)》　　　　　定价:88.00 元

〔乌兹别克斯坦〕艾哈迈多夫著,陈远光译:

　　《16—18 世纪中亚历史地理文献》(修订版)　　　定价:85.00 元

成一农著:《空间与形态——三至七世纪中国历史城市地理研究》

　　　　　　　　　　　　　　　　　　　　　　　　　定价:76.00 元

杨铭著:《唐代吐蕃与西北民族关系史研究》　　　　定价:86.00 元

殷小平著:《元代也里可温考述》　　　　　　　　　　定价:50.00 元

耿世民著:《西域文史论稿》　　　　　　　　　　　　定价:100.00 元

殷晴著:《丝绸之路经济史研究》　　　定价:135.00 元(上、下册)

余大钧译:《北方民族史与蒙古史译文集》　定价:160.00 元(上、下册)

韩儒林著:《蒙元史与内陆亚洲史研究》　　　　　　定价:58.00 元

〔美〕查尔斯·林霍尔姆著,张士东、杨军译:

　　《伊斯兰中东——传统与变迁》　　　　　　　　　定价:88.00 元

〔美〕J.G.马勒著,王欣译:《唐代塑像中的西域人》　定价:58.00 元

顾世宝著:《蒙元时代的蒙古族文学家》　　　　　　定价:42.00 元

杨铭编:《国外敦煌学、藏学研究——翻译与评述》　定价:78.00 元

牛汝极等著:《新疆文化的现代化转向》　　　　　　定价:76.00 元

周伟洲著:《西域史地论集》　　　　　　　　　　　　定价:82.00 元

周晶著:《纷扰的雪山——20 世纪前半叶西藏社会生活研究》

　　　　　　　　　　　　　　　　　　　　　　　　　定价:75.00 元

蓝琪著:《16—19 世纪中亚各国与俄国关系论述》　定价:58.00 元

许序雅著:《唐朝与中亚九姓胡关系史研究》》　　　定价:65.00 元

汪受宽著:《骊轩梦断——古罗马军团东归伪史辨识》　定价:96.00 元

刘雪飞著:《上古欧洲斯基泰文化巡礼》　　　　　　定价:32.00 元

〔俄〕Т.Б.巴尔采娃著,张良仁、李明华译:

　　《斯基泰时期的有色金属加工业——第聂伯河左岸森林草原带》

　　　　　　　　　　　　　　　　　　　　　　　　　定价:44.00 元

叶德荣著:《汉晋胡汉佛教论稿》　　　　　　　　　　定价:60.00 元

王颋著:《内陆亚洲史地求索(续)》　　　　　　　　　定价:86.00 元

尚永琪著:

　　《胡僧东来——汉唐时期的佛经翻译家和传播人》　定价:52.00 元

桂宝丽著:《可萨突厥》　　　　　　　　　　　　　　　定价:30.00 元

·欧·亚·历·史·文·化·文·库·

篠原典生著:《西天伽蓝记》　　　　　　　　　　　　　定价:48.00 元

敬请期待

李鸣飞著:《玄风庆会——蒙古国早期的宗教变迁》

马小鹤著:《光明的使者》

许全胜著:《黑鞑事略汇校集注》

张文德著:《朝贡与入附——明代西域人来华研究》

张小贵著:《祆教史考论与述评》

贾丛江著:《汉代西域汉人和汉文化》

王冀青著:《斯坦因的中亚考察》

王冀青著:《斯坦因研究论集》

王永兴著:《敦煌吐鲁番出土唐代军事文书考释》

薛宗正著:《汉唐西域史汇考》

李映洲著:《敦煌艺术论》

〔俄〕波塔宁著,〔俄〕奥布鲁切夫编,吴吉康译:《蒙古纪行》

〔德〕施林洛甫著,刘震译校:《叙事和图画
　　——欧洲和印度艺术中的情节展现》

王冀青著:《斯坦因档案研究指南》

〔苏联〕巴托尔德著,张丽译:《中亚历史》

徐文堪编:《梅维恒内陆欧亚研究文选》

〔苏联〕К.А.阿奇舍夫、Г.А.库沙耶夫著,孙危译:
　　《伊犁河流域塞人和乌孙的古代文明》

徐文堪著:《古代内陆欧亚的语言和有关研究》

刘迎胜著:《小儿锦文字释读与研究》

李锦绣编:《20 世纪内陆欧亚历史文化研究论文选粹》

李锦绣、余太山编:《古代内陆欧亚史纲》

郑炳林著:《敦煌占卜文献叙录》

陈明著:《出土文献与早期佛经词汇研究》

李锦绣著:《裴矩〈西域图记〉辑考》

王冀青著:《犍陀罗佛教艺术》

王冀青著:《敦煌西域研究论集》

李艳玲著:《公元前 2 世纪至公元 7 世纪前期西域绿洲农业研究》

许全胜、刘震编:《内陆欧亚历史语言论集——徐文堪先生古稀纪念》

张小贵编:《三夷教论集——林悟殊先生古稀纪念》

李鸣飞著:《横跨欧亚——马可波罗的足迹》

杨林坤著:《西风万里交河道——明代西域丝路上的使者与商旅》

杜斗诚著:《杜撰集》

林悟殊著:《华化摩尼教补说》

王媛媛著:《摩尼教艺术及其华化考述》

〔日〕渡边哲信著,尹红丹、王冀青译:《西域旅行日记》

李花子著:《长白山踏查记》

王冀青著:《佛光西照——欧美佛教研究史》

王冀青著:《霍恩勒与鲍威尔写本》

王冀青著:《清朝政府与斯坦因第二次中国考古》

芮传明著:《摩尼教东方文书校注与译释》

马小鹤著:《摩尼教东方文书研究》

段海蓉著:《萨都剌传》

〔德〕梅塔著,刘震译:《从弃绝到解脱》

郭物著:《欧亚游牧社会的重器——镀》

王邦维著:《玄奘》

冯天亮著:《词从外来——唐代外来语研究》

芮传明著:《内陆欧亚中古风云录》

王冀青著:《伯希和敦煌考古档案研究》

王冀青著:《伯希和中亚考察研究》

李锦绣著:《北阿富汗的巴克特里亚文献》

〔日〕荒川正晴著,冯培红译:《欧亚的交通贸易与唐帝国》

孙昊著:《辽代女真社会研究》

赵现海著:《明长城的兴起
　　——"长城社会史"视野下明中期榆林长城修筑研究》

华喆著:《帝国的背影——公元 14 世纪以后的蒙古》

〔苏联〕伊·亚·兹拉特金著,马曼丽译:《准葛尔汗国史》(修订版)

杨建新著:《民族边疆论集》

〔美〕白卖克著,马娟译:《大蒙古国的畏吾儿人》

余太山著:《内陆欧亚史研究自选论集》